**LO QUE NO TE HAN CONTADO
(PERO DEBERÍAS SABER)**

SOBRE LAS CHICAS Y EL SEXO

PEGGY ORENSTEIN

 Planeta

Diseño de portada: Ramón Navarro/Estudio Navarro
Fotografía de la autora: © Michael Todd
Diseño de interiores: Moisés Arroyo Hernández

Título original: *Girls & Sex: Navigating the Complicated New Landscape*

Traducido por: Gloria Estela Padilla Sierra

© 2019, Editorial Planeta Mexicana, S.A. de C.V.
Bajo el sello editorial PLANETA M.R.
Avenida Presidente Masarik núm. 111, Piso 2
Colonia Polanco V Sección
Delegación Miguel Hidalgo
C.P. 11560, Ciudad de México
www.planetadelibros.com.mx

Primera edición en formato epub: abril de 2019
ISBN: 978-607-07-5760-0

Primera edición impresa en México: abril de 2019
ISBN: 978-607-07-5759-4

Impreso en los talleres de Litográfica Ingramex, S.A. de C.V.
Centeno núm. 162-1, colonia Granjas Esmeralda, Ciudad de México
Impreso y hecho en México – *Printed and made in Mexico*

*Para mi única hija, mis ocho sobrinas, mis dos sobrinos,
y para todas las chicas y chicos que he conocido
a lo largo de mi vida.*

ÍNDICE

Todo lo que nunca quisiste saber sobre las chicas y el sexo (y de veras tienes que preguntar)

Hace unos años me di cuenta de que mi hija dejaría de ser niña en poco tiempo. Iba directo a la adolescencia y, sinceramente, el mero pensamiento me provocó un poco de pánico. Mientras ella aún estaba en preescolar y revoloteaba por todas partes con su vestido de Cenicienta, me puse a analizar a fondo el complejo industrial de las princesas y terminé convencida de que esa cultura, aparentemente inocente, de vestidos rosas y bonitos, preparaba a las niñas para un futuro algo insidioso. Pues bien, ese «futuro» se estaba abalanzando hacia nosotras como un camión de media tonelada: un camión conducido por alguien que vestía una minifalda micrométrica y llevaba tacones de 13 centímetros, y que consultaba su Instagram en vez de tener los ojos puestos en la carretera. Mis amigas me contaban historias terroríficas de cómo las chicas adolescentes eran tratadas en la supuesta cultura del agarrón;* de jóvenes que eran obligadas a *sextear* o que se convertían en víctimas de escándalos en las redes sociales; o de la generalización de pornografía.

Se suponía que yo era experta en decodificar los mensajes confusos de la infancia de las niñas. Viajé por todo Estados Unidos instruyendo a los padres acerca de la diferencia entre sexualización y sexualidad. Acostumbraba decirles: «Cuando las niñas juegan a ser "sexis" antes de entender

---

* La palabra *agarrón* se utiliza como traducción de *hookup*. Este concepto no tiene un equivalente literal en español. Es parte de la jerga estadounidense para referir una amplia gama de tipos de contacto físico con connotación sexual (N. de la E.).

el término, aprenden que el sexo es una actuación más que una experiencia percibida». Eso es muy cierto, pero ¿qué pasa cuando sí entienden la palabra?

Tampoco es que yo tuviera las respuestas. Yo también estaba haciendo mi mejor esfuerzo por criar a una hija sana en una época en que las celebridades presentaban la autocosificación como fuente de fortaleza, poder e independencia; cuando parecer deseable era un sustituto de sentir deseo; cuando *Cincuenta sombras de Grey*, con su heroína neurasténica que se muerde los labios y su extraño multimillonario acosador, se promovían como la máxima fantasía femenina; cuando parecía que ninguna mujer menor de 40 tenía vello púbico. Claro, cuando yo era joven me vestía de acuerdo con canciones como «Sexual Healing» y «Like a Virgin», pero estas eran material digno del canal Disney en comparación con la «Perra» de L'il Wayne, cuya «dieta estricta» en la canción «Love Me» no incluye ninguna otra cosa que «verga»; en «Animals», Maroon 5 promete cazar a una mujer y comérsela viva. (En el video, el vocalista Adam Levine, vestido como carnicero y con un gancho para reses en la mano, acosa al objeto de su obsesión y luego tiene relaciones con ella, las cuales tienen un cruento final). Todo eso basta para convencerme de que tendría que disculparme con Tipper Gore por la manera en que mis amigos y yo nos burlábamos de ella en los noventa. Mientras tanto, un estudio tras otro ha revelado la impactante generalización de las agresiones sexuales en los campus universitarios; el problema es tan grave que el mismísimo expresidente de Estados Unidos, Barack Obama (quien es padre de dos niñas adolescentes), se involucró en la discusión del tema.

A pesar de que el número de chicas en la universidad superaba al de chicos universitarios que se «inclinaban» por lograr sus sueños académicos y profesionales, yo no podía dejar de preguntarme: ¿Hemos progresado o retrocedido? ¿Las jóvenes de hoy tienen más libertad que sus madres para decidir cómo quieren que sean sus encuentros sexuales, y tienen más influencia y control sobre ellos? ¿Están más preparadas, mejor equipadas para explorar el gozo, sin que les preocupe ser estigmatizadas por hacerlo? Si no es el caso, ¿por qué no lo están? Las chicas de hoy viven en una cultura en la que es cada vez más frecuente que tengan sexo sin su consentimiento, a menos que ambas partes accedan sin ninguna duda a tener un encuentro sexual: «solo sí quiere decir sí». Hasta ahí todo muy bien, pero ¿y qué pasa *después* del sí?

Como madre y como periodista necesitaba averiguar la verdad detrás de los encabezados de los periódicos; qué era real y qué era publicidad. Así que empecé a entrevistar a las jóvenes, a tener largas horas de conversaciones con el fin de conocer a fondo sus actitudes, expectativas y primeras experiencias, con todos los detalles de la intimidad física. Convoqué a las hijas de mis amigas (y a las amigas de esas chicas, y también a las amigas de esas amigas) y a las alumnas de los profesores de preparatoria que conocía. En las universidades que visitaba les pedía a los profesores que enviaran un correo electrónico masivo invitando a cualquier chica que estuviera interesada en conversar conmigo a que se pusiera en contacto. Al final entrevisté a más de 70 jóvenes de entre 15 y 20 años, la edad a la que la mayoría empiezan a ser sexualmente activas. (La estadounidense promedio tiene su primera relación sexual a los 17; para los 19 años tres cuartas partes de los adolescentes habrán tenido sexo). Mi enfoque se dirigió solo a las mujeres porque, como periodista, escribir sobre las jóvenes ha sido una pasión, una vocación: desde hace 25 años me he dedicado a hacer la crónica de sus vidas. Asimismo, las jóvenes siguen enfrentando disyuntivas particulares cuando tienen que tomar decisiones de carácter sexual: a pesar de los importantes cambios en expectativas y oportunidades siguen sometidas a la misma doble moral; según la cual si una chica es sexualmente activa es una «zorra», a diferencia de un chico, a quien se le considera como un «donjuán». Sin embargo, en la actualidad las chicas que se abstienen del sexo, a las que antes se les consideraba «niñas buenas», también se tienen que avergonzar, ya que se les califica como «vírgenes» (una condición que dejó de ser valorada como buena) o «mojigatas». Como me dijo una estudiante del último año de preparatoria: «En general, lo contrario de negativo es positivo, pero en este caso las dos cosas son negativas. ¿Qué se supone que una haga?».

No digo que todas las mujeres jóvenes estén pasando por esto. Mis entrevistadas estaban en la universidad o a punto de ingresar a ella;

específicamente quería hablar con aquellas que sentían que tenían todas las opciones abiertas, las que consideraban que más se habían beneficiado con el progreso económico y político de la mujer. También se seleccionaron por sí mismas. Dicho esto, lancé mis redes a una población amplia. Las chicas que conocía venían de todo Estados Unidos, de las grandes ciudades y de los pueblos pequeños. Eran católicas, protestantes tradicionales, evangélicas, judías y sin afiliación religiosa. Los padres de algunas estaban casados, otros divorciados; algunas vivían en familias mezcladas, otras en hogares uniparentales. En el aspecto político algunas tenían antecedentes conservadores, otras liberales, aunque la mayoría tendía más a ser liberal. La mayoría eran blancas, pero muchas eran asiático-americanas, latinas, afroamericanas, árabe-americanas o de origen mixto. Alrededor de 10% se identificaba como lesbiana o bisexual, aunque muchas de las chicas, en particular las que todavía estaban en la preparatoria, no habían concretado físicamente su atracción hacia otras mujeres. Dos tenían discapacidad física. Si bien la mayoría provenía sobre todo de familias de clase media alta, había cierta variedad en cuanto a sus antecedentes económicos: entrevisté a chicas del lado este de Manhattan y del lado sur de Chicago; chicas cuyos padres manejaban fondos de inversión y jóvenes cuyos padres trabajaban en restaurantes de comida rápida. Para proteger su privacidad cambié todos los nombres y detalles de identificación.

Al principio me preocupaba que las chicas no quisieran hablar conmigo de un tema tan personal. Pero me había preocupado en vano, porque a donde quiera que fuera tenía más voluntarias de las que podía manejar. No solo estaban dispuestas a hablar, tenían *hambre* de hacerlo. Nunca ningún adulto les había preguntado cómo experimentaban la sexualidad: qué hacían, por qué lo hacían, cómo se sentían al hacerlo, qué esperaban de ello, de qué se arrepentían, qué parte del sexo era divertido para ellas. A menudo en las entrevistas solo tuve que hacer una pregunta. Las chicas simplemente comenzaban a hablar y antes de que me diera cuenta habían pasado varias horas. Me contaron cómo se sentían acerca de la masturbación, sobre el sexo oral (tanto cuando se lo hacían a alguien como cuando lo recibían) y sobre el orgasmo. Hablaron de cómo se sentían al estar en la frontera entre ser vírgenes y zorras. De los jóvenes agresivos y los chicos cariñosos; de los que abusaban de ellas y de los que restauraban su fe en el amor. Admitieron su atracción hacia otras chicas y sus temores al rechazo de sus padres. Hablaron del complicado territorio de la cultura del agarrón, en el que los encuentros casuales anteceden (y pueden conducir o no) a una conexión emocional; esta cultura, que ahora es común en los campus universitarios, se está difundiendo rápidamente a las preparatorias. La mitad de las jóvenes ha vivido alguna experiencia de agresión sexual, que puede ir desde la coerción hasta la violación. Esas historias fueron desgarradoras. Y tan angustiante como las mismas experiencias por las que pasaron es el hecho de que solo dos de ellas le contaron a algún adulto lo que les sucedió.

Incluso en encuentros consensuados era doloroso oír mucho de lo que describían las jóvenes. Quizá eso no parezca nada nuevo, pero era algo que, en sí mismo, valía la pena explorar. En un momento en que tantas cosas han cambiado para las jóvenes en el ámbito público, ¿por qué no ha cambiado más –*mucho* más– en el ámbito privado? ¿Puede haber una verdadera igualdad en las aulas y en las salas de consejo si no la hay en el dormitorio? Allá por 1995, la National Commission on Adolescent Sexual Health (Comisión Nacional de Salud Sexual en Adolescentes) declaró que tener un sano desarrollo sexual es un derecho humano básico y señaló que la intimidad en la adolescencia debía ser «consensuada, sin explotación, honesta y placentera, y protegida contra embarazos no deseados y enfermedades de transmisión sexual». ¿Cómo es posible que, más de dos décadas después, sigamos tan vergonzosamente lejos de alcanzar esa meta?

Sara McClelland, catedrática de psicología en la Universidad de Míchigan, dice que la sexualidad es una cuestión de «justicia íntima», haciendo alusión a los problemas fundamentales de desigualdad de género, disparidad económica, violencia, integridad física, salud física y mental, autosuficiencia y dinámicas de poder en nuestras relaciones más personales. Nos pide que consideremos las siguientes preguntas: ¿Quién tiene el derecho a participar en un comportamiento sexual? ¿Quién tiene derecho a disfrutarlo? ¿Quién es el beneficiario principal de la experiencia? ¿Quién se considera merecedor? ¿Cómo define cada uno de los miembros de la pareja lo que es «suficientemente bueno»? Esas son preguntas espinosas cuando observamos el asunto de la sexualidad femenina a cualquier edad, pero en particular cuando consideramos las primeras experiencias formativas de las jóvenes. No obstante, estaba decidida a hacerlas.

Varias de las chicas que conocí se mantuvieron en contacto conmigo mucho después de que conversamos por primera vez, enviándome correos con actualizaciones sobre sus nuevas relaciones o sobre la evolución de sus puntos de vista. «Quise hacerte saber que debido a nuestra conversación cambié de carrera», me escribió una de ellas. «Voy a estudiar salud con enfoque en género y sexualidad». Otra chica, estudiante del último año de preparatoria, me contó que le confesó a *su* novio que había fingido todos sus «orgasmos»; en tanto que otra joven de preparatoria me contó que se atrevió a decirle a su novio que dejara de presionarla para alcanzar el clímax, pues estaba arruinando la experiencia sexual. Las entrevistas –con las mismas jóvenes y con psicólogos, sociólogos, pediatras, educadores, periodistas y otros expertos– me transformaron también al forzarme a confrontar mis propios prejuicios, a superar mi incomodidad y a aclarar mis valores. Creo que eso me ha vuelto una mejor madre, una mejor tía y una mejor aliada de todas las mujeres –y hombres– jóvenes que hay en mi vida. Espero que después de leer este libro, tú también sientas lo mismo.

CAPÍTULO 1

Matilda Oh no es un objeto,
excepto cuando quiere serlo

amila Ortiz e Izzy Lang ya habían oído esto antes. Eran estudiantes del último año de una preparatoria grande en California –con un alumnado de más de 3 300 estudiantes–, así que este sería su cuarto septiembre y su cuarta asamblea de «bienvenida al curso». Se sentaron en la parte trasera del auditorio, intercalando periodos de ensoñación con charlas con sus amigos, mientras los directivos del plantel soltaban su perorata sobre la importancia de la asistencia a clases («en particular para ustedes, los del último año»); las conductas que podrían conducir a una expulsión; las advertencias sobre el tabaquismo y el uso de alcohol y marihuana. Luego, el decano de estudiantes se dirigió específicamente a las mujeres.

–Entonces nos dijo: «Señoritas, cuando salgan, vístanse mostrando respeto a sí mismas y a su familia –recuerda Izzi, una chica rubia y de ojos azules, con un hoyuelo en una mejilla que se hace más profundo cuando habla–. Este no es un sitio adecuado para que luzcan sus pantaloncillos cortos o sus camisetas sin mangas o sus ombligueras. Antes de salir pregúntense si a su abuela le gustaría la ropa que se pusieron».

Camila, quien lleva una sutil perforación en el lado izquierdo de la nariz, interviene en la conversación agitando un índice acusador:

–«Necesitan taparse eso, porque necesitan respetarse a sí mismas. Tienen que respetarse a sí mismas. Tienen que respetar a su familia» –repetía una y otra vez la misma idea. Y de inmediato empezó a proyectar las diapositivas en las que se definía el acoso sexual. Como si hubiera alguna

13

conexión. Como diciendo que si no te «respetas a ti misma» por la forma en que te vistes, te van a acosar y tú tendrás la culpa porque te pusiste un top.

Luego de haber estudiado toda su vida en este mismo sistema escolar, Camila aprendió la importancia de oponerse a la injusticia, de ser alguien que «defiende sus principios». Así que empezó a gritar el nombre del decano: «¡Señor Williams! ¡Señor Williams!», exclamó. Él la invitó a pasar al frente del auditorio y le entregó el micrófono.

–Hola, soy Camila –dijo–. Estoy en tercero de prepa y no estoy de acuerdo con lo que acaba de decir, no está bien, es muy sexista y promueve la «cultura de la violación». Si yo quiero ponerme un top y unos shorts porque están de moda, debería poder hacerlo, y eso no tiene relación con cuánto «respeto» tengo por mí misma. Lo que usted dice promueve el ciclo de culpabilizar a las víctimas –los estudiantes del auditorio estallaron en aplausos y Camila devolvió el micrófono.

–Gracias, Camila. Coincido totalmente contigo –dijo el señor Williams mientras ella regresaba a su asiento–, pero hay un momento y un sitio correctos para ese tipo de ropa.

Este no era el primer sermón que escuchaba sobre la ropa provocativa de las niñas. Se lo habían dicho padres, profesores, directivos y las chicas mismas. Los padres se ponían a la defensiva por los shorts reveladores, las blusas escotadas y los pantalones de yoga que enfatizan las nalgas y exhiben «todo». *¿Por qué las niñas tienen que vestirse así?*, preguntan las mamás, aunque algunas de ellas se visten igual. Los directores trataban de imponer el decoro, pero terminaban incitando a la rebelión. En el área suburbana de Chicago los estudiantes de segundo de secundaria se manifestaron contra la propuesta de una política que prohibía el uso de *leggings*. Los alumnos de bachillerato en Utah iniciaron una campaña en internet cuando descubrieron que las fotos del anuario se habían modificado digitalmente para subir los escotes y poner mangas a las camisetas de sus compañeras.

A los chicos que se burlan de la autoridad contradiciendo las normas de vestimenta se les califica como «hippies» que desafían el orden establecido, «matones» con pantalones bombachos. En el caso de las mujeres el asunto es el sexo. Se considera que imponer el recato es una manera de proteger y contener la sexualidad de las jóvenes y, por asociación, se les impone la obligación de controlar a los muchachos. Después de la asamblea, la directora de asistencia detuvo a Camila en el pasillo.

–De verdad entiendo que estés tratando de empoderarte –le dijo a la chica–, pero la ropa que usas distrae. Tienes profesores hombres y también compañeros hombres.

–¡Tal vez no deberían contratar profesores hombres que se distraigan fijándose en mis *bubis*! –respondió Camila. La directora dijo que después platicarían más al respecto, pero ese «después» nunca llegó.

Esto pasó hace tres meses y Camila sigue furiosa.

–La verdad es que no importa lo que me ponga –dice–. Cuatro de cinco veces que voy a la escuela alguien me lanza algún piropo ofensivo, me mira de arriba abajo o me toquetea. Simplemente lo aceptas como algo que es común en la escuela. No puedo evitar tener este tipo de cuerpo y es súper distractor para *mí*, ya que cada vez que me levanto a sacarle punta al lápiz alguien hace algún comentario sobre mi trasero. Eso no les pasa a los hombres. Ninguno ha escuchado que mientras camina por el pasillo las niñas le griten: «Oye tú, chavo, ¡qué bonitas piernas tienes! Tienes unas piernas *buenísimas*».

Camila tiene razón. La única manera de evitar que los chicos den por hecho que los cuerpos de las chicas están allí para que los juzguen e incluso toquen como y cuando quieran es hablar directamente con ellos. El año pasado, en la misma escuela, un grupo de muchachos creó una cuenta de Instagram para «exponer» a las EZDA del campus: siglas que significan Esa Zorra de Allí. (Al parecer cada generación ha inventado una nueva palabra para satanizar a las jóvenes por su sexualidad: *Letra Escarlata, meretriz, alocada, golfa, puta, resbalosa, zorra*). Descargaban imágenes de las cuentas de Instagram y Twitter de las chicas (o les tomaban alguna foto en los pasillos) y les añadían texto con la supuesta historia sexual de las niñas. Todas las jóvenes seleccionadas eran negras o latinas. Camila fue una de ellas.

–Me sentí violada –comenta–. Parte del pie de foto decía: «Te reto a cogértela para pasar un buen rato». Tuve que seguir yendo a la escuela mientras esa foto circulaba por todas partes.

Cuando presentó una queja formal fue enviada a una habitación con cuatro guardias de seguridad de la escuela, todos ellos hombres, quienes le preguntaron si realmente había realizado los actos sexuales que se le atribuían en el sitio. Humillada, dejó el asunto por la paz. A la larga, la cuenta de Instagram desapareció, pero nunca atraparon a los infractores.

Ya sea en internet o en la VR («vida real»), lo que le pasó a Camila difícilmente es un caso aislado. Otra chica, una estudiante de tercero de preparatoria del condado de Marin, California, que jugaba voleibol en el equipo de la escuela, me contó que los niños del equipo de futbol se reunían en las gradas para hostigar a sus compañeras durante las prácticas, gritándoles cosas como «qué bonito sartén» (sartén es la palabra en caló para definir el perineo) cuando saltaban. (Por cierto, en internet existen cientos de acercamientos al trasero de niñas menores de edad con uniforme de voleibol). Una estudiante de último año de preparatoria en San Francisco me describió cómo, a unos días de haber entrado a un selecto curso de verano de periodismo en Chicago, los chicos crearon una «clasificación de zorras» (como si formaran una liga de futbol de ensueño) en el que etiquetaban a sus compañeras según «a quién se querían coger».

–Las chicas estábamos furiosas –me comentó–, pero no podíamos quejarnos por todo lo que implicaba hacerlo, ¿me entiendes? Si estás en la lista y te quejas, eres una mojigata. Si no estás pero te quejas, entonces eres fea. Si te quejas diciendo que es sexista hacer una lista de ese tipo, entonces eres una perra feminista sin sentido del humor y lesbiana.

Escuché hablar de un chico que decía tener «brazos mágicos» e iba por los pasillos de una escuela pública en Nueva York abrazando a cualquier muchacha para luego anunciar la talla de su sostén; de otro joven de preparatoria que, en una fiesta en Saint Paul, Minnesota, se acercaba lentamente a cualquier desconocida y le preguntaba: «¿Me dejas tocarte las tetas?»; y de muchachos que, en bailes de todas partes, especialmente con algunos tragos encima, se sienten en libertad de «frotarse» contra las chicas desde atrás sin mediar invitación. La mayoría de las jóvenes han aprendido a apartarse dignamente de esas situaciones cuando no están interesadas y los chicos rara vez han insistido. Sin embargo, varias jóvenes hablan de compañeros de baile que llegan más lejos, levantándoles la falda y deslizando rápidamente un dedo dentro de su ropa interior. En la universidad es posible que las chicas que asisten a las fiestas de las fraternidades no lleguen a la pista, a menos que pasen lo que una de ellas denominó la «prueba de guapura» en la puerta de entrada, donde uno de los miembros de la fraternidad «decide quién es aceptada y quién rechazada, si eres bonita o fea. Ese joven es la razón por la que tendrías que considerar ponerte un top sin tirantes incluso en temperaturas bajo cero si no quieres ser rechazada y terminar sola en casa, comiendo palomitas de microondas y llamándole a tu mamá».

Lo diré una vez aquí y no lo repetiré en el resto de este libro, porque es obvio: no todos los muchachos, ni por casualidad, se comportan de esa manera; de hecho, muchos de ellos son los más acérrimos aliados de las chicas. Sin embargo, todas las jóvenes con las que hablé, *cada una de ellas,* sin importar su clase, origen étnico, orientación sexual, forma de vestir ni su apariencia, han sufrido acoso en secundaria, preparatoria, universidad o, a menudo, en las tres. Entonces, ¿quién está realmente en riesgo de «distraerse» en la escuela?

En el mejor de los casos, decir que las chicas tienen la culpa de lo que los muchachos piensan o hacen por la forma en que se visten es contraproducente. En el peor, al decir eso casi están afirmando que «las chicas se merecen lo que les pasa por vestir así». Sin embargo, no puedo evitar sentir que jóvenes como Camila, que defienden su derecho a usar lo que ella denomina ropa «supuestamente provocativa», están pasando algo por alto. Usar como arenga feminista su derecho a enseñar los brazos (y las piernas y el escote y el ombligo) me suena sospechosamente orwelliano. Recuerdo la sencilla y definitiva prueba del sexismo que propuso la feminista británica Caitlin Moran, y a la que Camila hace referencia sin saberlo: ¿Los hombres también lo están haciendo? «Si no es así», escribió Moran, «es probable que estés lidiando con lo que nosotras las feministas estridentes llamamos "una absoluta mierda"».

Y si bien es cierto que solo las mujeres están expuestas a los piropos ofensivos, también lo es que solo la moda femenina insta a una conciencia del cuerpo a edades muy tempranas. Target ofrece bikinis para bebés. Gap anuncia «jeans ajustados» para niñas pequeñas. Las niñas de preescolar adoran a las princesas de Disney, que son personajes con ojos más grandes que su cintura. Nadie intenta convencer a los chicos de 11 años para que usen pantaloncillos cortos que destaquen su trasero o para que desnuden sus vientres a mitad del invierno. Aunque me preocupa mucho la vigilancia de la sexualidad femenina a través de la ropa, también me preocupa el empecinamiento incesante en la autocosificación: la presión sobre las jóvenes para que reduzcan su valía a su físico y que consideren su cuerpo como un conjunto de partes que existen para el placer de otro; para que cuiden todo el tiempo de su apariencia; para que actúen su sensualidad en lugar de sentirla. Recuerdo una conversación que tuve con Deborah Tolman, profesora del Hunter College y quizá la principal experta en el deseo sexual de las adolescentes. Comenta que en sus investigaciones encontró que las chicas empezaban a responder a preguntas sobre los sentimientos que les provocaba su cuerpo –preguntas sobre la sexualidad o la excitación– con descripciones de cómo pensaban que se veían. Tenía que recordarles que verse bien *no* es un sentimiento. La autocosificación se ha asociado con depresión, disminución de la función cognitiva, promedios de calificaciones más bajos en general, distorsión de la imagen corporal, vigilancia del propio cuerpo, trastornos alimenticios, comportamiento sexual riesgoso y menor placer sexual. En un estudio con alumnas de segundo de secundaria se detectó que la autocosificación influyó en la mitad de los casos de depresión clasificados en los informes de depresión de las chicas, y en más de dos terceras partes de los cambios en su autoestima. Otro estudio vinculó la atención que prestan las jóvenes a su apariencia con una mayor sensación de vergüenza y ansiedad sobre su propio cuerpo. Un estudio con alumnos de tercero de preparatoria conectó la autocosificación con actitudes más negativas hacia la sexualidad, incomodidad al hablar sobre sexo y mayores tasas de remordimientos relacionados con su actividad sexual. La autocosificación también se ha correlacionado con menor eficacia política: es decir, ha provocado en los chicos y chicas la idea de que tienen pocas posibilidades de tener un impacto en el ámbito público y lograr cambios.

A pesar de esos riesgos la hipersexualización está en todas partes y es tan visible que se ha vuelto casi invisible: es el agua en la que nadan las chicas, es el aire que respiran. Sin importar en qué se lleguen a convertir –atletas, artistas, científicas, músicas, conductoras de noticieros, políticas–, lo primero que aprenden es que, como mujeres, antes que cualquier otra cosa lo que deben proyectar es atractivo sexual. Consideremos un informe que publicó en 2011 la Universidad de Princeton, en el cual se exploró la caída abrupta, en la última década, de la cantidad de estudiantes mujeres que ocupan puestos de liderazgo público. Entre las razones que dieron estas jóvenes de altísimo nivel para no ocupar esos puestos estaba el hecho de que se requería más que estar calificadas. Necesitaban ser «inteligentes, motivadas, participar en muchas actividades diferentes (como los hombres) y, además, ser bonitas, sexis, delgadas, agradables y amistosas». O, como dijo una exalumna, ser mujeres que «hacen todo, lo hacen bien y se ven sexis al hacerlo». Mientras tanto, un estudio de 2013 que realizó el Boston College encontró que la autoestima de las estudiantes mujeres cuando se graduaban era más baja que la que tenían al ingresar (al contrario de los hombres, cuya autoestima era más alta al momento de graduarse en comparación con la que tenían al ingresar). Ellas consideraban que esa baja en su autoestima se debía en parte a «la presión de verse o vestirse de cierto modo». En una encuesta en la Universidad Duke, que llegó a conclusiones similares, una estudiante de segundo año llamó a este fenómeno «perfección espontánea»; es decir, la «expectativa de que una sea inteligente, capaz de muchos logros, delgada, hermosa y popular, y capaz de lograr todo esto aparentemente sin hacer ningún esfuerzo». No es de sorprender que se desanimen.

«Estar buena», como dice Ariel Levy en su libro *Chicas cerdas machistas*, es diferente a ser «bella» o «atractiva». Es una visión comercializada, unidimensional, reproducida hasta el infinito y, francamente, poco imaginativa de lo que es ser sexi, y que cuando se aplica a las mujeres puede reducirse a «ser cogible y vendible». Levy dice que la cualidad de «estar buena» es específicamente labor de las mujeres y en ninguna parte es más evidente que en la portada de *Vanity Fair* de 2015, donde presentaron a Caitlyn Jenner, antes conocido como Bruce. Para anunciar su transición física de hombre a mujer, la ahora mujer de 65 años apareció con un corsé (de una tienda llamada Trashy Lingerie [lencería vulgar]), con los senos desbordantes y labios pintados con brillo, como de jovencita inocente. En la prensa a menudo se combinó esa imagen con fotografías de su época como Bruce, con el pelo mojado de sudor y los brazos levantados en actitud de triunfo luego de ganar el oro olímpico. Como hombre había usado su cuerpo; como mujer lo exhibía. Es muy probable que no sea ninguna revelación que las chicas son sometidas a alcanzar un ideal severamente restringido de lo que es «sexi», y que con frecuencia es mejorado con medios quirúrgicos o digitales, y que luego, cuando buscan alcanzarlo, se les cataloga como «zorras». Lo que ha cambiado es lo siguiente: mientras que las generaciones anteriores de mujeres mediáticamente cultas que se identificaban como feministas consideraban que tenían que protestar contra la cosificación de la mujer, las mujeres actuales lo ven como una opción personal, algo que pueden utilizar de manera intencional como forma de expresión, más que como una imposición. ¿Y por qué no lo harían, si estar «buena» se presenta como un prerrequisito obligatorio para que la mujer tenga pertinencia, fortaleza e independencia?

Las jóvenes con las que conversé me dijeron que cuando se vestían con ropa reveladora se sentían poderosas, lo cual expresaban utilizando términos como *liberador, audaz, de perra al mando* y *deseable*, pero al mismo tiempo impotentes para expresar la indignación que sentían por el constante juicio público acerca de sus cuerpos. Sentían que elegían activamente una imagen sexualizada –que no era asunto de nadie sino de ellas mismas– pero al mismo tiempo sentían que lo hacían porque no tenían alternativa. Una estudiante de segundo año de universidad me dijo: «Quieres destacarte. Quieres atraer a alguien. No solo se trata de estar buena, sino de quién puede estar *más buena*. Una de mis amigas ha llegado al grado de ir prácticamente desnuda a las fiestas». De un día a otro y de un momento a otro las jóvenes pasan indistintamente de ser sujetos a ser objetos, a veces sin intención de hacerlo y a veces inseguras de si son uno o lo otro. Por ejemplo, el día anterior a nuestra conversación Camila había llevado a la escuela un corsé nuevecito:

–Cuando llegué vestida así, pensé: «Me siento súper cómoda conmigo misma –señala–. Siento que me veo buenísima y que este será un buen día». Pero luego, en cuanto entré a la escuela, me sentí como si automáticamente no tuviera control. La gente se te queda viendo, mirándote de arriba abajo y diciéndote cosas. Empecé a dudar de mí misma y a pensar: «No debí ponerme esta blusa. Es demasiado reveladora. Está muy apretada». Fue deshumanizante.

Al escuchar a Camila me impactó en particular su afirmación de que lo «buena» que se sentía determinaba cómo se desarrollaría su día, y también que a mitad de su narración hubiera elegido hablar en segunda persona como si de pronto ella misma se viera como un objeto, igual que todos los que la rodeaban.

Cuando hablaba en público en los campus universitarios o con grupos de padres solía decirles que es posible separar la sexualización de la sexualidad, recordándoles que la primera se impone a las chicas desde el exterior, mientras que la otra se cultiva desde el interior. Ya no estoy tan segura de que sea así de sencillo. Es posible que sea evidentemente insano que una niña de tres años insista todos los días en ponerse tacones para ir al kínder o que una niña de cinco años pregunte si es «sexi», o que una de siete años ruegue para que le compren un sostén con relleno de Abercrombie (un artículo que retiraron de los anaqueles después de las protestas de los padres). Pero ¿qué pasa con la chica de 16 años que lava el coche de su novio vestida con un bikini y pantaloncillos cortísimos? ¿Qué pasa con la clase de *striptease* aeróbico que está tomando la estudiante de primer año de universidad? ¿Y qué me dicen de, ya saben, el *atuendo*? Como me preguntó Sydney, una estudiante de último año de preparatoria que lleva enormes anteojos de «intelectual elegante»:

–¿No es diferente vestirte como zorra porque *no* te sientes bien contigo misma y quieres que los demás te validen, y vestirte así porque te *sientes bien* contigo misma y no necesitas validación?

–Puede ser –respondí–. Explícame cómo defines cuando es por una razón o cuando es por la otra.

Sydney se quedó mirando el barniz negro descascarado de sus uñas y empezó a pasarse uno de sus anillos de plata de un dedo a otro.

—No sé —contestó luego de un momento—. Toda mi vida he intentado averiguar lo que realmente me gusta de mí en vez de lo que a otras personas les gusta de mí, para que me digan lo que quiero escuchar; o en vez de desear verme de cierto modo para llamar la atención. Y una parte de mí siente que precisamente por ello es que no me siento bien conmigo misma.

Las jóvenes sí se oponen a las restricciones de lo que significa estar «buenas», así como al mensaje contradictorio que les dice que tienen la obligación de estarlo y al mismo tiempo justifica el acoso o las agresiones físicas. En 2011, después de que un policía de Toronto sugirió a las universitarias que si querían evitar las agresiones sexuales no se vistieran en forma tan provocativa, estalló un movimiento espontáneo conocido como «Marcha de las Putas». Furiosas, las mujeres jóvenes de todo el mundo, muchas vestidas con medias de red y ligueros, se lanzaron a las calles llevando pancartas que decían cosas como: «Mi vestido no te autoriza a tocarme» y «¡Mi trasero no es una excusa para que me agredas!». En el otro extremo del espectro, la generación Y alcanzó los titulares tanto por dejarse crecer el vello de las axilas como por rechazar los instrumentos de tortura conocidos comúnmente como tangas (algunas a favor de los «calzones de abuelita» que llevan estampada en la parte trasera la palabra «feminista»), con lo cual querían demostrar que se puede ser sexi sin consentir la idea de estar «buenas». En un nivel más personal, una de las jóvenes que conocí y que es estudiante de arte, me contó que, harta del «disfraz» que se espera que se pongan las chicas para asistir a las fiestas universitarias, ella había optado por usar uno diferente y se había presentado vestida como un unicornio reluciente.

—Me sentí liberada —me dijo—. Sigo interesándome en la apariencia de mi cuerpo y me pongo un montón de maquillaje, pero también estoy totalmente vestida. Y soy diferente de las demás.

Buena o no: las redes sociales y el nuevo «producto corporal»

Las chicas no siempre organizaron sus ideas acerca de sí mismas en torno a su aspecto físico. Antes de la Primera Guerra Mundial la autosuperación implicaba ser *menos* egocéntricas, *menos* superficiales: ayudar a los demás, enfocarse en los estudios, instruirse más y cultivar la empatía. La autora Joan Jacobs Brumberg destacó este cambio en su libro *The Body Project* al comparar los propósitos de año nuevo de las jóvenes al final de los siglos XIX y XX.

En 1892 una chica escribió: «Me propongo pensar antes de hablar. Trabajar con seriedad. Practicar la moderación en las conversaciones y acciones. No dejar que mis pensamientos divaguen. Ser decorosa. Interesarme más en los demás».

Y cien años después otra escribió:

«Intentaré ser mejor en todas las formas posibles… Voy a perder peso, conseguiré nuevos anteojos, me haré un nuevo corte y usaré buen maquillaje, nueva ropa y accesorios».

El libro de Brumberg se publicó a finales de los noventa, unos 10 años antes de que estallara el *boom* de las redes sociales. Con la llegada de MySpace y, después de Facebook, Twitter, Instagram, Snapchat, Tumblr, Tinder y YikYak, y –acuérdense de mí– algún microchip conectado a las redes sociales que pronto implantarán dentro de nuestras cabezas, la idea de que el cuerpo es la expresión última del yo femenino, se ha arraigado todavía más, evolucionando de ser un «proyecto» a convertirse en un «producto» que se comercializa de manera consciente. Existen múltiples formas en que las redes sociales pueden ser divertidas, creativas, vinculantes y políticas. Pueden ser un salvavidas para los chicos que se sienten diferentes de sus compañeros, en particular los adolescentes de la comunidad LGBTT, ya que les proporcionan un apoyo y una comunidad cruciales. También han reforzado la implacable externalización del yo en el caso de las jóvenes. Existe evidencia de que cuanto más se preocupa una chica por su apariencia, peso e imagen corporal, más consulta el espejito mágico de su perfil en redes sociales, y viceversa: que cuanto más consulta su perfil, más se preocupa por su apariencia, peso e imagen corporal. Asimismo, los comentarios en las páginas de las jóvenes tienden a enfocarse demasiado en la apariencia, la cual incluso se vuelve una medida de la amistad, la autoimagen y la autoestima más que en el mundo real.

En la oficina del sótano sin ventanas de un campus universitario privado en el Medio Oeste, Sarah, una estudiante de primer semestre, se para frente a mí con un pie viendo hacia delante y la rodilla ligeramente doblada para demostrar la pose de «pierna inclinada» –cuyas pioneras fueron las coristas, pero que ahora es el estándar en las fotos de redes sociales de las jóvenes–. «Te hacer ver más delgada que si te paras normalmente», explicó. Sarah creció en Atlanta, donde asistió a un pequeño bachillerato cristiano. Su pelo, que cuelga hasta sus hombros, está teñido de rubio, sus ojos son azules y está cuidadosamente maquillada, con base, sombra y labial.

–Todo el mundo… –se detiene y ríe cohibida–, esto es muy estúpido, pero todo el mundo aprende las formas de posar en las fotos para verse bien en Facebook o Instagram. Bueno, me refiero a mí. Una mano en la cadera también te hace ver más delgada. O, sin importar de qué lado esté la raya de tu pelo, el otro lado es tu «mejor» ángulo, así que intento voltear de ese lado para las fotos. –Voltea a la derecha y prosigue–. Edito los pequeños defectos y arreglo la iluminación. Y si ves programas como *America's Next Top Model*, aprendes a «encontrar la luz correcta». Cosas por el estilo.

Los adolescentes siempre han estado muy conscientes de cómo los ven sus compañeros. Las redes sociales aumentan esta autoconsciencia: en lugar de experimentar con el pequeño grupo de personas que sí conocen, ahora someten sus pensamientos, fotografías, gustos y actividades (al igual que sus errores de juicio) a la aprobación o censura inmediatas de sus 947 "mejores amigos", muchos de los cuales son desconocidos. Según Adriana Manago, una investigadora en el Children's Digital Media Center de Los Ángeles que estudia el comportamiento de los estudiantes universitarios en las redes sociales, esto ha dado como resultado que los jóvenes se refieran sí mismos como si fueran una marca, en lugar de ver su identidad como algo que se desarrolla desde el interior. Sus «amigos» se vuelven un público que se busca y mantiene. El 92% de los adolescentes entra a diario a internet;

24% está en línea «casi constantemente». Alrededor de tres cuartas partes utilizan dos o más sitios de redes sociales. Asimismo, en especial en los sitios donde se comparten fotos, como Instagram, las mujeres son más activas que los hombres, quienes es más probable que sean *gamers*.

–Usas tu experiencia para crear una imagen –me comentó Matilda Oh, una estudiante de bachillerato de San Francisco–, con el fin de mostrar que eres deseable y atractiva y conseguir que te digan que te quieren y les gustas.

Según dice, todas las jóvenes saben que «conseguirán 10 veces más "likes" si suben una foto en bikini que una en la que están vestidas con una chamarra gruesa». Sin embargo, igual que en el mundo real, las chicas deben tener cuidado de dejar claro que aunque están «buenas», no son unas «zorras»; de mostrarse confiadas en un sentido sexual, pero no «urgidas». En un estudio de 1 500 perfiles en Facebook, las mujeres en edad universitaria juzgaron con mayor dureza los perfiles de otras chicas de lo que lo hicieron los muchachos, criticando a aquellas que tenían «demasiados» amigos, compartían «demasiada» información, mostraban «demasiada» piel en sus fotos, mencionaban «demasiado» a sus novios o publicaban «demasiadas» actualizaciones de estatus. Esto ocurrió a pesar de que 1 499 de los perfiles reflejaban el mismo «ideal»: una chica que, a través de actualizaciones de estatus, fotos glamorosas y *selfies* reveladoras, se presenta como «divertida» y «despreocupada», con montones de amigos atractivos, que va a muchísimas fiestas y sus principales intereses son las relaciones románticas, la cultura pop y las compras. Entonces, es fácil que te denigren justo por hacer lo que se espera que hagas para conseguir la aprobación de la corte.

No se requiere mucho para convertirte en un blanco.

–Es fácil que te estigmaticen –coincide Sarah–. Conocí a una chica que solo ponía *selfies* en Instagram. Cada una de sus fotos era una *selfie* y la gente empezó a hablar de ello. La hacía parecer como si no tuviera amigos o estuviera demasiado centrada en sí misma. Hay tantas cosas por las que te pueden juzgar. Y por supuesto, tienes miedo de que te critiquen por las mismas cosas por las que tú juzgas a los demás. Pero no se habla de esto, son reglas no escritas que se aprenden viendo lo que dicen los otros. Como que no cambies a menudo tu foto de perfil, que no subas comentarios sobre cualquier cosa que hagas o que no tengas muchas fotos tuyas.

En 2013 los diccionarios Oxford nombraron al término *selfie* como «la palabra internacional del año». Cualquiera con una cuenta en Facebook o Instagram puede haber publicado unas cuantas, pero nadie alcanza el nivel de crónica personal que tienen las chicas adolescentes (es interesante señalar que, después de los 40 años, los principales publicadores de *selfies* son los hombres; ¿será que al llegar a la mediana edad las mujeres inconscientemente se vuelven invisibles?). Los autorretratos pueden ser una emocionada afirmación de orgullo para las jóvenes, con las cuales reclaman su derecho a ocupar un espacio público. «Si ignoras la interminable sarta de publicaciones de la propia imagen como muestra de narcisismo consciente», escribió Rachel Simmons, autora de *Enemigas íntimas*, «pasarás por alto la oportunidad de observar la manera en que las chicas se promueven a sí mismas, una habilidad que los hombres tienen más permitido desarrollar y que posteriormente les sirve para negociar aumentos de sueldo y ascensos».

En lo personal me encanta ver las publicaciones de las jóvenes que conozco (mis sobrinas, las hijas de mis amigas, las chicas que entrevisto), observarlas frente a los monumentos nacionales, en el día de su graduación o payaseando con sus amigos. Sin embargo, eso no apacigua mi preocupación por que las *selfies* puedan imponer otro tipo de tiranía sobre las jóvenes, otro imperativo de exhibir sus cuerpos para que los demás y ellas mismas los inspeccionen, otra manera de reducir su valor a algo superficial, plano y medible en función de su visibilidad. Como me comentó una chica: «Es lo que pasa con los celulares y con Facebook: todo se reduce a la cuestión de: ¿Soy bonita? ¿Cuántos amigos tengo? ¿Cómo se ven mis fotos de perfil? Permítanme acosarme *a mí misma*».

De nuevo, las jóvenes que conocí no eran pasivas; no eran víctimas de las redes sociales. Eran sumamente cultas y a menudo unas ávidas feministas. Participaban de manera activa en la cultura contemporánea, a pesar de que luchaban por encontrar el significado e impacto de esa participación. En una encuesta a gran escala aplicada a chicas adolescentes, casi dos tercios de ellas pensaban que las *selfies* aumentaban su confianza. Eso es cierto. No obstante, alrededor de la mitad también decía que las fotos de ellas que *otras personas* (supuestamente menos interesadas en sacar sus mejores ángulos) publicaban podían hacerlas sentir mal. Al parecer, la insatisfacción de las jóvenes con el propio cuerpo está menos relacionada con el tiempo que pasan en las redes sociales que con el tiempo que dedican a compartir y ver fotografías; cuantas más fotografías ajenas ven, ya sean de amigas cercanas o de chicas de la misma edad con las que tienen una relación distante, más infelices se sienten con su propia apariencia. No es de sorprender, entonces, que hayan proliferado las «apps de cirugía para *selfies*», las cuales permiten que la usuaria reduzca el tamaño de su nariz, abrillante sus dientes y amplíe su sonrisa. La cirugía plástica real entre personas menores de 30 años también va a la alza. En 2011 hubo un incremento de 71% en la cifra de jóvenes de bachillerato que se sometieron a implantes de mentón específicamente para verse mejor en las *selfies* del baile de graduación. En una encuesta de 2013 aplicada a miembros de la American Academy of Facial Plastic and Reconstructive Surgery (Academia Estadounidense de Cirugía Facial Plástica y Reconstructiva), uno de cada tres miembros dijo que sus pacientes buscaban sus servicios para verse mejor en las *selfies*.

Una cosa es publicar fotos de una misma –aunque sean montones y montones de ellas– mientras comes cereal o compras tu vestido de graduación o pasas el rato con tus mejores amigas. Lo que realmente preocupa a los padres es el primo malvado de la *selfie*: el *sexteo*. A nuestras hijas les decimos que *nunca* y *por ningún motivo* envíen mensajes sexualmente explícitos o, Dios no quiera, una foto en la que estén desnudas o semidesnudas. Les señalamos que internet es para siempre. Snapchat no impide redistribuir las capturas de pantalla en un instante y que estas se utilicen como armas (como sucede con la «pornografía vengativa», que ha ido en aumento, ya que se trata de imágenes explícitas en línea que se suben sin el consentimiento de la víctima, a menudo después de un rompimiento). En verdad es difícil saber con exactitud qué tan común es el «sexteo» entre adolescentes. Algunas encuestas han revelado que entre 15 y 48% de los entrevistados (dependiendo de la edad de los chicos encuestados y de cómo se defina el término «sexteo») dice que ha enviado o recibido un texto o fotografía explícita. Lo que sí queda claro es que la práctica no es neutral en cuanto a género. Aunque las cifras de chicos y de chicos que lo practican, quizá de manera voluntaria, son iguales, es dos veces más probable que las chicas sean presionadas, obligadas, chantajeadas o amenazadas para hacerlo. En una encuesta a gran escala, la mitad del sexteo en chicas adolescentes cayó dentro de esas categorías. Eso es particularmente perturbador, dado que la coacción para sextear parece que a largo plazo causa mayor ansiedad, depresión y trauma que obligar a alguien a tener relaciones sexuales. Entre las jóvenes que conocí, la insistencia para que enviaran fotografías de desnudos podía ser incesante y empezaba en secundaria. Una chica me describió que cuando estaba en segundo de secundaria un compañero la amenazó (en un mensaje de texto) con suicidarse si no le enviaba una foto de sus senos. Ella les contó a sus padres y no envió la fotografía, mientras que una amiga suya, amenazada por el mismo chico, accedió a enviar la foto. A veces la presión se combina con el propio deseo de las niñas por complacer, provocar o afirmar que están buenas. Sextearon fotos a sus novios para probar su confianza o para despertar el interés de los chicos que deseaban atraer. (Los chicos también lo hacen, pero producen el efecto contrario en las jóvenes, quienes lo consideren como algo agresivo o «asqueroso»). Una niña me contó que en su secundaria privada judía hubo una «epidemia» de compañeras que exhibieron sus senos a sus compañeros durante videochats, lo que los muchachos aprovecharon para tomar capturas de pantalla y subirlas a internet.

–¿Las niñas querían que eso pasara? –pregunté.

–No –respondió–. Pero así pasó–. Para cuando llegan a prepa las chicas ya «maduraron» y dejan de hacerlo, pero los hombres no. Platico en videochat con los niños y ellos empiezan a decirme: «¡Ándale! ¡Quítate la blusa! ¡Quítate la blusa!». Yo no lo hago, pero ellos son muy persistentes: Me dicen: «¡Hazlo! ¡Te prometo que no te tomo fotos!». Y si realmente te gusta, piensas que quizá tú también le gustes… Hay chicos que tienen carpetas completas de fotografías. Como trofeos.

Algunas chicas consideran el sexteo y los videochats sexis como una forma de experimentar con el sexo en un ambiente seguro (cuando menos así es como ellas lo ven). Una estudiante de primer semestre de una universidad de la costa atlántica me dijo:

–En secundaria y prepa sexteé de manera bastante explícita por medio de mensajería instantánea o hice striptease por Skype. No me sentía lista para perder la virginidad, pero me encantaba ser la chica mala –no le preocupaba que sus destinatarios pudieran compartir sus actuaciones; creía que podía utilizar su cuerpo tanto para intimidar como para tentar–. Mido 1.83. No soy una mujercita delicada. Y era como si les dijera: «Si publicas esto por allí te quedas sin huevos. Te voy a *lastimar*». Sentía que yo tenía el control.

¿Las *selfies* te empoderan o te convierten en alguien a su servicio? ¿El sexteo es dañino o inofensivo? ¿Esta falda afirma la sexualidad o es una forma de explotarla? Intenta lo siguiente: viendo al techo, eleva tu mano por encima de tu cabeza y con tu dedo índice traza un círculo en sentido de las manecillas del reloj. Continúa haciendo el círculo mientras lentamente bajas el brazo para que tu dedo quede al nivel de tus ojos. Ahora, mientras sigues dibujando el círculo, baja tu brazo todavía más hasta la altura de tu cintura. Mira el círculo. ¿En qué dirección está girando? Aunque parezca imposible, el círculo se mueve al mismo tiempo en sentido de las manecillas del reloj y en sentido contrario. Los asesores de gestión empresarial utilizan el concepto de «tanto una cosa como la otra» para romper con el pensamiento rígido de «uno o el otro». Deborah Tolman sugirió que también funciona cuando se piensa en la compleja relación de las jóvenes con su cuerpo, su sexualidad y su sexualización. Ese es el reto tanto para los padres como para las chicas mismas: ya sea que se analicen las normas en cuanto a la forma de vestir, las redes sociales o la influencia de la cultura pop, rara vez existe una verdad absoluta.

Las partes son partes

El 2014 fue el año de *all about the bass* (todo se refiere al bajo), la letra de la muy popular creación de Meghan Trainor que está llena de contradicciones relacionadas con esta dicotomía. La canción celebraba abiertamente la imagen positiva del cuerpo, rechazando el ideal de la «Barbie delgada de silicón». Sin embargo, tenía un troyano: Trainor no solo se burlaba de manera gratuita de las «perras flacas» (seguida de un tímido «no, es broma»), sino que tranquilizaba a las jóvenes diciéndoles que «a los chicos les gusta tener un poco más de nalgas a las que aferrarse en la noche». Sí, claro que está bien ser curvilínea, siempre y cuando los chicos piensen que estás buena.

Aunque Trainor llegó un poco tarde a la fiesta: el «bajo» ya estaba en ascenso, en una metamorfosis a partir de la cancioncita de Sir Mix-A-Lot, pasando por la característica distintiva de JLo, hasta convertirse en una obsesión en Estados Unidos. En la portada de su disco *Anaconda*, Nicki Minaj está acuclillada, de espaldas a la cámara, con las rodillas abiertas y revelando un prodigioso trasero (que, según dicen los rumores, está aumentado por medios quirúrgicos). La portada del disco de Lady Gaga *Do What You Want* presenta un trasero enmarcado en una tanga. (El coro de la canción en sí, que es un dueto con R. Kelly, acusado de ser violador de niños, dice: «Haz lo que quieras, lo que quieras con mi cuerpo»). Durante su gira On the Run, Beyoncé apareció en un leotardo de Givenchy que tenía cortada la parte trasera para mostrar sus nalgas desnudas. En 2014 la portada del número de trajes de baño de *Sports Illustrated* presentaba otra imagen más de espaldas: tres supermodelos topless miran juguetonamente sobre sus hombros mientras presentan sus nalgas casi desnudas para que los lectores las inspeccionen. Más tarde ese mismo año, Jennifer Lopez relanzó «Booty», su éxito que marcó tendencia, con un nuevo video bastante más explícito que el anterior, en el que apareció también la rapera de «Pu$$y», Iggy Azalea. Y Kim Kardashian tiene el dudoso honor de casi haber «paralizado internet» con una portada en la revista *Paper* en la que aparecía la fotografía de su generoso (y, de nuevo, posiblemente aumentado) trasero, untado de aceite para bebé.

¡Y todavía hay más! Jen Selter, una modelo del *fitness* catalogada como la Reina del *Belfie* –palabra que combina los términos «butt» (nalgas) y *selfie*– tiene más de siete millones de seguidores en Instagram y gana hasta 60 000 dólares por publicaciones patrocinadas. Para las simples mortales, se lanzó a la venta un dispositivo de 80 dólares llamado «belfie stick», diseñado para capturar el ángulo perfecto desde atrás, el cual se agotó de inmediato en línea y, al momento de escribir este libro, tenía una lista de espera de meses. Entre 2012 y 2013 el número de «*liftings* brasileños de glúteos» que se realizaron en Estados Unidos, en los que se transfiere grasa de otras partes del cuerpo a la zona de los glúteos, se elevó 16%. Para quienes no cuentan con los 10 000 dólares que cuesta ese procedimiento, existen las pantaletas Booty Pop, que cuestan 22 dólares –imagínate un sostén con relleno, pero para el trasero– cuyas ventas se elevaron, en noviembre de 2014, casi 50% con respecto al mismo periodo del año anterior; posteriormente la empresa introdujo un producto nuevo y más grande, con 25% más hule espuma.

Tal vez esto se deba a que llegó el turno de obsesionarse con las nalgas: después de todo, ¿cuántas horas más pueden pasar las mujeres obsesionándose con su vientre, senos, cadera, brazos, cuello y rostro? ¿A cuántos otros procedimientos cosméticos pueden someterse? Algo tenía que llenar ese vacío. Se podría pensar que después de caer en el horror del «espacio entre los muslos» las mujeres se resistirían a que las definiera otra parte de su cuerpo, en particular esa. Como señala Amy Schumer en su rap «Milk, Milk, Lemonade», en el que hace una inteligente parodia acerca de la locura con las nalgas al decir: «Estamos hablando de mi máquina de chocolate». No obstante, las chicas con las que hablé no lo veían así. Matilda Oh sugirió que es hipócrita repudiar a Nicki Minaj diciendo que se autocosifica en *Anaconda*, pero elogia a Lena Dunham como subversiva por jugar *ping-pong topless* en *Girls*. Sin embargo, Dunham no trataba de verse sexi. Muy por el contrario: tiene papada y la panza flácida, y sus senos son naturales y están disparejos. Su «bajo» está, tal vez, un poco *hundido*. En otras palabras, se ve como la estadounidense promedio. Usa su cuerpo para despejar tabúes respecto a que no se debe mostrar aquello que es imperfectamente común, para desafiar nuestras expectativas infladas, propensas a los implantes. «Nicki Minaj también desafía a la sociedad», replica Matilda. Minaj se liberó de los grilletes generados por los hombres al rechazar la conducta sexual femenina que para ellos se considera «respetable» y no aceptar el mensaje según el cual las mujeres deben avergonzarse de sus traseros –en especial cuando son grandes y, particularmente, cuando son de una mujer de color– considerándolos como algo «sucio».

–La gente siempre rezonga por las nalgas de Nicki Minaj –comenta Matilda– pero yo creo que es un asunto en el que no puedes quedar bien con nadie. Si enfatizas la forma de los cuerpos negros, quizá logres que se vean como normales dentro de la cultura general, pero también te acusarán de «cosificarte». Pero si no lo haces, te podrían acusar de que estás participando en una cultura que promueve avergonzarse del propio cuerpo. ¿Cómo se supone que una mujer de color «asuma el control de su sexualidad» o tenga una imagen positiva de su cuerpo sin que se interprete como fetichismo interiorizado?

¿Las nalgas de Minaj son transgresoras? ¿Qué me dices de las de Gaga? ¿Qué tal esas modelos de traje de baño de *Sports Illustrated*? ¿Cómo puedes distinguir cuáles de esas imágenes desafían el orden establecido y cuáles son cómplices; cuáles liberan y cuáles limitan; cuáles socavan las normas de la belleza y cuáles crean normas nuevas? ¿Pueden hacer todas esas cosas en forma simultánea? «Amo a Beyoncé», me dijo una estudiante de primer semestre en una universidad de la Costa Oeste. «Es una de mis ídolos. Es como una reina. Pero me pregunto si podría expresar los conceptos feministas que señala en sus canciones si no fuera hermosa y si la gente no la considerara tan sexi».

La erudita feminista bell hooks, quien en 2014 despertó la ira de las admiradoras de la reina Beyoncé al catalogarla como una «terrorista», en especial en términos del impacto que tiene sobre las niñas pequeñas, sugiere que la fascinación con el trasero no es más que la última forma de reducir a una mujer a una parte de su cuerpo: el último sustituto, adecuado para todo público, de la «panocha». La obsesión no es diferente, ni más subversiva, ni más «empoderadora» para las mujeres que la fetichización de los senos o de la boca abierta y húmeda. Dice que la pregunta básica que surge en relación con esos memes de la cultura pop, es: «¿Quién posee y quién tiene derecho al cuerpo de la mujer?».

Las jóvenes admiradoras como Matilda argumentan que las estrellas son dueñas de su cuerpo. Insisten en que las artistas toman el control (o, cuando menos, se comercializan como si lo tomaran) de una industria hipersexualizada que con demasiada frecuencia explota a las mujeres. En efecto, es posible que estas artistas sean un producto, pero también son *productoras*. En la actualidad la decisión de bailar *twerking* en el escenario, hacer piruetas en un tubo, bailar en calzones alrededor de un hombre completamente vestido o posar desnudas en la portada de una revista, depende solo de la mujer: en lugar de capitular, de hecho están reclamando el derecho a su sexualidad. Sin embargo, esas intérpretes siguen trabajando dentro de un sistema que, por lo general, les exige poseer un cuerpo de determinada forma para escucharlas, mostrarlas y permitirles trabajar. Las que logran insertarse en ese sistema y obtener ventaja de él, por ejemplo a través de reimaginar de manera nominal los mismos viejos clichés de los clubes de *striptease*, quizá se vuelvan ricas y famosas, pero no están creando un verdadero cambio. Es posible que artistas como Gaga, Rihanna, Beyoncé, Miley, Nicki, Iggy, Kesha, Katy o Selena no sean marionetas, pero tampoco son necesariamente heroínas. Son estrategas astutas que toman la decisión de darle un giro a la sexualidad mercantilizada, pero esta, aunque es rentable, no deja de ser restrictiva, tanto para las intérpretes como para las chicas comunes. Entonces, la pregunta no es si las divas del pop están expresando o explotando su sexualidad, sino por qué las opciones para las mujeres siguen siendo tan estrechas, por qué para las mujeres la ruta más rápida hacia la cima en el sexista mundo del entretenimiento (al igual que para las jóvenes comunes en el mundo de las redes sociales) sigue siendo empacar su sexualidad como un producto, de preferencia de la manera más extrema, para atraer la mayor atención posible.

El *twerk* que dio la vuelta al mundo

El rostro de Miley Cyrus flotaba contra la pared trasera de la Oracle Arena de Oakland como una mezcla entre una gigantesca *selfie* y la cabeza flotante de *El Mago de Oz*. Guiñaba un ojo y sus labios se fruncían y estiraban. La imagen desplegó su rosa lengua y, de pronto, la verdadera Miley, vestida con un leotardo rojo de dos piezas, lleno de lentejuelas y con plumas sobre los hombros, se deslizó al escenario con los brazos en alto. Mientras iniciaba los primeros compases de su canción «SMS (Bangerz)», decenas de miles de chicas (y unos cuantos hombres) gritaban y sostenían en alto sus destellantes iPhones, que son la versión más actual de agitar encendedores en el aire. Era febrero de 2014, aproximadamente seis meses después de que Miley sepultara para siempre su imagen Disney en lo que se ha dado en llamar «el *twerk* que dio la vuelta al mundo».

Para quienes tal vez acaban de emigrar de Plutón, Miley despertó la indignación internacional con su presentación en los MTV Video Music Awards en 2013 luego de simular un *anilingus* con una bailarina negra (que inexplicablemente llevaba un gigantesco oso de peluche atado a la espalda), después de lo cual se desnudó para mostrar ropa interior de plástico color piel y movió su trasero en un *twerking* contra la entrepierna de Robin Thicke, mientras ambos cantaban su polémico éxito «Blurred Lines». Miley también sacó un dedo de hule espuma, de los que típicamente usan los niños en los eventos deportivos, para usarlo de formas que, después de haberlas visto, ya no podremos quitarnos de la mente. A lo largo de todo esto mostraba la lengua monstruosamente serpenteante, que ahora compite en dudosa fama con la de Gene Simmons de KISS. La actuación despertó la previsible reacción de angustia tanto de los expertos conservadores como de las feministas. (Nada menos que Sinead O'Connor, quien una vez destrozó una fotografía del papa en televisión en vivo mientras cantaba la palabra *mal*, le dijo a Miley: «No dejes que la industria de la música te convierta en una prostituta»). Luego llegó la reacción negativa, dirigida por mujeres jóvenes que acusaban a ambos grupos de «tildar de puta» a Miley por «expresar su sexualidad». Miley también recibió ataques en los que la

llamaban racista por apropiarse de aspectos de la cultura negra del *ratchet**
y usar como utilería los voluptuosos cuerpos de sus bailarinas para elevar
su posición de chica mala. Nada de eso importó. Para la mañana siguiente
los sencillos de Miley habían obtenido dos de los principales puestos en
iTunes. El álbum *Bangerz*, que se estrenó cerca de seis semanas después,
debutó en el número uno de la lista de *Billboard*.

Este no fue mi primer concierto de Miley. Cinco años antes acudí a
su gira Wonder World, también en la Arena Oracle, donde conmocionó
a una multitud de fanáticas adolescentes de *Hannah Montana* al frotarse
contra los chicos de la banda, vestida con unos shorts cortísimos de piel
y un chaleco escotado. En esta ocasión parecía que aquellas niñitas (o sus
madres) habían recibido el mensaje: no estaban en ninguna parte dentro
del público. O quizá lo estaban, pero ahora simplemente eran más grandes,
al igual que Miley. Antes del espectáculo los pasillos de la arena estaban
abarrotados de mujeres jóvenes cercanas a los 20 años o un poco mayores,
peinadas con el estilo de chongos a los lados de la cabeza que había usado
Miley en los premios MTV. Algunas llevaban camisetas sin tirantes engala-
nadas con la palabra *twerk* en letras mayúsculas de más de 15 centímetros.
Unas cuantas habían encontrado copias del leotardo que Miley llevaba antes
de desvestirse en los premios, en el que se ve un peludo oso de peluche
que guiña un ojo y se relame. («Disfraz de Miley Cyrus» fue la segunda
búsqueda más popular en Google ese Halloween, y esos ositos de peluche
se vendían por 90 dólares la pieza). Una niña pasó frente a nosotros vestida
con el sostén y las pantaletas color piel, lo cual en sí mismo quizá no pro-
voque miradas desaprobatorias, pero los dos adultos de mediana edad que
la seguían con cámaras en la mano al estilo paparazzi (supongo que eran
sus padres) hicieron que varias personas sí voltearan a verlos. Desfilaron
muchos vientres, muchas piernas desnudas, muchos tacones de aguja. El
olor de mariguana impregnaba el ambiente.

Yo me planté frente al puesto de un concesionario, donde en alrededor
de 15 minutos no menos de 30 chicas me pidieron que les tomara una

---

* Este es un término del argot del hip-hop que tiene varios significados, pero que en relación
con una mujer se podría traducir, más o menos, como «mujer cachonda que tiene un trasero grande».

foto junto al cartel tamaño natural de Cyrus exhibiendo su famosa lengua. Unas cuantas hicieron «cara de pato» o cara de «sorpresa fingida». –¡*Soy divertida! ¡Soy irónica!*–, pero la mayoría imitaba a su ídolo. A una de las chicas, una joven de 19 años llamada Emilia, le pedí que me explicara por qué esa pose les parecía atractiva.

–Me imagino que es como decir «no me importa» –respondió.

–¿No te importa qué?

Se encogió de hombros y me contestó:

–¡Simplemente *no me importa*!

Una joven de 21 años, estudiante de la licenciatura en estudios sobre la mujer en la Universidad Estatal de San Francisco, estaba parada cerca de mí, vestida con un *romper* con franjas blancas y negras, el pelo peinado en chongos y los labios con un toque de labial rojo.

–Me gusta Miley porque simplemente es ella misma –explicó–. Adoraba a *Hannah Montana*. Vi todos los episodios. Pero ahora ya crecí y también lo hizo Miley. Necesitaba liberarse y mostrar que ya no es la estrella de Disney –la chica miró alrededor y añadió–: Y lo logró.

–Es el epítome de la perfección –dijo su amiga con entusiasmo–. Y no va a encajar en ningún ideal cultural. Todo el mundo te dice quién se supone que debes ser como mujer que eres, pero ¿Miley? Ella simplemente es quien es.

El espectáculo en sí fue un caleidoscopio de imágenes cuasi psicodélicas. Una Miley en dibujos animados (concebida por John Kricfalusi, el creador de *Ren y Stimpy*), con ojos saltones y dientes protuberantes, además de enormes y bamboleantes nalgas, hacía cabriolas en la pantalla, mientras la versión real actuaba con esos osos danzarines afelpados, pellizcando y tocando a los bailarines. Una cama gigante derramó bailarines de ambos sexos, que se unieron a Miley en la parodia de una orgía. Simuló tener relaciones sexuales con un enano y sexo oral con un bailarín vestido de Abraham Lincoln («¡Fiesta en Estados Unidos!»). Instó a su público a que fajara gritándole: «Mientras más lengua, mejor. Mientras más *puerco*, mejor». Las parejas «más cochinas», señaló, se proyectarán en las megapantallas al lado del escenario («Mujer con mujer *siempre* se agradece», dijo con sonrisa de satisfacción).

El show fue sin duda explícito, pero no particularmente erótico. Las imágenes y actos eran demasiado aleatorios, demasiado desprovistos de un significado o propósito más amplio. No eran más que imágenes fugaces que, aparentemente, se lanzaban para provocar una reacción: *cualquier* reacción. *¡Mira, un gato de nueve metros! ¡Miley trae un leotardo de mariguana! ¡Miley se masturba contra el toldo de un coche! ¡Miley está montada en un gigantesco hot dog volador!* Cyrus, con su corte de pelo pixie y tinte rubio platino, estaba más delgada de lo que había estado cinco años antes, sin ninguna curva en sus caderas o senos. Parecía sorpresivamente andrógina, como una Cathy Rigby para mayores de 21 años, un Peter Pan drogado. Al mirarla recordé la observación de Ariel Levy, quien afirma que Paris Hilton es la celebridad perfecta para una época en la que el interés por *parecer* sensual es mayor que el interés en la existencia del placer sexual. En sus famosos videos sexuales, Hilton solo parece excitada cuando posa para la cámara; durante la relación en sí parece aburrida, e incluso toma una llamada telefónica a mitad del coito. Levy escribió que la actual «cultura de la vulgaridad» no es ni liberadora ni progresista, y no tiene que ver con «abrir nuestra mente a las posibilidades y los misterios de la sexualidad». Hay una desconexión entre la representación de la «sensualidad» y el sexo en sí. Levy señala que Hilton incluso ha dicho: «Mi novio siempre me dice que no soy sexual. Que soy sexi, pero no sexual».

Es posible que Miley brinde un desfogue para sus fanáticos, un escape de la respetabilidad, una visión, aunque comprometida, de una chica que no titubea cuando cualquier persona (sean sus padres, otros artistas o los medios) piensa que es «demasiado vulgar». Manotearse la entrepierna, sacudir los glúteos, decir vulgaridades, simular actos sexuales: todo ello le da a la chica la ilusión de libertad sexual, la ilusión de rebelión, la ilusión de desafío, la ilusión de que «no le importa». Pero por supuesto que a Miley *sí* le importa. Al ser alguien que intenta conservar su estatus como celebridad, como alguien que alcanza los máximos sitios en las clasificaciones de popularidad, le importa y mucho. Vuelvo una y otra vez al tema de Miley porque no me parece única, sino todo lo contrario: es un Rorschach humano, un filtro de imágenes e ideas sobre la adolescencia femenina en la cultura convencional de la clase media. La imagen de Miley cuando tenía 15 años significaba llevar un «anillo de pureza» y jurar conservarse virgen hasta el matrimonio; a los 23 significa fingir actos sexuales mecánicos y falsos con un enano, vestirse con un atrevido leotardo estampado con imágenes de dinero y decir que eso es liberación. En un eterno esfuerzo por combinar el coctel perfecto en su licuadora cultural, refleja y rechaza al mismo tiempo lo que una mujer joven tiene que hacer para conservar la celebridad, para captar la atención, para ser notada y del agrado de las personas; todo sin que parezca que está tratando de hacerlo. ¿Y no es eso lo que toda chica se esfuerza por lograr, escrito en letras mayúsculas?

A mitad del show, Miley tomó un descanso para dirigirse al público. «¿Cómo chingados están?», gritó. Luego se dio la vuelta, levantó su iPhone muy alto sobre su cabeza, sacó la lengua y se tomó una *selfie* con el público como fondo, para luego subirla de inmediato a Instagram. En apariencia, era exactamente igual a todos ellos.

Porno pop

–Soy muy sensible a la pornografía, así que ahora tengo un punto de vista muy típico y liberal de mujer universitaria –comentó Alyson Lee mientras se acariciaba nerviosamente su cabello oscuro con luces moradas. Alyson tenía 19 años y estudiaba el segundo año en una universidad de la costa atlántica. Creció en una familia china que ella llama «culturalmente conservadora» en un suburbio de Los Ángeles, conformado casi por completo por padres inmigrantes e hijos que, como ella, eran la primera generación en el país. Estudió cómo se comportan y sienten los estadounidenses, en particular acerca del sexo y las relaciones románticas, viendo el programa *Grey's Anatomy*–.

Ese punto de vista incluye una ambivalencia acerca de la pornografía. Alyson ha tenido dos novios formales –uno en el último año de prepa y uno en el primer semestre de la universidad– y ambos le dijeron lo mismo: «Claro que veo pornografía; todos los adolescentes lo hacen».

–No soy de esas personas que piensan que la pornografía es mala y moralmente terrible y asquerosa –me explicó Alyson–. Pero me hace sentir muy insegura. Como si no fuera suficientemente atractiva. En definitiva no estoy tan buena como una estrella porno y no voy a hacer las cosas que ellas hacen. Mis novios me decían que no tenía nada que ver conmigo y, siendo racional, yo sabía que no había relación entre que ellos vieran pornografía y algún defecto mío. Pero no podía dejar de pensar eso.

Si, como sugiere bell hooks, las representaciones de las mujeres en la cultura popular generan la pregunta de: «¿Quién tiene acceso al cuerpo femenino?», es posible que la respuesta se encuentre en la influencia cada vez más amplia de la pornografía. Después de todo, esa es la fuente de las espaldas arqueadas, las bocas abiertas y húmedas, los senos y traseros que son cada vez más grandes, los tubos de *striptease*, el *twerking* y los actos sexuales simulados. Esa es la fuente de la sexualidad femenina como espectáculo para los hombres.

Internet ha hecho que la pornografía se generalice y sea más accesible que en ningún otro momento de la historia, en especial para los adolescentes. Como ocurre en la cultura popular, eso ha estimulado una escalada de imágenes explícitas, la necesidad de llevar las cosas al límite para conservar a un público que se distrae con facilidad. Como reflejo de la tendencia a dar preponderancia a las «nalgas» en la cultura general (y plantear nuevas preguntas al respecto), un estudio a gran escala del comportamiento y las agresiones sexuales que se muestran en los videos pornográficos que tienen más éxito, reveló que más de la mitad de los videos estudiados muestra el sexo anal como algo fácil, limpio y placentero para las mujeres; 41% también incluye contactos «del culo a la boca» en los que el hombre coloca el pene en la boca de la mujer inmediatamente después de sacarlo de su ano. Las escenas de «bukake» (en el que múltiples hombres eyaculan sobre la cara de una mujer), el «abuso facial» (sexo oral que tiene el propósito de provocarle el vómito a la mujer), la penetración triple y la penetración de múltiples penes en un solo orificio también se han vuelto frecuentes. Voy a arriesgarme a afirmar que en la vida real esas prácticas no son agradables para la mayoría de las mujeres. Observar a personas de apariencia natural que participan en una relación sexual consensuada, mutuamente placentera y realista, quizá no sea dañino –caray, hasta podría ser una buena idea–, pero muy aparte del ocasional sitio porno feminista, eso no es lo que promueve la industria pornográfica global que tiene ingresos de 97 000 millones de dólares, cuyos productores solo tienen una meta: satisfacer a los hombres de manera rápida y contundente para obtener una ganancia. Al parecer el modo más eficiente de lograrlo es erotizando la degradación de las mujeres. En un estudio sobre los comportamientos en la pornografía popular, alrededor de 90% de 304 escenas aleatorias contenía agresión física a la mujer, en tanto que alrededor de la mitad incluían humillaciones verbales. Las víctimas respondían casi siempre de manera neutral o con placer. Algo aún más insidioso es el hecho de que las mujeres a veces al principio se resistían al abuso, rogándoles a sus parejas que se detuvieran; y cuando eso no sucedía, accedían y empezaban a disfrutar la actividad, sin importar lo dolorosa o degradante que fuera. La realidad es que, como una joven de 18 años, aspirante a una carrera en la pornografía, expresó a las documentalistas Jill Bauer y Ronna Gradus: «Se suponía que debería tener sexo con tipos con los que no lo tendría, y decir cosas que nunca diría. No hay nada sexualmente excitante en eso. Eres simple carne procesada».

Se ha dicho que los medios son un «supercompañero» que dicta todo tipo de «guiones» conductuales a los jóvenes, incluyendo aquellos relacionados con los encuentros sexuales: expectativas, deseos y normas. En alguna época los chicos aprendieron que no debían besar a una chica sino hasta la tercera cita; en otra aprendieron que el sexo antecede a una relación monógama. Como me explicó Bryant Paul, un profesor que enseña telecomunicaciones en la Universidad de Indiana Bloomington y estudia la «teoría de los guiones»:

–A los estudiantes les pido lo siguiente: «Piensen en cómo aprendieron lo que debían hacer en su primera fiesta en la universidad. Nunca habían ido a una, pero ya sabían que, supuestamente, deben congregarse alrededor del barril de cerveza. Sabían que las parejas se meterían en el cuarto de alguien».

»Entonces responden: "Sí, lo sabíamos por American Pie y películas por el estilo". Así que ¿dónde aprenden su socialización sexual, en especial en términos de sus comportamientos más explícitos? Sería ingenuo no pensar que obtienen esas ideas de la pornografía. Los jóvenes no son una *tabula rasa*. Tienen una idea de lo que es correcto o incorrecto. Pero si se les expone en forma repetida a ciertos temas, es muy probable que los adquieran, los internalicen y que se vuelvan parte de sus guiones sexuales. De modo que cuando ves representaciones consistentes de mujeres que tienen múltiples parejas y de mujeres a las que los hombres utilizan como objetos sexuales, y no se presenta ningún argumento como contrapeso…

En este punto se detuvo, dejando sobreentendida la conclusión obvia.

Más de 40% de los chicos de 10 a 17 años se ha visto expuesto a la pornografía en línea, muchos de manera accidental. Según una encuesta aplicada a más de 800 estudiantes titulada «Generación XXX», al llegar a la universidad 90% de los hombres y un tercio de las mujeres habían visto pornografía el año anterior. Las chicas que conocí sabían, por un lado, que la pornografía era tan realista como la lucha libre, pero eso no les impedía consultarla como guía. ¿En serio? Me duele escuchar que para algunas su primera exposición al sexo fue el video escatológico y fetichista *Two Girls, One Cup*. Pero aunque lo que vean sea completamente convencional, siguen aprendiendo que la sexualidad femenina existe para beneficio de los hombres. Por esto mismo me preocupó que una chica de segundo de prepa me confiara: «Veo pornografía porque soy virgen y quiero averiguar cómo funciona el sexo», o que otra alumna de bachillerato me explicara: «La veo para aprender cómo se hace una mamada», o que una chica de primer semestre de universidad me dijera: «Tiene algunas ventajas: antes de ver pornografía, no sabía que las mujeres podían eyacular».

Hay algunos indicios de que la pornografía tiene un efecto liberalizador: por ejemplo, los hombres heterosexuales que la utilizan tienen más probabilidades de aprobar el matrimonio entre personas del mismo sexo. Por otro lado, es más probable que apoyen la discriminación hacia las mujeres. Entre los chicos adolescentes, el uso regular de pornografía se correlaciona con considerar al sexo como algo puramente físico y con que vean a las mujeres como «juguetes». También es más probable que los usuarios de pornografía evalúen su masculinidad, estatus social y valía según su capacidad para lograr acostarse con mujeres que estén «buenas» (lo cual puede explicar por qué los chicos presionan tanto a las chicas para que les envíen mensajes con fotografías suyas de desnudos, según comentan ellas, así como las tramas de la mayoría de las películas de Seth Rogen). Se ha encontrado de manera repetida que los estudiantes universitarios, tanto hombres como mujeres, que informan haber utilizado material pornográfico en fechas recientes tienen más probabilidades de creer en los «mitos de la violación»; es decir, que solo las personas desconocidas cometen ataques sexuales o que la víctima «se lo tenía merecido» por beber demasiado, vestirse como «piruja» o haber ido sola a un antro. Quizá debido a que presenta la agresión como algo sexi, la pornografía también parece desensibilizar a las mujeres hacia la violencia potencial: es menos probable que una mujer que ve pornografía intervenga cuando nota que otra mujer está siendo amenazada o atacada, e incluso se tarda más en reconocer cuando ella misma está en peligro.

No es de sorprender que los hombres (tanto en preparatoria como en la universidad) usen la pornografía de manera más regular que las chicas. Apenas un poco menos de la mitad de los estudiantes universitarios hombres la utilizan semanalmente; en tanto que solo 3% de las mujeres lo hace. En vista de que los consumidores frecuentes de pornografía tienen más probabilidades de considerar que las representaciones de estos materiales acerca del sexo son realistas, también es posible que al verla se distorsionen las expectativas que tienen de este.

–Creo que la pornografía provoca que los chicos vean el sexo de una manera que no es real –reflexiona Alyson Lee–. Lo vi especialmente con mi primer novio. Él no tenía experiencia y pensaba que pasaría como en las películas porno, que yo estaría lista mucho más pronto y que él simplemente podría, cómo decirte, ponerse a *darle*.

–Piensan que lo que deben hacer es entrar y salir como pistón, y que eso es lo que nos gusta a las mujeres –coincide una estudiante de segundo año de una universidad de California–. No se dan cuenta de que *eso no se siente bien.* Es lo único que saben hacer. Es lo que ven. Si es la primera vez que te enredas con alguien, como cosa de única vez, simplemente *finges* que se siente bien.

En su profético libro *Pornified*, Pamela Paul descubrió que las mujeres habían empezado a competir con las estrellas porno, preocupadas por la posibilidad de perder el interés de su compañero si no montan su propio espectáculo para que no prefiera lo que hay en internet. Creen que la delgadez antinatural, los pechos inflados y los labios rellenos de esas humanoides llenas de cirugías están distorsionando los estándares de belleza de los hombres, minando la autoimagen de las mujeres y provocando que se sientan más avergonzadas de su cuerpo. «La pornografía tiene efectos terribles en las mujeres jóvenes respecto a cómo se supone que se tendrían que ver, en particular durante la relación sexual», señala Leslie Bell, una psicoterapeuta y autora de *Hard to Get: Twenty-Something Women and the Paradox of Sexual Freedom* (Difícil de alcanzar: veinteañeras y la paradoja de la libertad sexual). «Existe la idea de que alguien evaluará tu apariencia no solo fuera de la habitación, lo cual ya ocurría antes, sino también durante el sexo; que tu cuerpo tiene que lucir de cierta manera en ese momento. Esta es una situación de mucha presión que induce a las mujeres a avergonzarse de su cuerpo, porque los cuerpos naturales no se ven así. Necesitas una autoestima de acero para ser inmune».

Las chicas que conocí señalan que en ocasiones se sienten desconectadas de su propio cuerpo durante el sexo, observando y evaluando sus encuentros como si fueran espectadoras.

–Cuando me acuesto con algún tipo que está realmente bueno –me confió una chica de preparatoria en el norte de California–, mientras estamos abrazándonos y frotándonos y tocándonos, todo está bien. Luego las cosas se ponen más intensas y de pronto mi mente cambia y ya no soy una persona real; es como si me viera a mí misma actuando, interpretando un papel. Como si me preguntara: «¿Qué tan bien lo estoy haciendo? Esta es una posición difícil, pero no te pongas a temblar». Y pienso: «¿Qué haría "ella"? Le haría sexo oral». Y ni siquiera sé qué papel estoy representando, quién es «ella» en realidad. Supongo que es la mujer ideal, quizá un personaje de una porno.

Jon Martello es un chico sencillo, un nativo de Nueva Jersey al que lo que le preocupa es «mi cuerpo, mi depa, mi coche, mi familia, mi iglesia, mis cuates, mis nenas, mi porno», no necesariamente en ese orden. Jon Martello, el protagonista de la película *Un atrevido Don Juan*, interpretado por Joseph Gordon-Levitt (quien también escribió y dirigió la película), obtuvo su apodo de conquistador por salir con una chica diferente cada fin de semana. Pero ninguna de sus parejas puede compararse con la abundancia que encuentra en línea. «Toda la demás mierda se desvanece», narra en voz en *off*, «y lo único que importa en el mundo son esas tetas… esas nalgas… esa mamada… esa cogida de vaquero, de perrito, esa eyaculación encima de la vieja y eso es todo. No tengo que decir nada. No tengo que hacer nada. Simplemente me pierdo».

Durante una comida en casa de los padres de Jon, después de la misa del domingo, donde la tele está inevitablemente prendida como ruido de fondo, en la pantalla aparece un anuncio de Carl's Jr. La cámara se detiene frente a Nina Agdal, la modelo de trajes de baño de *Sports Illustrated*, quien se unta aceite en su brilloso cuerpo cubierto con un bikini. Apoyada sobre sus manos y rodillas sobre la playa, arquea la espalda como un gato mientras el aire hace volar su pelo, y luego se sienta con las piernas abiertas y le da un gran mordisco al jugoso sándwich de bacalao. La madre de Jon aleja la mirada y juguetea con uno de sus aretes. Su hermana, que está de espaldas al televisor, ni siquiera levanta la vista de su celular. Jon y su padre, ataviados con idénticas camisetas blancas sin mangas, miran la pantalla con expresión idéntica de asombro. En una entrevista acerca de esa escena, Gordon-Levitt comentó: «Lo que quiero expresar con ello es que, ya sea que se considere como clasificación X o que esté "aprobado para todo público", el mensaje es el mismo».

Tiene razón. No necesitas entrar a PornHub para absorber sus guiones; ya están integrados a la cultura general. Y el impacto que esos medios «pornificados» comunes y corrientes tienen sobre los jóvenes –ya sea la revista *Maxim*, los anuncios de alta costura de Dolce & Gabbana, el programa *Gossip Girl*, los juegos multijugadores en línea o los infinitos videos musicales– ya no se distingue del que tiene la pornografía. El adolescente promedio se expone a 14 000 referencias sexuales cada año por televisión: 70% de la programación televisiva en horarios preferenciales ahora tiene contenido sexual. Los chicos universitarios que juegan videojuegos violentos y sexualizados tienen más probabilidades que otros chicos de considerar a las mujeres como objetos sexuales, igual que de creer en los mitos de la violación; de ser más tolerantes hacia el acoso sexual y de considerar que las mujeres son menos competentes que ellos. Las universitarias que, durante experimentos, jugaron el videojuego virtual *Second Life* utilizando un avatar sexualizado, tuvieron más probabilidades de autocosificarse *en el mundo exterior* que aquellas que jugaron con avatares no sexualizados y, de nuevo, tuvieron más probabilidades de tener creencias falsas sobre la violación y las víctimas de violación. (Considerarte a ti misma como un objeto aparentemente conduce a que veas a las demás mujeres de la misma forma). Mientras tanto, en un estudio con chicas de secundaria y preparatoria se encontró que aquellas a las que se les mostraron imágenes sexualizadas de atletas mujeres tuvieron puntuaciones más altas en cuestionarios de autocosificación que aquellas que vieron a las mismas atletas en situaciones propias del *atletismo*. Las jóvenes que consumen materiales mediáticos cosificantes también informan estar más dispuestas a participar en comportamientos sexualizados, como tomar una clase de *pole dancing* o entrar a un concurso de camisetas mojadas, y a considerar que esas actividades las empoderan. Es más probable que justifiquen la sexualización y tienen menos probabilidades de oponerse a ella. En otras palabras, como escribió Rachel Calogero, una psicóloga de la Universidad de Kent en Inglaterra: «Los objetos no objetivan».

El sexo en televisión y en el cine puede ser al mismo tiempo explícito y evasivo. En particular cuando se trata de sexo sin compromiso, las relaciones sexuales típicamente se presentan como divertidas y aconsejables; rara vez se ven como algo incómodo, tonto, difícil o conflictivo, o como algo que se negocia activamente o que es precedido por una discusión sobre la anticoncepción o la protección contra enfermedades. Siempre hay espacio suficiente en el asiento trasero de las limusinas y casi nunca hay algún bache en la calle. Por supuesto que hay excepciones: en sus primeras temporadas, *Glee* hábilmente mostró temas relacionados con el embarazo en la adolescencia, el sexo y la discapacidad, la homosexualidad, la bisexualidad, la primera relación sexual, las críticas a la gordura, las acusaciones de ser una prostituta y la naturaleza del amor. *Orange Is The New Black*, que le encantaba a muchas de las chicas que entrevisté, trajo a la televisión una diversidad sexual y de género sin precedente. En las actuaciones de Lena Dunham el sexo es radicalmente crudo. Una de las escenas más realistas (aunque deprimentes) que se haya filmado alguna vez aparece en su capítulo de 2010, *Tiny Furniture* (Muebles pequeños). En ella Aura, una universitaria recién graduada a la que representa Dunham, finalmente puede encontrarse con el objeto de sus afectos, un grosero chef del restaurante en el que trabaja. Una versión típica de Hollywood de un encuentro de este tipo –que en el caso de Dunham ocurre afuera en la noche, en un tubo de metal sobre un muelle de carga mientras los dos están casi vestidos– sería pulcra y espontánea, y la mujer tendría un orgasmo al instante. En manos de Dunham la escena va más o menos así: se besan durante 10 segundos; él se baja el cierre y, sin mediar palabra, le baja la cabeza y le dice que se lo «mame con ganas», maldice el teléfono de ella, que suena incesantemente, y luego le da la vuelta para entrar en ella por detrás; la aporrea hasta que eyacula, en menos de un minuto, y ni por un momento la mira a la cara. La expresión de Aura pasa de la excitación a la confusión, a la ligera decepción y, luego, a la resignación. Al terminar se despide de ella mientras consulta sus mensajes. La escena es difícil de ver sin sentir pena, pero es conmovedora, atroz, vergonzosa y realista.

Las chicas crecen en una cultura saturada de pornografía, centrada en la imagen y comercializada, en la que el «empoderamiento» es simplemente una sensación y el consumo supera a la conexión, «estar buena» es un imperativo, la fama es el logro máximo y la forma más rápida en la que una mujer puede salir adelante es sirviendo a su propio cuerpo antes de que alguien más lo haga. Si Paris Hilton sintetizaba el espíritu del momento hace 10 años, ahora quizá sea su examiguita, Kim Kardashian, quien lo encarne. Kardashian es el epítome del mundo de las *selfies*, quien ha triunfado gracias a sus tirantes de sostén y la que convirtió el exhibicionismo y su genio para la autopromoción en un impresionante imperio de 85 millones de dólares. Al igual que Hilton, Kardashian logró la fama con un video sexual que se difundió gracias a un convenio que, según dicen los rumores, negoció su propia madre. Ella también parece extrañamente aburrida de los actos en los que aparece en pantalla en esa cinta, masticando chicle todo el tiempo. Aun así, la triste fama que se generó por la especulación de si ella misma había filtrado el video fue suficiente para incitar el interés de la cadena E! para que hiciera un reality: *Keeping Up with the Kardashians* (KUWTK), que se estrenó en 2007. Poco después, Kim posó para *Playboy*, lo cual alentó su madre dentro de KUWTK. Para 2008 era la celebridad más buscada en Google. La marca personal de Kardashian abarcaría finalmente boutiques, videos de acondicionamiento físico, líneas de ropa, productos para el cuidado de la piel, perfumes, un exitoso videojuego y más. La controversia y la cesión de los derechos de transmisión de su boda en 2011 con el jugador profesional de baloncesto Kris Humphries (el matrimonio duró 72 días, lo cual motivó rumores de que había sido una treta publicitaria) le atrajo 18 millones de dólares por publicidad. Para 2015 llegó al puesto 33 en la lista de *Forbes* de las celebridades mejor pagadas del mundo. Al momento de escribir estas líneas tenía más de 44 millones de seguidores en Instagram (aunque ella solo sigue a 96 personas) y había desbancado a Beyoncé como la persona con más seguidores en ese sitio. Se sabe que Kardashian gana hasta 25 000 dólares por tuit patrocinado y un promedio de 100 000 dólares por apariciones personales. Aunque la exposición de su trasero en la portada de *Paper* que mencionamos antes no «paralizó internet», le generó cerca de 16 millones de visitas en treinta horas. Ahora está casada con uno de los principales artistas de hip-hop del mundo –en una oda a su amor, su marido escribió una poética letra en la que dice: «Supe que podías ser mi esposa, nena», «cuando impregné tu boca, nena»– y ambos tienen una hija llamada North West, quien ahora tiene apenas cinco años. Me pregunto cómo reaccionará cuando su hija grabe su primer video sexual.

El ascenso de Kardashian a la lista de las celebridades fue la tormenta perfecta de las redes sociales y de las culturas pop y porno, donde su fama no es resultado del talento, el logro o las habilidades, sino de la implacable búsqueda de atención: es famosa por ser #Famosa. Curiosamente, el adjetivo que utilizan con más frecuencia los fanáticos de Kim (aparte de decir que está *buena*) es *cercana*. Les parece auténtica, aunque sepan que su «realidad» es completamente artificial: fingida, editada, cuidada, basada en la promoción cruzada y la fusión de marcas, aumentada y mejorada. Quizá más que cualquier otra persona, ha dominado la forma de usar el cuerpo como «producto»: averiguó la manera de, como mujer, aprovechar las demandas contradictorias del paisaje mediático para obtener una enorme ganancia personal. De nuevo, esto podría interpretarse como empoderamiento –si tu definición incluye perpetuar los estereotipos comerciales sobre las mujeres–. Las chicas hablan de su estilo, su ética de trabajo y su fortuna. ¿Acaso esas no son cualidades admirables? No obstante, como señaló el blog *Sociological Images* después de que el museo de Madame Tussauds instaló la figura de cera de Kardashian, la verdadera contribución de Kim ha sido un ingenioso «trueque patriarcal» en el que acepta los roles y reglas que ponen en desventaja a las mujeres a cambio de cualquier tipo de poder que pueda obtener por la fuerza. Es difícil ver de qué manera el éxito de Kim Kardashian amplía las opciones para alguien que no sea ella misma. (Sí, acepto que ayudó a sus hermanas). Es el feminismo definido como «Yo conseguí lo mío», subrayado por el sarcástico título de su libro de 2015, *Selfish* (Egoísta). Incluso Tina Brown, la exeditora de *Vanity Fair* que virtualmente inventó el género periodístico *high-low* (una combinación de alta cultura y chismes de la farándula), se preocupó cuando una portada de *Vogue* en 2014 posicionó a Kim como un personaje «aspiracional» para las mujeres jóvenes. Según escribió Brown, esas aspiraciones «ahora tienen muy poco que ver con cualquier concepto de excelencia, ya sea de carácter o de comportamiento. Nuestras esperanzas se han vuelto tan ordinarias que incluso lo ordinario es digno de imitación».

Si el guion que entrega nuestra cultura hipersexualizada expandiera la visión de lo que es «sexi» para incluir un amplio rango de tallas y capacidades físicas, tonos de piel, identidades de género, preferencias sexuales y edades; si le enseñara a las chicas que la sensación que les provoca su cuerpo es más importante que la manera en que las ven los demás; si les recordara que ni el valor ni el «empoderamiento» son contingentes al tamaño de sus senos, vientre o nalgas; si enfatizara que tienen el derecho a tener encuentros sexuales éticos, recíprocos y mutuamente placenteros; entonces tal vez, *pero solo tal vez*, lo aceptaría. Sin embargo, el cuerpo como producto no es lo mismo que el cuerpo como sujeto. Tampoco aprender a ser sexualmente deseable es igual a explorar tu propio deseo: lo que quieres, lo que necesitas, tu capacidad de gozo, de pasión, de intimidad y de éxtasis. No es de sorprender que las chicas se sientan poderosas cuando sienten que están «buenas», ya que eso se les presenta una y otra vez como precondición para tener éxito en cualquier ámbito. Pero la verdad es que estar «buena» refracta la sexualidad a través de un prisma deshumanizado, sin importar quién «tenga el control». Estar «buena» demanda que ciertas mujeres proyecten una perpetua disponibilidad sexual, mientras que niega cualquier tipo de sexualidad a las demás. Estar «buena» les dice a las chicas que verse sexualmente confiadas es más importante que conocer su propio cuerpo. Debido a eso, lo más frecuente es que la confianza que confiere ese estar «buena» se esfume al momento de quitarse la ropa.

CAPÍTULO 2

¿Ya nos vamos a divertir?

Un *latte* puede ser un estupendo accesorio, como lo era tener un cigarrillo en la mano en las películas de cine negro de los cuarenta. Lo revuelves y tomas un sorbo reflexivo, y eso te da tiempo para recomponerte, lo cual puede ser más que esencial cuando una virtual desconocida, que básicamente tiene edad suficiente como para ser tu madre, te pregunta de manera directa con cuánta frecuencia te masturbas, si alguna vez has tenido un orgasmo o que le describas tu último encuentro sexual con una pareja. De hecho, también a la desconocida que hace las preguntas le da algo en qué enfocarse, porque iniciar una discusión sobre sexo oral con alguien que acabas de conocer, y que es suficientemente joven como para ser tu hija, también puede ser incómodo. Es por ello que me tranquilizó que Sam, una chica de 18 años, estudiante del último año de una preparatoria en California, haya elegido que nos reuniéramos en el patio de su cafetería favorita, aunque estuviéramos sentadas junto a un par de tipos de mediana edad, vestidos con pantalones Dockers y camisas formales, que evidentemente estaban conmocionados con nuestra conversación. Sam era alta y regordeta, con piel dorada y oscura, y rizos sueltos que le llegaban casi a la mitad de la espalda. Su madre era una mujer afroestadounidense, profesora de matemáticas en secundaria, y su padre, al que había visto en muy pocas ocasiones desde que sus padres se separaron, era blanco. Su mamá se había vuelto a casar con un samoano hacía cinco años y Sam lo llamaba papá.

–Desde que era muy pequeña estaba muy enterada sobre las relaciones románticas y todo eso, porque conocí a los novios de mi mamá –me dijo Sam–. Y cuando entré en la pubertad, ella tenía libros en casa.

Le pregunté a Sam si su madre le había explicado acerca de la regla y la reproducción. Ella asintió. También le pregunté si le había hablado de la masturbación. Se rió y me dijo que no. ¿Dijo algo sobre en qué parte del cuerpo está el clítoris? Volvió a reírse. ¿Y sobre los orgasmos? Agitó negativamente la cabeza.

–Mis padres son liberales –comentó–. Y hablaban de sexo en general o bromeaban al respecto. Veíamos *South Park* o hablábamos de la ablación genital femenina en el Medio Oriente. Pero en lo que se refiere a *mí*, la cosa es un poco más dispersa. Entonces se volvía un hogar conservador en el que no se hablaba directamente de sexo. Si me acercaba a ellos, estaban dispuestos a discutirlo, pero se les dificultaba sacar a relucir el tema y también para mí era difícil mencionarlo.

Como muchas de las chicas que conocí, Sam tenía curiosidad sobre el sexo y era ingeniosa, así que hizo su propia investigación sobre el tema, buscando en internet lo que fuera que quisiera saber –a través de búsquedas en Google sobre «cómo hacer sexo oral» o viendo pornografía («solo para ver cómo se hacen las cosas», comentó)–. Y, por supuesto, aprendió con la práctica.

–El primer año de prepa fue cuando todo se volvió realidad –recordó–. El sexo, la bebida y todo eso. Allí es donde ya no lo estabas viendo simplemente por televisión. Pero *en realidad* no estábamos *dándole vuelo a la hilacha*. Más bien estábamos aparentándolo. Íbamos a algún parque en el fin de semana, nos tomábamos un trago y fingíamos estar borrachas. Entonces ligabas con algún chavo y quizá llegabas a segunda o tercera base.

En ese momento le pedí a Sam que se detuviera un momento. El terreno de las relaciones y la intimidad sexual es diferente a cuando yo era joven. Con el cambio también surgió todo un vocabulario nuevo que me confundía y que, como soy una apasionada de las palabras, también me fascina: por ejemplo, *platicar* no se refiere a tener una conversación, sino que es sinónimo de lo que en alguna otra época se hubiera definido como «salir» con alguien. A eso te refieres cuando dices: «No, mamá, no vamos en serio. Solo estamos platicando». (Parecería una elección particularmente irónica para los adolescentes actuales, en vista de su preferencia por conectarse a través de mensajes de texto en lugar de por medio de conversaciones reales). «Agarrón», una palabra que inspiró el pánico mediático a gran escala sobre la moral de una nueva generación, puede significar cualquier cosa, desde besarse hasta acostarse. Su ambigüedad es la fuente de perpetuos malentendidos, no solo entre las muchachas y los adultos, sino entre compañeras de la misma edad: *agarrón* es un término tan vago que nunca se puede saber del todo a qué se refieren las amigas cuando lo usan. *Contagiarse de sentimientos* significa desarrollar un vínculo emocional y, para muchas chicas, es algo de lo que deben protegerse cuando tienen encuentros ocasionales, de igual manera que se protegerían de contagiarse de herpes o clamidia. Decir que un chico es «todo ternura» implica que es posible que se haya «contagiado de sentimientos», porque se comporta de manera cariñosa y atenta con una chica –lo que yo hubiera llamado ser «romántico»–. *Ser novios*, aunque nunca es una frase que se usa más allá del sexto grado, es el *último* paso en el desarrollo de una relación, que viene después del «agarrón» y de «tener un agarrón en forma exclusiva». A veces las chicas se refieren a sus genitales como «mis partes» y la frase «hacer el amor» produce risas ahogadas. No pude evitar notar que gran parte de este nuevo léxico carece de términos que tengan una connotación de intimidad e indiquen dicha o placer.

–¿Entonces cuál es la versión actual de «las bases»? –le pregunté a Sam.

Le dio un largo sorbo a su café.

–Bueno, primera base sería besarse –responde–. Segunda base sería masturbarlo o que te masturbe con un dedo.

Levanté las cejas. Eso ya me parecía como algo que se saltaba algunos pasos.

–Y tercera base sería sexo oral.

–¿Para ambos? –pregunté.

Sam rio de nuevo y agitó la cabeza.

–Sexo oral para el *hombre* –contesta–. Las chicas no reciben sexo oral. No. No a menos de que estés en una relación a largo plazo.

–Espera un momento –dije–. Vamos a regresarnos un poco. Yo no recuerdo que el sexo oral haya formado parte de las "bases" en una relación.

Sam se encogió de hombros y continuó:

–Esa es la diferencia entre mi generación y la tuya. Para nosotros el sexo oral ya no es la gran cosa. Todo el mundo lo hace.

¿Por qué crees que dicen que es una «mamada»?

En las últimas dos décadas ha habido mucha ansiedad con respecto a los adolescentes y el sexo oral. Gran parte de su origen puede rastrearse hasta finales de la década de 1990, cuando un reportaje de *The New York Times* señaló que entre los adolescentes de clase media el sexo oral –y con «sexo oral» se referían a la felación– no solo se había vuelto algo generalizado, sino que los chicos estaban utilizándolo a edades bastante más tempranas y de manera más casual de lo que se imaginaban los ocupados (es decir, irresponsables) padres trabajadores. Se citaba a un educador de salud que señaló que una pregunta típica de primer año de secundaria era: «¿Lo escupes o lo tragas?».

Dos años después, el *Washington Post* cubrió una reunión de padres convocada por los orientadores de secundaria en Arlington, Virginia, un pueblo con «elegantes casas de ladrillo, frondosos sicomoros y muros de piedra» –que, de nuevo, es una forma sutil de indicar que son blancos de clase media– para discutir la moda de la felación entre niñas de 13 años. El reportero vinculó ese incidente con una tendencia regional más amplia, que se basaba principalmente en «rumores de estudiantes»: supuestas declaraciones de niñas que habían hecho sexo oral en la biblioteca o en la parte trasera del camión escolar.

Los cuerpos de las chicas siempre han sido vectores para las inquietudes de la sociedad en general acerca de los papeles que desempeñan las mujeres. Entonces, es probable que no haya sido una coincidencia que esos primeros escándalos sobre las mamadas emergieran justo en el momento en que el sexo oral estaba llegando a las primeras planas por otra razón: Estados Unidos estaba atrapado en una obsesión con un cierto vestido azul de Gap y un puro que no era, de ninguna manera, un puro. El supuesto devaneo del presidente Bill Clinton con Monica Lewinsky, una pasante que trabajaba en la Casa Blanca y a la que le doblaba la edad, dominaba los encabezados, provocando que los mortificados padres saltaran del sillón para apagar la radio o para tomar el control remoto cuando se transmitía el último episodio de la trama. El hecho más conocido ocurrió en enero de 1998, cuando Clinton sostuvo bajo juramento: «No tuve sexo con esa mujer, la señorita Lewinsky». Unos meses más tarde, cuando se descubrió el ADN de su semen en el legendario vestido, que ella había guardado como recuerdo de su encuentro amoroso –a lo cual yo podría añadir: *qué asco*–, él insistió en que no había cometido perjurio porque su relación solo había implicado sexo *oral*. De pronto, la gente de todo el país discutía de manera acalorada si el contacto entre la boca y los genitales se podía considerar realmente como «sexo». Si no lo era, ¿qué era exactamente? ¿Y cómo se suponía que los estadounidenses les explicaran a sus hijos la sutil distinción establecida por el presidente?

Apenas en fechas recientes el sexo oral se convirtió en una parte estándar del repertorio erótico estadounidense. En un sentido histórico, tanto la felación como el *cunnilingus* se consideraban *más* íntimos que el coito y como actos que solo se realizaban después del matrimonio, si acaso llegaban a ocurrir. En 1994, apenas unos cuantos años antes de que se revelara la aventura amorosa de Clinton, *Sex in America* (Sexo en Estados Unidos), la encuesta más definitiva que se había publicado hasta entonces acerca de las prácticas sexuales en ese país, señaló que aunque solo una minoría de mujeres mayores de 50 años había hecho una felación *alguna vez*, entre las mujeres menores de 35, tres cuartas partes la habían hecho. (La mayoría de los hombres, sin importar su edad, dijo que había hecho sexo oral y lo había recibido). Los autores escribieron que el aumento en esta práctica entre parejas heterosexuales fue el cambio sexual más grande ocurrido en el siglo XX. Para 2014 el sexo oral era tan común que se volvió algo habitual: como bromeó uno de los investigadores, la cifra de estadounidenses que pensaban que Barack Obama era musulmán era mayor que la de aquellos que jamás habían hecho o recibido sexo oral.

Sin embargo, la idea de que la práctica se estaba dando a edades más tempranas, que se estaba volviendo más común entre los adolescentes y que era menos importante que el coito, era, en definitiva, un fenómeno nuevo, que tomó desprevenidos no solo a los padres, sino también a los investigadores. Existían muy pocos datos duros para respaldar aquellas primeras afirmaciones periodísticas. Las prácticas de sexo oral de los menores de edad se consideraban como un tema que no recibiría financiamiento en entornos académicos; aunque se pudiera conseguir el dinero, ¿qué padre permitiría que se interrogara a su hijo acerca de ese tema? En términos más generales, entre los políticos conservadores existía la suposición de que hablar con los adolescentes acerca de cualquier forma de sexo, incluso en nombre de la ciencia, era equivalente a entregarles un manual de instrucciones. Debido a ello la información vital acerca de los comportamientos sexuales de los jóvenes, incluyendo la transmisión de enfermedades, quedó prácticamente sin estudiarse.

Para el año 2000 la presidencia de Clinton estaba perdiendo impulso, pero el pánico que provocaba el sexo oral apenas empezaba. Un nuevo reportaje en *The New York Times* declaró que ahora los niños de sexto grado consideraban la felación básicamente como un apretón de manos con la boca. Según un psicólogo infantil de Long Island, las niñas de esa edad le contaban sinceramente que estaban esperando hasta casarse para tener relaciones sexuales, pero que ya habían hecho sexo oral *50 o 60 veces*. «Para ellas es como un beso de despedida», afirmó, «como despedirte después de una cita». Mientras tanto, el director del Parenting Institute (Instituto de Paternidad) de la Universidad de Nueva York pronosticó que, en poco tiempo, una cifra «sustancial» de jóvenes habría tenido coito al llegar a la secundaria. «Ya está pasando», le dijo al *Times*. (Eso no era cierto: según los Centers for Disease Control and Prevention [Centros para el Control y Prevención de Enfermedades], en la mayoría de los estados de Estados Unidos las tasas de relaciones sexuales entre estudiantes de secundaria estaban disminuyendo). Un artículo de la ahora desaparecida revista *Talk* culpaba de la epidemia de sexo oral entre los niños de primero de secundaria a los «padres profesionistas que temían actuar como padres», expresando de nuevo nuestras ansiedades más generalizadas acerca de las mujeres, en este caso sobre las madres que trabajan, a través de preocupaciones relacionadas con las niñas descarriadas que no tienen supervisión.

Sin embargo, fue Oprah –¡siempre termina siendo Oprah!– la que lanzó la advertencia más sonora. En 2003 invitó a su programa a una reportera de *O Magazine* que había entrevistado a 50 chicas acerca de sus prácticas sexuales. «Amárrense bien los pantalones para lo siguiente», dijo la escritora antes de revelar su último dato impactante: la fiesta de arcoíris. En esta versión de *Girls Gone Wild*, las niñas que apenas habían dejado de jugar con Barbies se ponían diferentes tonos de labial y luego se turnaban para hacerle sexo oral a grupos de chicos, dejando marcado un «arcoíris» de maquillaje en cada pene. La niña cuyo color llegara más abajo era declarada la «ganadora».

Bueno, ¿qué padres no se pondrían como locos? ¡Los niños estaban teniendo sexo indiscriminado (o no sexo indiscriminado) en todas partes! ¡Debajo de la mesa en los bar mitzvah! ¡Detrás de los columpios durante el recreo! Nadie, mucho menos Oprah, pareció cuestionar la logística, en sí, de todo esto. ¿Exactamente cómo lograban las niñas llevar a cabo múltiples actos sexuales aleatorios durante el día de clases sin que ningún adulto se diera cuenta? ¿Los chicos de 13 años realmente podían recibir 15 mamadas en público en el lapso de unas cuantas horas? ¿Cualquier efecto de arcoíris no se diluiría o, cuando menos, se borraría después de que cada niña les hiciera sexo oral? En 2004 una encuesta de NBC News y la revista *People*, que se llevó a cabo poco después de que se difundió la historia de las fiestas de arcoíris, encontró que en realidad menos de la mitad del 1% de los niños de entre 13 y 16 años dijo haber asistido a una fiesta de sexo oral. Aunque eso no es igual a cero, difícilmente se puede considerar como desenfrenado.

En conclusión, no, los niños no estaban haciendo orgías. Dicho esto, quien plantó la semilla del mito de la «fiesta de arcoíris» obtuvo la idea de alguna parte: el sexo oral se ha vuelto relativamente común entre los adolescentes. Para fines de tercero de secundaria alrededor de uno de cada cinco jóvenes ha tenido sexo oral; para los 18 años alrededor de dos tercios de ellos lo han hecho, y los adolescentes blancos y de mayor nivel socioeconómico lo han practicado con más frecuencia que los demás. No obstante, culpar de ese cambio a Bill Clinton, a la revolución sexual o a la permisividad de los padres sería simplista –e incorrecto–. La influencia de la derecha política sobre la educación sexual ha desempeñado un papel tan o más importante que todo lo anterior. Los programas federales obligatorios que se centran solo en la abstinencia, y que iniciaron a principios de los años ochenta, no solo reforzaron que el coito era la línea divisoria de la castidad, sino que también transmitieron la idea de que al practicarlo se corría el riesgo de ser contagiado con el VIH y desarrollar el sida, una enfermedad que podría ser mortal. Entonces, el sexo oral era la solución alternativa obvia. No obstante, dudo que para los conservadores sociales sea una victoria lo que diversas investigaciones han revelado respecto a que los estudiantes universitarios que se identifican como personas religiosas tienen más probabilidades que otros jóvenes de decir que el sexo oral no es «sexo», o que más de un tercio de los adolescentes que participaron en las investigaciones lo incluyan en su definición de «abstinencia» (alrededor de una cuarta parte de estos jóvenes incluyeron al sexo anal), o que aproximadamente 70% esté de acuerdo en que alguien que participa en sexo oral sigue siendo virgen.

Sin embargo, me pregunté: «Si los adolescentes piensan que el sexo oral no es sexo, ¿cómo lo perciben? ¿Qué significa para las chicas hacer o recibir sexo oral? ¿Lo disfrutan? ¿Lo toleran? ¿Lo esperan?». Una tarde, poco después de graduarse de una preparatoria en los suburbios de Chicago, una joven llamada Ruby me permitió acompañarla a ella y a cuatro de sus amigas para una charla. Nos reunimos en la habitación de Ruby, que tenía una pared pintada de azul marino. Leggins, camisetas y faldas sobresalían de cajones a medio abrir. Las chicas se tumbaron sobre el piso, arriba de la cama o en un puff.

Cuando pregunté sobre el sexo oral, una joven llamada Devon agitó la cabeza.

–Eso ya no es importante –señaló, agitando desdeñosamente una mano.

–Entonces ¿qué es? –pregunté.

Devon se encogió de hombros y dijo:

–No es nada.

–Bueno, no es que no sea *nada* –añadió Rachel.

–No es *sexo* –replicó Devon.

–Es como un paso más allá de besuquearte con alguien –señaló Ruby–. Es una forma de ligar. Una manera de llegar más lejos sin que se vea como la gran cosa.

–Y no tiene las repercusiones del sexo vaginal –añadió Rachel–. No pierdes la virginidad, no te puedes embarazar, no te contagias de enfermedades de transmisión sexual. Así que es más seguro.

Por desgracia, eso no es del todo cierto –aunque, de nuevo, como los padres y profesores no le prestan atención al sexo oral, entre los adolescentes existe la creencia generalizada de que está libre de riesgo. El resultado es que, aunque las tasas de relaciones sexuales y embarazos han disminuido en los últimos 30 años, las tasas de enfermedades de transmisión sexual entre jóvenes no lo han hecho. Los adolescentes y adultos jóvenes representan la mitad de todos los nuevos casos de estas enfermedades, y la mayoría ocurre en mujeres. La nueva popularidad del sexo oral se ha vinculado con tasas crecientes de herpes tipo 1 y gonorrea (una enfermedad que, apenas hace 10 años, los investigadores pensaban que estaba a punto de erradicarse). No obstante, evitar las enfermedades de transmisión sexual no es la verdadera razón por la que las niñas participan en sexo oral. Según indica un estudio realizado con alumnos de bachillerato, la principal razón por la que lo hacen es para mejorar sus relaciones. (Casi una cuarta parte de las jóvenes dijo esto, en comparación con aproximadamente 5% de los muchachos). Sin embargo, ¿qué significaba exactamente «mejorar una relación?», Mi duda surgía especialmente en vista de que muchas de ellas también me dijeron que el sexo oral, cuando menos en cuanto a la felación, era una forma de distanciarse emocionalmente de sus parejas, protegerse de involucrarse sentimentalmente, lo cual temían que ocurriera si tenían una relación sexual. Durante años, los psicólogos han advertido que las adolescentes aprenden a suprimir sus propios sentimientos para evitar el conflicto, para tener relaciones pacíficas con sus amistades y parejas románticas. ¿Hacer una felación es otra versión de esto mismo? Ya fuera que esperaran atraer el interés de algún chico, mantenerlo o apaciguarlo, al parecer la felicidad de su pareja era su principal preocupación. Por cierto, en la mayoría de los casos los hombres dijeron que su principal razón para participar en sexo oral era obtener placer físico.

Para ambos sexos, pero en particular para las chicas, hacerle sexo oral a alguien también se consideró como una ruta a la popularidad. El coito podría provocar que las estigmatizaran, podía provocar que las etiqueta-ran como «putas»; la felación, por lo menos en ciertas circunstancias, les confería cierta reputación.

–El sexo oral es como dinero o como un tipo de moneda de intercam-bio –explicó Sam–. Es una forma de hacerte amiga de los niños populares. Y es una manera de anotarte puntos por agarrarte con alguien sin tener sexo. Entonces puedes decir: «Me ligué a esta y a aquella persona» y au-mentar tu estatus social. Supongo que es más impersonal que el sexo, así que la gente dice que no es la gran cosa.

Quizá es porque vengo de otra generación, pero francamente me re-sulta difícil considerar que un pene en mi boca sea «impersonal». Más allá de eso, me preocupaba la dinámica que rodea al sexo oral: la montaña de obligaciones, presiones y juicios que son impuestos a las chicas; el cálculo y los arreglos a los que llegan con tal de ganarse el favor de los muchachos, al mismo tiempo que se mantienen «seguras» a un nivel emocional, social e incluso físico; y la falta de reciprocidad o de placer físico que describían o esperaban.

Una tarde me reuní con Anna, una estudiante de primer año en una pequeña universidad de la costa oeste, en el parque Golden Gate de San Francisco. Anna creció en una familia políticamente liberal y asistió a es-cuelas privadas progresistas hasta terminar la preparatoria. Llevaba jeans ajustados y botas con agujetas, y recientemente se había hecho una perfo-ración en la oreja, donde llevaba un aro de plata; su cabello largo y ondu-lado estaba peinado de lado.

–A veces –me dijo– una chica le hará una mamada a un tipo al des-pedirse por la noche porque él espera satisfacerse y no quiere acostarse con él. Así que si quiero que se vaya y que no pase nada más... –dejó en suspenso la frase para que yo imaginara el resto.

Había mucho contenido que desmenuzar dentro de esa breve declaración: ¿por qué un joven *esperaría* satisfacerse sexualmente?; ¿por qué una chica no solo no se siente indignada, sino que considera que está obligada a acceder?; ¿por qué piensan que el sexo oral constituye que «no pase nada»? La presión que se ejerce sobre las jóvenes para que pongan las necesidades de los hombres por encima de las suyas implica que si no lo hacen podría justificarse que fueran agredidas sexualmente, lo que conllevaría una dosis de sentimientos de culpa.

–Todo se reduce a que las niñas se sienten culpables –señaló Anna–. Si vas a la habitación con un chavo y te estás dando un agarrón con él, te sientes mal si te vas sin complacerlo de alguna manera. Pero, ya sabes, es injusto. No creo que él se sienta mal por ti.

En su investigación sobre las jóvenes de bachillerato y el sexo oral, April Burns, catedrática de psicología en la City University de Nueva York, y sus colaboradores, encontraron que las chicas consideraban la felación como una especie de tarea, una obligación que tenían que cumplir, una habilidad que tenían que dominar y por la que esperaban que se les evaluaría, posiblemente de manera pública. Como ocurre con las obligaciones escolares, les preocupaba reprobar o tener un mal desempeño –obtener el equivalente a bajas calificaciones–. Aunque sentían satisfacción por hacer un buen trabajo, nunca describían haber experimentado placer físico, el cual nunca se ubicaba en su propio cuerpo. Se mostraban tanto imparciales como carentes de pasión con respecto al sexo oral. La conclusión de los investigadores es que estaban socializadas para considerarse como «aprendices» en sus encuentros, más que como individuos que lo «desean».

La preocupación por complacer, en vez de por obtener placer, era algo generalizado entre las jóvenes que conocí, en especial entre las estudiantes de bachillerato, que apenas empezaban a experimentar con la sexualidad. Por ejemplo, a menudo sentían que, una vez que aceptaban tener relaciones sexuales con una pareja, ya no podrían negarse posteriormente, estuvieran o no «de humor».

–Recuerdo que era bastante odioso –me dijo Lily, quien ahora está en segundo año de la carrera en una universidad pública de la costa oeste, con respecto a sus relaciones sexuales con un novio de la preparatoria–. Quería complacerlo, pero a veces sentía que no podíamos tener una conversación normal porque él estaba demasiado distraído deseando tener sexo. Y a mí no se me ocurría ninguna *razón* para negarme –no hacerlo parecía inadecuado–. A veces sentía que solo era un receptáculo de sus hormonas.

Ese miedo exagerado es impulsado por los medios de información, que tienden a aprovechar los temores de los padres acerca de la promiscuidad o la victimización de las mujeres; lo cual es desmentido por la realidad. Es muy poco común que alguien les pregunte a las chicas mismas qué obtienen a cambio de ello o qué disfrutan de sus experiencias. Sam mencionó el estatus social. Lily habló de complacer a su novio. Gretchen, una compañera de 17 años de Sam, dijo que le encantaba la emoción, por corta que fuera, de tener poder sobre un chico.

–Hasta el momento se lo he hecho a cuatro tipos. Ni siquiera sé en realidad por qué –se detiene un momento, mordisqueando contemplativa su labio inferior–. Supongo que es como una sensación de: «¡Ya ves! ¡No puedes conseguir esto con nadie más! ¡Yo tengo el control!». Sabes que *de verdad* lo quieren y entonces les dices que no y ellos empiezan a rogarte: «¡Por favor! ¡Por favor!» porque están muy desesperados. Esa parte es un tanto divertida. Pero definitivamente no es el lado físico, porque es asqueroso y me lastima la garganta. Ya sabes, es un tanto divertido entrar en el ritmo. Pero nunca es verdaderamente *divertido*.

Hacerle sexo oral a alguien puede provocar que las chicas se sientan como la parte más activa en un encuentro. En contraste, describieron al cunnilingus y al coito como pasivos, como algo que se les hacía *a ellas*, colocándolas en una situación de vulnerabilidad. Sin embargo, esa sensación de empoderamiento relacionada con la felación coexistía con sus contrarios: una falta de control, la presión a acceder, la amenaza tácita de peligro. Sam comentó que aunque a los muchachos de su edad se les advertía que no debían obligar a una chica al coito, presionarlas al sexo oral estaba justificado. Debido a esto, aunque tenía «muchos amigos hombres», prefería no estar a solas con ellos (lo cual, al parecer, sería un obstáculo para la verdadera amistad).

–En mi mundo social, si sales sola con un chico, la expectativa es que te vas a enredar con él –explicó–. Y si decides no hacerlo, él podría tratar de presionarte. Así que en la escuela sí me llevo con los hombres, pero *nunca* iría a su casa o al cine o a hacer cualquier cosa que pudiera interpretarse como algo más que ser «simplemente amigos», a menos que yo quisiera que pase algo. No es que te obliguen, pero sí te *presionan*. Si eso no sucede, se sienten *decepcionados* y podría ser que la relación se vuelva tensa.

Quiero dejar un concepto en claro. Sam no es una dejada, ni una chica débil o tímida. Era estudiante honorífica, editora del periódico de su escuela y jugadora del equipo de tenis de la universidad. Se identificaba como feminista y ocasionalmente utilizaba términos como *tildar de prostituta, binarismo de género* y *cultura de la violación*. Solicitó ingresar a las principales universidades del país. Era una astuta observadora de su mundo y, también, estaba definitivamente inmersa en él. Casi todas las jóvenes que entrevisté eran inteligentes, asertivas y ambiciosas. Si las hubiera entrevistado acerca de sus sueños profesionales o sus actitudes hacia el liderazgo, o sobre su disposición a competir con sus compañeros en el aula, podría haber salido de allí llena de inspiración. Una estudiante de segundo año de una de las universidades más importantes, que jugaba lacrosse y cuya madre era socia de una importante firma de abogados, me presumió a las «mujeres fuertes» de su familia.

–Mi abuela, que tiene 88 años, es pura dinamita, mi mamá está loca, y mi hermana y yo vamos a estar tan locas como ellas –comentó–. En mi familia debes tener personalidad y ser gritona. Así es como interactuamos. Es como una forma de poder femenino y de conocerte a ti misma.

Sin embargo, me describió que, cuando tenía 13 años, se metió a una habitación con el hermano mayor de su mejor amiga, un muchacho de tercero de secundaria del que estaba enamorada desde hacía mucho tiempo. Aunque nunca había besado a nadie, nunca se había tomado de la mano con un chico y nunca había tenido novio, de algún modo –no recuerda los detalles– terminó haciéndole sexo oral. Después ni él ni ella volvieron a mencionar el incidente. Sus experiencias sexuales posteriores, unos cuantos ligues casuales, no han sido muy diferentes.

–Siempre es el mismo acuerdo tácito –dijo–. Después del besuqueo él cree que estás dispuesta a hacerle sexo oral y eso es todo. Creo que a las niñas no se les enseña a expresar sus deseos. Somos criaturas dóciles que simplemente aprendemos a complacer.

–Un momento –repliqué–. ¿No me acabas de hablar de todos los ejemplos de mujeres fuertes que tienes en tu familia, de que son gritonas, tienen mucha personalidad y no le toleran nada a nadie?

–Lo sé –contestó–. Creo que nunca me di cuenta… –se detiene, intentando conciliar esa contradicción–. Supongo que nunca nadie me dijo que la imagen de mujer fuerte también se aplica al sexo.

Por fortuna, las discusiones sobre agresiones sexuales y sobre el consentimiento consistente y entusiasta se están volviendo comunes en las universidades y en algunos bachilleratos. Sin embargo, si los adolescentes piensan que la felación no es sexo (o que no es «algo»), si consideran que es algo a lo que tienen derecho o que es una forma de apaciguar a la pareja, entonces tanto el derecho de las niñas a decir que no, como la obligación de los muchachos a respetarlas está en entredicho, y la frontera entre el consentimiento, la coacción y el riesgo de agresiones sexuales se vuelve más difusa.

–Ya sabes –reflexionó Anna–, en cierto modo, hacerle sexo oral a alguien es más importante que el sexo. Porque no necesariamente me sirve a *mí*. Es como hacerle un favor a alguien porque lo amas y te importa. Y si es alguien con quien sales, la expectativa es que sea recíproco. Pero en los agarrones es típico que los chavos se porten como unos desgraciados en relación con eso. Y presionan a las chicas a hacerlo. Así que todo tiene que ver con qué tan cómoda te sientes al resistirte a la presión. La situación se vuelve incómoda si te resistes todo el tiempo.

Por supuesto que la mayoría de los hombres jóvenes acepta un no como respuesta. No obstante, todas las chicas con las que conversé tenían cuando menos una experiencia con algún muchacho que, a pesar de sus negativas evidentes, había intentado obligarlas o forzarlas a hacerle sexo oral, ya fuera de manera verbal, a través de textos frecuentes o físicamente, colocándoles las manos sobre los hombros para obligarlas a hincarse. Por ejemplo, una estudiante de segundo año de una universidad pública del medio oeste me contó que se sentía afortunada de que nunca la hubieran atacado sexualmente. Unos cuantos minutos después me describió una ocasión en que, cuando estaba en primer año de la universidad, fue a la habitación de un chico luego de una fiesta. Se besaron durante un rato y luego él trató de empujarla hacia abajo. Ella le dijo que no y él se refrenó, pero unos minutos más tarde volvió a intentarlo, y volvió a hacerlo en una tercera ocasión. Cuando ella se volvió a negar, él estalló y le dijo: «Entonces, chíngate. Ya encontraré a alguien más», y la sacó a empujones de su cuarto. Ocurrió en medio de la noche, en febrero, y su dormitorio estaba a más de tres kilómetros de distancia. Lloró todo el tiempo mientras regresaba a su habitación.

Otra joven, estudiante de primer año en una universidad de Nueva Inglaterra, me narró que la primera vez que le hizo sexo oral a alguien acababa de cumplir 16 años. Y no fue por decisión propia.

–Fue el verano después de segundo de secundaria –recuerda–. Había estado platicando con un chavo durante algún tiempo y parecía agradable. Ese día estábamos besándonos en el asiento trasero de su coche y él simplemente… No sé qué pasó. Yo estaba drogada y todo fue confuso. Él se puso muy agresivo. Quería que tuviéramos sexo y yo le dije: «No creo que sea buena idea». No lo aceptaba. Siguió tratando de que lo hiciéramos y yo le dije que no. Entonces, como que me obligó a hacerle sexo oral. Me empujó de los hombros. Y yo no sabía cómo salirme de la situación. Lo principal que me pasó es que estaba choqueada. No fue algo agradable. Y eso se me quedó grabado. Después de eso ya nunca me gustó la idea del sexo oral. Aún no me gusta.

Desde hace mucho tiempo a las mujeres se les convirtió en guardianas del deseo masculino, se les impuso la obligación de contenerlo, desviarlo y controlarlo. Ahora, satisfacer de manera confiable ese deseo se ha vuelto también su responsabilidad. El sexo oral se convirtió en un acuerdo mutuo, una laguna legal, una estrategia para cumplir con esa expectativa disminuyendo al mínimo la posibilidad de conflicto físico, social o emocional. «Es casi como algo… *limpio*. ¿Entiendes a lo que me refiero?», me comentó una estudiante de primer grado de una preparatoria pública de

Nueva York. No entendí a qué se refería, no en realidad. «Es como», siguió, «es como… si eso fuera lo que se espera de ti».

Las chicas rara vez mencionaron haber estimulado manualmente a un hombre. Si la meta fuera desvincularse y tener un intercambio impersonal, yo pensaría que esa sería la opción obvia.

–No –me dijo Ruby en Chicago–. Eso es algo que el chavo puede hacerse solo. La manuela es cosa de los hombres. Las mamadas son algo que hacen las chicas. De hecho, ellos mismos lo dicen. «Si me vas a hacer algo, hazme una mamada».

Al escuchar las historias de sexo oral obligatorio, a veces coaccionado y generalmente unilateral, empecé a preguntarme: ¿Qué pasaría si, en lugar de sexo oral, los muchachos esperaran que las chicas les trajeran, digamos, un latte de Starbucks? ¿Ellas serían tan obedientes?

Sam rio cuando le pregunté eso.

–Pero un latte cuesta dinero…

–Bueno –le dije–. Imaginemos que fuera gratis. Digamos que el tipo esperara que le trajeras constantemente vasos con agua de la cocina cada vez que estuvieran solos. ¿Estarías tan dispuesta? ¿Y no te importaría que él nunca se ofreciera a traerte un vaso a ti?

Sam volvió a reír.

–Bueno, supongo que dicho así…

Como señaló Anna, la reciprocidad en los encuentros casuales nunca se ha considerado. Para algunas de las chicas estaba bien así e incluso era un alivio; sin embargo, las que disfrutan de recibir sexo oral, como Anna, sí estaban molestas.

–Simplemente se espera que el tipo se venga –se quejó– y luego quizá te diga algo como –baja la voz y hace un gesto poco entusiasta señalando mi pecho con su mentón: «Ah, ¿también quieres que te…?». Nunca es una cuestión de que él me haga algo y *quizá* yo le haga algo a él. Es como si fuera *natural* que sea yo quien le haga algo y luego él me pregunte si yo «quiero» que me haga algo.

Una estudiante del primer año de universidad que se autodescribe como «ninfómana» (quien también, según dice, pasaba los veranos en un «campamento cristiano»), me dijo que ya no tolera la falta de reciprocidad en sus encuentros casuales.

–La peor experiencia que tuve fue cuando me ligué a un tipo y él me quitó la ropa hasta dejarme en sostén y calzones, y él se quedó en calzoncillos. Normalmente lo que sigue es que me quiten el sostén. Pero eso no pasó. En vez de eso él se quitó los calzones y entonces me hizo así –imita el movimiento de empujarle los hombros–, y yo me quedé como: «Óyeme, solo porque mis órganos estén adentro y los tuyos afuera, ¿yo no voy a recibir *nada* y esperas que a ti sí te lo haga? Me quedé como: «Hasta aquí llegamos. Eso no va a pasar». Pero fue muy incómodo. Tuve que sacarlo de mi cuarto.

Allá abajo es sagrado; también, asqueroso

Cuando mi hija era una bebé, leí en alguna parte que, aunque es común que los padres nombren las partes del cuerpo de sus hijos («esta es tu nariz», «estos son tus dedos») y es típico que incluyan los genitales de los niños (por lo menos dicen: «este es tu pizarrín»), no ocurre lo mismo con las niñas. Esa situación no cambia mucho cuando las niñas crecen. Los penes adolescentes insisten en recibir reconocimiento. Si entras a cualquier secundaria, los verás dibujados por todas partes: en los casilleros, en los cuadernos, en los pupitres o en los pizarrones. Los chicos no parecen refrenarse de dibujar sus órganos sexuales de manera explícita y orgullosa, sobre cualquier superficie en blanco. ¿Pero en dónde está la frondosa vulva, el magnífico coño, la triangular panocha?

¿Escuché por allí un «guácala»? Exacto.

Incluso las clases más detalladas de educación sexual se limitan a describir los órganos sexuales internos de la mujer: útero, trompas, ovarios. Esos clásicos diagramas del sistema reproductor femenino que tienen forma de manubrios que se van difuminando a una Y gris entre las piernas, como si la vulva y los labios, no digamos el clítoris, no existieran. ¡Imaginemos que no le indicáramos a un niño de 12 años la existencia de su pene! Y mientras que la pubertad masculina se caracteriza por la eyaculación, la masturbación y el surgimiento de un impulso sexual prácticamente irrefrenable, en las mujeres se cararacteriza por... la regla. Y la posibilidad de un embarazo no deseado. ¿Dónde está la discusión sobre el desarrollo sexual femenino? ¿Cuándo hablamos con las chicas acerca del deseo y el placer? ¿Cuándo les explicamos los milagrosos matices de su anatomía? ¿Cuándo nos ocupamos de fomentar en las chicas la autoexploración y el conocimiento de sí mismas? No es de sorprender que las necesidades físicas de los hombres parezcan inevitables para los adolescentes, en tanto que las de las mujeres son, en el mejor de los casos, opcionales.

Pocas de las jóvenes heterosexuales a las que entrevisté habían tenido alguna vez un orgasmo con una pareja, aunque de cuando en cuando la mayoría los habían fingido, imitando lo que escuchaban en las bandas sonoras de los videos pornográficos. Alrededor de un tercio de ellas se masturbaban con regularidad, un dato que, para sorpresa mía, era más o menos el promedio. Alrededor de la mitad de las chicas dijeron que nunca se habían masturbado en absoluto. Es difícil imaginar que los adultos estuvieran de acuerdo en mantener tal ignorancia o falta de curiosidad sobre cualquier otra parte del cuerpo. La mayoría de las chicas ignoraban mis preguntas sobre la masturbación, diciendo cosas como: «Tengo un novio que se ocupa de eso» (aunque estas eran las mismas jóvenes que nunca habían tenido un orgasmo con una pareja). Más allá de volverlas dependientes de alguien más para obtener placer, esta era otra más de las cosas que contradecían las afirmaciones de las chicas respecto a lo que los hombres creían: que como ellos podían masturbarse solos (era una «cosa de hombres») no necesitaban una pareja para eso. En cuanto a ser las receptoras del sexo oral, las chicas tendían a decir que permitir (no *desear*) que un chico se los hiciera era un acto íntimo, emocional, que requería la existencia de un profundo nivel de confianza.

–Mantuve una relación con un chico durante un año, en la cual le hacía sexo oral –recordó Rachel en Chicago–, pero nunca me sentí cómoda con que me regresara el favor. Porque... bueno, suena raro que lo diga, pero que un tipo te lo haga es más como una cosa sagrada. Una vez que hiciste *eso* debes sentirte realmente cómoda con la persona, porque no es algo que voy a permitir que me hagan así como así.

–Preferiría acostarme con alguien antes de que me hicieran eso –concuerda Devon.

–Un tipo está totalmente consciente de cómo se ven sus cosas –continuó Rachel–, pero yo no sé cómo me ve él a mí. Yo no puedo verlo por mí misma.

–Bueno –respondí–, hay unas cosas que se llaman espejos…

–Sí –contestó Rachel con indiferencia–. Pero no voy a hacer eso.

Es comprensible que las chicas no permitan que un compañero se meta «allá abajo» si ellas mismas sienten cierto asco por sus genitales. Les preocupaba que sus vaginas fueran feas, repugnantes, poco atractivas. De nuevo, esas preocupaciones siempre han existido –yo misma recuerdo haber escondido una lata de «desodorante femenino» FDS en la parte de atrás de un cajón de mi escritorio cuando estaba en primero de prepa– pero ¿cómo es que esas ideas siguen persistiendo? ¿Qué estas niñas no han oído hablar de los *Monólogos de la vagina*? Erin, una estudiante del último año en una preparatoria de San Francisco, presidenta del club de temas feministas de su escuela, presumía de ser «muy buena» para hacerle sexo oral a su novio con el que llevaba un año, pero cuando le pregunté cómo se sentía cuando se lo hacían a ella, frunció la nariz y respondió:

–Él no me lo hace. No quiere y yo nunca se lo he pedido. Porque… –respiró profundamente– no me gusta mi vagina –admitió–. Sé que está mal. Y no sé por qué pienso así, pero ya interioricé esa idea.

–Es como el asunto de los *vagipedos* –continuó.

–¿A qué te refieres con *vagipedos*? –pregunté.

–Sí –respondió–, son pedos, pero de la vagina. En *South Park* hubo unos episodios sobre eso y ahora los adolescentes creen que es algo que pueden decir de las niñas, y las niñas saben que los niños dicen eso, y entonces nos sentimos incómodas –suspiró–. Es como si hubiera toda una cultura de comedia para burlarse de la sexualidad femenina. Y está súper difundida.

Aunque, gracias a Dios, el término *vagipedo* no había entrado en mi vocabulario, no había pasado por alto que se estaba generalizando el uso de la frase *tienes vagina* para burlarse de alguien que es cobarde. En la actualidad la palabra *marica* –un término que se usa para denigrar la masculinidad, o bien, para ridiculizar o dominar a un oponente–, se ha sustituido con referencias sarcásticas a las partes pudendas de las mujeres. Incluso las mujeres utilizan la palabra como una señal de que no les molesta, que están a la par de los hombres. La implicación es que *todo el mundo* comparte un desagrado secreto hacia los genitales de las mujeres, o cuando menos la idea de que la palabra *vagina* es graciosa en sí misma (por el contrario de *panocha*, que no es nada divertida, y de *coño*, que es un insulto que perdió gran parte de su especificidad anatómica). Por ejemplo, en la película de 2007 *Ligeramente embarazada*, Jason Segel se burla de un barbado Martin Starr, diciéndole: «Tu cara parece una vagina». En *Cómo sobrevivir a mi ex*, Mila Kunis critica a Segel cuando este duda de lanzarse desde un acantilado en Hawái: «Puedo verte la vagina desde aquí», dice desde abajo, mientras nada en el mar. Otro personaje femenino, en el tráiler de la fallida película de Adam Sandler *Este es mi hijo*, se burla de la torpeza de su hijo Andy Samberg diciéndole «¡Lanza [la pelota], enorme vagina!». Fuera de la pantalla, en un ensayo que se publicó en el sitio web *Thought Catalog*, titulado «Soy feminista, pero no como panocha», se volvió viral en 2013. Entre sus concisas observaciones, el autor dice que aunque la vagina «se siente realmente bien cuando tu pene está dentro», en términos objetivos son «asquerosas… cubiertas de pelo. Rezuman y echan baba…». Son sucias, continúa el autor del ensayo, y saben mal, y que las mujeres esperen que se les haga sexo oral «cuando saben el esfuerzo que representa para los hombres, es egoísta y francamente discriminatorio». Si eso no bastara para lanzar a la joven promedio a una espiral de vergüenza, el galán Robert Pattinson, cuya fama y fortuna se forjaron gracias a las fantasías eróticas de las adolescentes, confesó casualmente a la revista *Details*: «Realmente odio las vaginas. Soy alérgico a la vagina».

De ahora en adelante le voy a Jacob.

Con razón las chicas se sienten inseguras. ¿Recuerdas eso de bajar a la mujer empujándola de los hombros? ¿El gesto sin palabras que utilizan los hombres para instar a sus compañeras a bajar a sus genitales? Las jóvenes tenían su propia versión, pero para ellas es el *empujón* con ambas manos para alejarlos de la pelvis, una forma silenciosa para indicarles que se dirijan a terrenos más seguros, aunque menos erógenos. Sam me comentó que su exnovio, con quien salió durante un año, le hizo sexo oral exactamente dos veces durante su relación. En ambas ocasiones fue idea de él. «No fue divertido para mí», comentó. «No me sentía cómoda con el hecho de que lo hiciera. No es algo que desee. Así que no me gusta la idea de que alguien más me esté lamiendo allá abajo». Para ser justa, dijo, él sí «me metía el dedo», pero no tenía idea de si a ella le gustaba y, dado que nunca se había masturbado, ni ella misma sabía si le gustaba; y aunque lo hubiera sabido, es probable que no lo hubiera dicho en voz alta. En la mayoría de los casos él le insertaba un dedo y empezaba a moverlo por todas partes.

Como es obvio, no es de esperar que las chicas estén plenamente conscientes de sus necesidades sexuales o que puedan enunciarlas con facilidad –muchas mujeres adultas no pueden hacerlo ni siquiera con sus parejas con quienes llevan largo tiempo–, pero están en una coyuntura crítica en su desarrollo, aprendiendo las lecciones fundamentales sobre la atracción, la intimidad, la excitación y sus derechos sexuales. Esas primeras experiencias pueden tener un impacto duradero en su comprensión y el disfrute de su sexualidad. De modo que saber que sienten aversión hacia sus propios genitales fue descorazonador. Al observar que las chicas se avergonzaban en respuesta a mis preguntas, recordé las imágenes del atractivo sexual femenino que las asaltaban: el «puente de Londres» de Fergie a punto de caer, Miley montada desnuda en una bola de demolición, Beyoncé bailando en ropa interior alrededor de su esposo, quien está vestido de traje, Nicki haciéndole un *lap dance* a Drake (y tuiteando por anticipado que acababa de mamarse un poco de «jugo de confianza»). La cultura está plagada de imágenes de las zonas del cuerpo de las mujeres, con ropa y en posturas que supuestamente expresan confianza sexual. Pero ¿a quién le importa lo «orgullosa» que te sientes de cómo se ve tu cuerpo si no disfrutas de sus reacciones? Una estudiante de segundo año de universidad me mostró fotos de su cuenta de Instagram en las que estaba vestida para una fiesta con una ombliguera con estampado de leopardo, una faldita diminuta y tacones muy altos. Más adelante en nuestra entrevista, admitió: «No me gusta que me hagan sexo oral. Me la paso pensando en si estaría bien que le diga que no me gusta, si se estará hartando o si acaso le dará asco».

Los sentimientos de las mujeres acerca de sus genitales se han vinculado directamente con su disfrute del sexo. En un estudio las universitarias que se sentían incómodas con sus genitales no solo estaban menos satisfechas sexualmente y tenían menos orgasmos que otras, sino que tenían más probabilidades de involucrarse en comportamientos riesgosos. (En los hombres ocurría lo contrario: aquellos que tenían sentimientos *positivos* acerca de su pene tenían más probabilidades de participar en comportamientos sexuales riesgosos). Otro estudio con más de 400 mujeres estudiantes de licenciatura encontró que iniciar la práctica de la felación a edad temprana les producía sentimientos de inferioridad y baja autoestima; en contraste, el cunnilingus a la misma edad temprana se asociaba con mayor conciencia de sí mismas, apertura sexual y asertividad. Mientras tanto, las jóvenes que se sentían en confianza de masturbarse durante las relaciones sexuales tenían más del doble de posibilidades de experimentar un orgasmo en sus relaciones con compañeros tanto incidentales como a largo plazo.

Así que la forma en que las chicas se sienten en relación con «sus partes íntimas» es importante. Esa sensación importa, y mucho.

Ablación genital psicológica

Es probable que el sexo no sea lo primero que viene a la mente cuando se piensa en Indiana. Pero, casualmente, la universidad estatal de Bloomington alberga el Instituto Kinsey, un centro de investigación en salud sexual que fundó el biólogo Alfred Kinsey. Viajé allí en una helada tarde de invierno para reunirme con Debby Herbenick, profesora asociada en la Escuela de Salud Pública de la Universidad de Indiana. Herbenick, quien también escribe columnas sobre temas sexuales y es autora de libros como *Sex Made Easy* (El sexo hecho fácil), era la imagen perfecta de la experta en sexo moderna: con casi 40 años, cabello largo y oscuro, y enormes ojos, iba vestida con un elegante minivestido de pata de gallo con botas que llegaban arriba de la rodilla. Su investigación trata sobre el área conocida como autoimagen genital: sobre cómo se siente la gente en relación con sus partes íntimas. En los últimos años, explica, la autoimagen genital de las jóvenes ha estado bajo tremendo escrutinio, sometida a tremendas presiones que las obligan a considerar a sus vulvas como inaceptables en su estado natural:

–Necesitan rasurarlas, decorarlas o arreglarlas de alguna forma antes de tener relaciones sexuales –comentó–. Las chicas se sienten verdaderamente avergonzadas si no tienen preparados sus genitales, como si en verdad alguien pudiera juzgarlas por ello.

La mayoría de las jóvenes que conocí se había rasurado o depilado completamente el vello púbico desde que tenían más o menos 14 años. Cuando les pregunté por qué lo hacían, inicialmente me dijeron que nunca se lo habían cuestionado: ya se rasuraban las piernas y axilas, y habían visto a muchachas más grandes que no tenían vello púbico, por lo que les parecía que era algo que se hacía. Dijeron que la falta de vello las hacía sentir «más limpias» (lo cual es un error. Aunque reduce el riesgo de tener ladillas, eliminar todo el vello púbico crea un «feliz caldo de cultivo » para las demás enfermedades de transmisión sexual: por ejemplo, sin la protección del vello, los labios de la vagina se llenan de verrugas genitales). Como ocurre con la autocosificación, las chicas consideraban que la depilación era una decisión personal, algo que hacían en su propio «beneficio», por comodidad e higiene, y porque era práctico. No obstante, invariablemente sacaban a relucir otro motivo: para evitar ser humilladas. Consideremos los comentarios de Alexis, una chica de 16 años de una preparatoria pública en el norte de California:

–En realidad no pensaba en ello –comenzó–. Una amiga tenía una hermana mayor que se depilaba, así que ella fue la primera en hacerlo y luego todas lo hicimos. Fue como una reacción en cadena.

–Pero entonces, un día en clase, también oí a unos chicos decir: «¡Le vi el vello púbico! ¡Qué asco!», cuando hablaban de una chica que llevaba shorts muy a la cadera y a la que se le había subido la camisa cuando levantó los brazos.

Las chicas de por sí se cohíben en cuanto a lo relacionado con su región púbica (que típicamente no se nombra); no se requiere mucho para atizar esa inseguridad. En Chicago, Ruby era una de las jóvenes que comentó que se rasuraba para sentirse «limpia», en especial durante su regla. Pero también añadió:

–Recuerdo a unos chicos que hablaban de una niña que «andaba con todos». Y ellos le metían el dedo, o lo que sea, y se horrorizaban porque se encontraban con pelos. Así que yo simplemente… bueno, ya sabes, los hombres actúan como si eso *les diera asco*.

Herbenick señala que en el pueblo donde está su universidad las estéticas locales anuncian en los pizarrones en los que ofrecen sus servicios ofertas de «depilaciones de regreso a clases» en el otoño; o en abril ofertas similares de «depilación brasileña» especiales para las vacaciones de primavera.

–Estos anuncios son un recordatorio bastante público de que tienes que verte de cierta manera –comentó.

Hace unos años una de sus alumnas le confió que había empezado a rasurarse luego de que su novio comentó –en una de las discusiones en la clase de Herbenick– que nunca había visto vello púbico en una mujer en la vida real y que si llegaba a encontrarlo en una pareja terminaría la relación.

La depilación púbica completa –que no solo es costosa, sino dolorosísima– fue alguna vez territorio exclusivo de los fetichistas y, por supuesto, de las estrellas porno. En Estados Unidos el primer salón «brasileño» (llamado así porque sus dueños venían de ese país) abrió en Nueva York en 1987, pero fue un episodio de *Sex and the City* el que difundió la práctica al público en general. Para 2006 la ex Posh Spice y creadora de tendencias, Victoria Beckham, declaró que la depilación brasileña debería ser «obligatoria» desde los 15 años. (¿Qué tal si le volvemos a preguntar qué opina en 2026, cuando su hija llegue a esa edad?). No hay duda de que la vulva depilada es suave. Tersa como la seda. Lisa como la piel de un bebé –algunos dirían que esto es especialmente perturbador–. Quizá en la década de 1920, cuando las mujeres empezaron a rasurarse las piernas y axilas, eso también haya parecido escalofriantemente infantilizador, pero ahora depilarse esas áreas es un rito de iniciación normal para las niñas; un anuncio, más que una negación, de la sexualidad adulta. Esa primera ola de eliminación del vello ocurrió como consecuencia de la moda *flapper*, que revelaba los brazos y piernas de las mujeres, mostrándolos por primera vez fuera del ámbito privado. La eliminación actual del vello púbico podría indicar algo parecido: exponemos nuestras zonas más íntimas a un escrutinio, evaluación y mercantilización sin precedentes. Principalmente como resultado de la tendencia brasileña, la labioplastía cosmética, que implica recortar los bordes de piel alrededor de la vulva, se ha elevado por las nubes: aunque sigue estando muy por detrás de las operaciones de nariz y senos, según la American Society of Aesthetic Plastic Surgeons (ASAPS: Sociedad Estadounidense de Cirugía Plástica Estética), hubo un aumento de 44% en ese procedimiento quirúrgico entre 2012 y 2013 –y un crecimiento súbito de 64% en el año anterior–. La labioplastía casi nunca se relaciona con el funcionamiento o el placer sexual; de hecho, puede obstaculizarlo. Pero no importa: el doctor Michael Edwards, presidente de la ASAPS en 2013, señaló con gran emoción que el repunte era parte de «un concepto de belleza y autoconfianza que está en constante evolución». Incidentalmente, el *look* más buscado se conoce como –¿estás lista?– la Barbie: «Un efecto tipo "almeja" en el que los labios mayores parecen unidos, sin que sobresalgan los labios menores». Creo que no necesito recordarle al lector que Barbie está a) hecha de plástico y b) *no tiene vagina*.

Herbenick me invitó a asistir a una de las clases de sexualidad humana que estaba a punto de impartir, y que era uno de los cursos más populares en el campus de la universidad de Indiana. Ese día daría una cátedra sobre las disparidades en la satisfacción sexual determinadas por el género. Más de 150 alumnos ya estaban sentados en el aula cuando llegamos, casi todas eran mujeres y la mayoría iban vestidas con ropa deportiva y con el pelo atado en colas de caballo mal peinadas. Escucharon cautivadas mientras Herbenick explicaba el lenguaje tan diferente que utilizan los hombres y mujeres jóvenes cuando describen el «buen sexo». «Los hombres tienen más probabilidades de hablar del placer y los orgasmos», señaló Herbenick.

«Las mujeres hablan más de la ausencia de dolor. 30% de las estudiantes universitarias dice sufrir dolor durante sus encuentros sexuales, en comparación con 5% de los hombres».

Añadió que las tasas de dolor entre las mujeres llegan hasta 70% cuando se incluye el sexo anal. Hasta fechas recientes el sexo anal era una práctica hasta cierto punto rara entre los adultos jóvenes, pero se ha vuelto desproporcionadamente común en la pornografía –y de gran beneficio económico en películas con clasificación para adultos como *Kingsman: el servicio secreto* y *Lista de pendientes*– y también está aumentando en la vida real. En 1992 solo 16% de las mujeres de 18 a 24 años dijo haber intentado el sexo anal. En la actualidad 20% de las mujeres de 18 a 19 años lo ha hecho, y para los 20 a 24 años esa cifra asciende a 40%. Un estudio que se hizo en 2014 con jóvenes heterosexuales de 16 a 18 años –¿podemos detenernos un instante para considerar lo jóvenes que son?– encontró que eran principalmente los hombres quienes presionaban por llegar a «quinta base», abordándolo menos como una forma de intimar más con la pareja que como una competencia con otros hombres (ya que necesitaban coaccionarlas y demostrar que podían lograr que accedieran). La expectativa era que las chicas toleraran el acto, el cual consistentemente informaban que era doloroso. Ambos sexos echaban la culpa de la incomodidad a las mujeres, por ser «ingenuas o defectuosas», incapaces de «relajarse». Deborah Tolman ha dicho sin tapujos que el sexo anal es «el nuevo sexo oral». «Como ahora se supone que todas las chicas tienen al sexo oral en su repertorio», comenta Tolman, «el sexo anal se está convirtiendo en el nuevo reto para los hombres: "¿Estará dispuesta a hacerlo?", es la nueva "prueba de amor"». Aun así, añade, «el placer sexual de las mujeres no forma parte de la ecuación». Según Herbenick, el aumento en el sexo anal impone nuevas presiones sobre las mujeres para que lo acepten, porque en caso contrario se les puede catalogar como puritanas.

–Es una metáfora, un símbolo en un comportamiento concreto que indica la falta de educación sobre el sexo, la normalización del dolor de la mujer y de cómo algo que en alguna época se estigmatizaba, en el curso de una década se convirtió en algo que es de esperar. Si no quieres hacerlo, ya no eres suficientemente buena, eres una frígida, te lo estás perdiendo, no estás explorando tu sexualidad, no tienes sentido de aventura.

Recordé una conversación que tuve con Lily, la chica que estaba exasperada con la presión de su novio de preparatoria por realizar el coito. Según me dijo, él también veía mucha pornografía y estaba más que dispuesto a intentar el sexo anal, a lo que ella aceptó principalmente por complacerlo.

–La primera vez tuvimos que parar de inmediato porque lo odié –explicó–. Después, él me presionó a hacerlo de nuevo; dijo que la vez anterior no lo habíamos hecho completamente porque había sido demasiado corto. En ese momento creo que acepté por necedad. Como diciéndole: «Muy bien, hagámoslo de nuevo y de todos modos no va a gustarme» –dijo entre risas–. Lo cual evidentemente no fue muy sano que digamos.

Al parecer, las chicas se están acostumbrando más a la coacción y a la incomodidad que a los orgasmos en los encuentros sexuales, temerosas de que negarse las haga parecer unas «apretadas». Considera el dato de que, en todas las edades, tres cuartas partes de los hombres informan que regularmente alcanzan el clímax durante el sexo en pareja, en tanto que solo alrededor de 29% de las mujeres lo hace. O que las chicas están cuatro veces más dispuestas que los hombres a realizar actividades sexuales que no les gustan ni quieren, en particular el sexo oral y anal. Asimismo, según indica Herbenick, las mujeres utilizan un lenguaje más negativo que los hombres cuando describen las experiencias sexuales *insatisfactorias*. De nuevo hablaron del dolor. Pero también hablaron de sentirse degradadas y deprimidas. Ninguno de los hombres encuestados expresó sentimientos parecidos. De acuerdo con Sara McClelland, quien acuñó el término de *justicia íntima*, todo el concepto de comparar los informes de «satisfacción sexual» de mujeres y hombres supone un entendimiento común de lo que implica la frase. Pero es evidente que no es así. No lo es si, cuando tienen el encuentro sexual, las mujeres anticipan que van a tener menos placer y más dolor que los hombres. Entre los jóvenes universitarios que estudió McClelland, las mujeres tendieron a utilizar el placer físico de sus *parejas* como la medida de *su propia* satisfacción, diciendo cosas como: «Si él está satisfecho, entonces yo estoy sexualmente satisfecha». En el caso de los hombres ocurría lo contrario: la medida era su propio orgasmo. (Por cierto, el compromiso de las mujeres con la satisfacción de sus parejas era independiente del género de la persona, lo cual puede explicar en parte por qué las chicas tienen más probabilidades de experimentar orgasmos en los encuentros sexuales con personas de su mismo sexo). De modo que cuando las mujeres jóvenes informan que sus niveles de satisfacción sexual son iguales o mayores que los de los hombres jóvenes –lo cual ocurre a menudo en las investigaciones– puede ser que no sea del todo cierto. Si una chica participa en un encuentro sexual esperando que no le duela, queriendo sentirse cerca de su pareja y esperando que *él* tenga un orgasmo, entonces estará satisfecha si el encuentro cumple con esos criterios. Y no hay nada de malo en querer sentirnos cercanas a una pareja o desear que él esté feliz, pero la «ausencia de dolor» es un estándar bastante bajo para la satisfacción física propia. Como me dijo una chica de 18 años, estudiante del último año de preparatoria: «Desde antes de empezar a tener relaciones entendí lo que significaba venirse para un hombre. Sabes que tiene que suceder para que el sexo termine y para que ellos se sientan bien. Pero no tenía idea de lo que significaba para una mujer. ¿Honestamente? Sigo sin saberlo. Es algo que nunca se aborda. Así que me metí en todo eso sin entenderme realmente a mí misma».

Al escuchar la letanía de primeras experiencias incorpóreas de las chicas, a veces me parecía que a nuestras hijas les habíamos hecho el equivalente psicológico de una ablación genital femenina: como si de alguna manera creyéramos que al ocultarles la verdad (que el sexo, incluyendo el sexo oral y la masturbación, pueden y deberían producir una sensación fabulosa) no la descubrirían y se mantendrían «puras». ¿Qué tal si la verdad es todo lo contrario: qué tal si enseñarles a entender las respuestas físicas propias y a «expresar la sexualidad» realmente en lugar de solo fingir que son sexis, pudiera elevar, de hecho, las expectativas de las chicas en sus encuentros íntimos? ¿Qué tal si el autoconocimiento las alentara a elevar sus estándares respecto a sus experiencias, tanto dentro como fuera de las relaciones? En todo caso, ¿qué significa o debería significar ser «sexualmente activa»? Es evidente que la definición clásica es obsoleta. Es posible que tengamos que reconceptualizar el «sexo» por completo, empezando con el concepto de virginidad.

CAPÍTULO 3

Como una virgen,
lo que sea que eso signifique

hristina Navarro se sentó con las piernas cruzadas sobre una almohada en el piso de la cooperativa de su universidad, mirando un video de YouTube en su laptop. En la pantalla, una mujer de unos cuarenta y tantos años, llamada Pam Stenzel, caminaba de un lado a otro frente a un anuncio que decía: «El alto costo del amor libre». Vestida con una chamarra de mezclilla y jeans, pontificaba sobre el tema de la virginidad en un tono muy serio de yo sí entiendo a los jóvenes. «Si estás aquí y eres virgen», decía ante un público embelesado de estudiantes de bachillerato, «¡*Bien por ti! ¡BIEN POR TI!* Tienes algo *tan* especial, *tan* valioso, que vale la pena hacer *lo que sea* por llegar a tu matrimonio sin un pasado, temor o enfermedad». Los estudiantes la aclamaban y aplaudían.

Stenzel es una de las educadoras en el tema de la abstinencia más renombradas (o, dependiendo de cómo lo veas, más tristemente famosas) de Estados Unidos, que ha sido invitada a la Casa Blanca y a la Organización de las Naciones Unidas, e invitada a programas como *The Dr. Laura Show* y *Politically Incorrect with Bill Maher*. Supuestamente es hija de una víctima de violación, creció en un hogar cristiano, y ha dedicado su vida a promover la castidad y a exaltar a quienes conservan su virginidad. Gana hasta 5 000 dólares por presentación; según los registros fiscales, su empresa, llamada Enlighten Communications, recibe ingresos de cerca de 240 000 dólares anuales.

Yo observaba a Christina mientras veía el video con una mirada de diversión en la cara. Christina tenía 20 años, aunque parecía y sonaba mucho más joven, y era estudiante del tercer año en una universidad pública de la costa oeste. Los muros de la habitación en la que estábamos sentadas estaban pintados de morado profundo; había colchas indias prendidas con tachuelas al techo y también sobre el colchón. Un plato con restos de un burrito vegetariano estaba tirado en el piso junto a la puerta. Si no hubiera sabido dónde estaba, habría jurado que viajé a los ochenta. Christina me dijo que apenas la semana anterior los residentes de la casa habían entrado en un acalorado debate (que me recordó mis propios días de universidad) sobre si las mujeres deberían tener la libertad de andar toples en las áreas comunes.

–Eso detonó una larga conversación sobre cómo los medios han cosificado y sexualizado los senos de las mujeres –comentó– y sobre cómo en nuestra casa deberíamos sentir que estamos en un ambiente seguro y en libertad de andar vestidas o desnudas. Como es natural, la decisión se determinó en última instancia por consenso.

Francamente, que las chicas anden desnudas en una casa cooperativa de estudiantes parece estar muy lejos de las diatribas de Pam Stenzel sobre la castidad, pero Christina creció en Colorado Springs, Colorado, una de las ciudades más conservadoras de Estados Unidos a la que se le apoda el Vaticano Evangélico por ser hogar de un gran número de organizaciones cristianas fundamentalistas. Christina no creció siguiendo esa tradición –es católica– pero la «educación sexual» que recibió en su pequeña escuela parroquial fue prácticamente idéntica a la que podría haber recibido en la plática de Stenzel. Se resume a una sola frase: *no lo hagas*. En lugar de tratarlo en una clase de salud, el tema de la sexualidad humana se tocaba en la clase de teología en primero de preparatoria. El plan de estudios consistía sobre todo en la proyección de estadísticas atemorizantes acerca de la inevitabilidad del embarazo y las enfermedades para quienes tenían sexo premarital, y sobre los peligros del aborto. A los alumnos se les pedía que memorizaran pasajes bíblicos que se interpretaban como condenas a la homosexualidad y defensas de la castidad. Christina recuerda que ver los videos de Stenzel en esa clase era un evento anual, parecido a las horripilantes películas de víctimas que morían quemadas en accidentes que se proyectaban para que las vieran los estudiantes de la clase de educación vial. Stenzel, que tiene sus oficinas principales a más o menos una hora de distancia de Colorado Springs, incluso dio conferencias en persona ante una asamblea en la escuela de Christina. Se le recibió con la anticipación y el bombo y platillo de una estrella de rock. Christina dice que, aun en aquel entonces, sospechó que la presentación de Stenzel era «sesgada» y un poco cursi, pero no necesariamente le pareció imprecisa. Y nunca cuestionó el valor de conservarse «pura» hasta el matrimonio.

En pantalla, Stenzel seguía hablando: «Una vez que la pierdes, la pierdes para siempre», advirtió. «Se necesita muy poco tiempo», dijo tronando los dedos, «para echarla a la basura. Se necesita de mucha integridad para esperar».

Hubo más aplausos y luego el video terminó. Nos quedamos calladas un momento.

−¿Planeas mantenerte virgen hasta el matrimonio? −le pregunté a Christina.

Rio y agitó la cabeza.

−Oh, no −respondió−. Ya es demasiado tarde para eso.

Canjear la «ficha V»

Casi dos terceras partes de los adolescentes tienen relaciones sexuales cuando menos una vez antes de ingresar a la universidad −como ya dije, la edad promedio en que se pierde la virginidad en Estados Unidos es a los 17 años−, y aunque la mayoría lo hacen con una pareja romántica, muchas chicas canjean lo que llaman su «ficha V» con un amigo o con un tipo al que acaban de conocer. Más de la mitad, tanto en muestras nacionales como en mis propias entrevistas, se emborracharon para la ocasión. La mayoría dice que fue una experiencia lamentable y que desearía haber esperado, quizá no hasta el matrimonio, pero por más tiempo de lo que lo hizo.

En cierto modo, me sorprendió que las jóvenes con las que hablé siguieran considerando su primera relación sexual como un hito. La mayoría de ellas ya había sido sexualmente activa durante varios años pero, de nuevo, eso es si «incluyes» al sexo oral (o cualquier otra cosa que no sea el coito) en la etiqueta de ser «sexualmente activa». Se podría discutir que, en el mundo moderno, la «virginidad» como símbolo de iniciación sexual es un concepto anticuado y carente de significado. De hecho, nunca tuvo una base médica real (muchas jóvenes no tienen himen o lo desgarraron a causa del ejercicio, la masturbación o con un tampón) y ni siquiera tiene un significado social que cuente con un consenso completo; por ejemplo, en su libro *The Purity Myth* (El mito de la pureza), Jessica Valenti escribe sobre el concepto de «virginidad secundaria»:

> ... la idea de que la virginidad se puede restablecer por arte de magia después del coito tras haberla perdido la chica se compromete a la abstinencia hasta el matrimonio. Aunque eso permite que los defensores de la pureza reciban en su seno a quienes han tenido un «tropiezo», también muestra lo arbitraria que puede ser la definición de «virginidad». No sugiero que el primer coito sea insignificante en un sentido psicológico o físico. En absoluto. Pero ¿por qué las chicas en particular siguen elevando ese mero acto (que entre otras cosas, raramente es placentero para ellas) a un nivel por arriba de todos los demás? ¿Por qué imaginan que esta forma de expresión sexual será transformadora; la línea mágica entre la inocencia y la experiencia, la ingenuidad y la sapiencia? ¿Cómo es que este concepto de la «virginidad» como categoría especial moldea su experiencia sexual? ¿Cómo afecta su desarrollo sexual, su comprensión de sí mismas, su disfrute del sexo, y su comunicación física y emocional con una pareja?

En una agradable tarde de domingo me volví a reunir con Christina en la terraza que tenían en la azotea de su cooperativa estudiantil, pero esta vez la acompañaba un grupo de amigas. Las otras chicas escuchaban con gran interés lo que Christina nos contaba de sus antecedentes; sus historias les parecieron exóticas y un poco perturbadoras.

–Eso me sorprende mucho –señaló Caitlin, mientras empujaba sus lentes morados de Clark Kent sobre el puente de su nariz, en la que llevaba una perforación–. En mi preparatoria nos regalaban condones. ¡Hasta nos daban *lubricante*!

Incluso Annie, una joven pecosa que asistió a una escuela católica de mujeres en el condado de Orange, California, consideraba que su crianza había sido liberal en comparación con la de Christina.

–En mi preparatoria, mi profesora desenvolvió una pastilla de menta y la puso en el suelo –recordó Annie–. Y luego nos preguntó si nos la comeríamos. Por supuesto que todas dijimos: «¡Ay no, qué asco!». Y ella respondió: «¡*Exactamente*! Cuando ya estás "abierta", ¡nadie te quiere!».

Las chicas estallaron en carcajadas.

–Pero entonces –añadió Annie– mi mamá era un poco hippie y me dijo que me olvidara de todo eso. Me dijo: «Antes de comprar un coche es muy importante hacer la prueba de manejo, y no basta con patearle las llantas».

Cuando Brooke estaba en secundaria, su mamá le dio un montón de libros anticuados de sexualidad positiva como *Our Bodies, Ourselves* (Nuestros cuerpos, nosotras mismas).

–Todos tenían unas portadas totalmente setenteras –recuerda–. ¡Eran chistosísimos!

En cuanto a Caitlin, cuya preparatoria pública regalaba condones, cuando tenía 15 años su mamá la llevó a una tienda erótica «amigable con las mujeres» para comprarle un vibrador.

–Me dijo: «Creo que es muy importante que conozcas tu propio cuerpo y tu sexualidad antes de empezar a tener relaciones sexuales con alguien más».

Ni Caitlin ni Brooke imaginaron nunca guardar su virginidad hasta el matrimonio. Antes de conocer a Christina nunca habían conocido a nadie que siquiera lo considerara.

–Creo que las palabras exactas de mi mamá fueron: «La virginidad es un constructo patriarcal» –comentó Caitlin y rio. Su primera relación sexual fue a los 16, con un chico con quien saldría durante los siguientes tres años–. De hecho lo habría hecho antes, con otro tipo, cuando estaba en segundo año –señala–. Pero él nunca tomó la iniciativa. Y me da gusto, porque lo habría hecho con él. No es que *quisiera* tener sexo con él, sino que quería complacerlo y quería sentirme importante. Cuando finalmente tuve relaciones, fue con alguien con quien apenas llevaba dos meses saliendo, pero sentí que *quería* hacerlo. Fue algo que me empoderó porque estaba completamente segura de la decisión que estaba tomando y pude darme cuenta de que antes no había estado lista, pero que ahora sí lo estaba.

La primera relación sexual de Brooke ocurrió cuando era todavía más joven: a los 15 años. Había imaginado que ocurriría con un chico que le importara –nunca usó la palabra *amor*–, en esa especie de ambiente romántico y diáfano que encontrarías en un antiguo comercial de duchas vaginales: al borde de un acantilado, mientras el océano Pacífico golpeaba abajo contra las rocas.

–Probablemente estaba pensando más en cómo me sentiría al recordarlo después que en el acto en sí –admitió–. En cómo sonaría al contarlo.

Pero las cosas no se dieron así: en primer lugar, ni Brooke ni su novio, con el que llevaba siete meses, tenían un auto, por lo que no había modo de llegar hasta la playa. Además, era invierno. En cualquier caso, ¿qué pasaría si alguien pasaba por allí y los descubría? Al final ambos perdieron la virginidad de una manera bastante mundana: en la litera del chico durante un fin de semana en que su familia había salido de la ciudad. Ella llevó los condones, que pasó horas eligiendo en una cercana farmacia Walgreens, también llevó el lubricante y, por razones que ahora no recuerda, llevó unas galletas horneadas en casa.

–La verdad es que perder tu virginidad es el acto menos sexi que exista –dijo–. Es incómodo, en especial cuando la pierdes con una pareja que también es virgen. Ponerse el condón no es una actividad rápida y fácil. Las cosas no parecen encajar entre sí. No sabes cuánto peso poner sobre la otra persona. Es un poco sudoroso y no se siente bien. –Luego de un minuto más o menos, ambos pensaron que habían «terminado», lo suficiente como para decirlo (tanto a sí mismos como a sus amigos), así que simplemente se detuvieron–. Pero, ya sabes –añadió Brooke–, fue una experiencia muy positiva para mí. Nuestra relación se volvió más cercana por la torpeza con la que sabíamos que actuamos y fue divertido. Y aunque el sexo fue poco emocionante, me sentí muy cómoda con la situación y con él, y me siento agradecida por ello –se acostaron unas cuantas veces más antes de romper; Brooke conservó como recuerdo el envoltorio de su primer condón, en el cual escribió la fecha en que lo usó.

Tanto Brooke como Caitlin se sentían aliviadas de haber perdido su virginidad cuando y como quisieron. Según dicen, muchas de sus amigas, por la urgencia de deshacerse de «eso» antes de entrar a la universidad, tomaron decisiones apresuradas que las llevaron a experiencias desagradables. La universidad se cernía como una fecha límite para la mayoría de las chicas con las que hablé, porque la posibilidad de que se les considerara mojigatas novatas les parecía peor que la amenaza de que se les catalogara como zorras. Mejor tener sexo con *alguien* y deshacerse de ello que arriesgarse a que las vieran como unas «raritas inexpertas» o, peor, «demasiado feas como para que se las cogieran». En general, los jóvenes sobrestiman el número de compañeros que ya tuvieron relaciones sexuales, la cantidad de veces que lo han hecho y el número de parejas que han tenido (por no mencionar las veces en que se sintieron bien con esas relaciones). Uno de cada cuatro jóvenes de 18 años no ha tenido relaciones sexuales. Sin embargo, a menos que sean personas religiosas, la mayoría no lo anuncia y algunos incluso mienten al respecto. Christina, quien en su primer año de universidad seguía esperando mantenerse virgen hasta el matrimonio, sentía que todo el tiempo tenía que defender esa decisión y expresarla de la manera correcta para evitar cualquier presión o suposición cuando conocía a algún joven en una fiesta.

–Pero si lo piensas con cuidado –dijo Brooke– es ridículo lo que sucede. Me refiero a que tienes 17, te estás graduando de la prepa y estás tan preocupada por no llegar virgen a la universidad que te emborrachas y tienes sexo con cualquier tipo. No es como si eso te preparara para nada. No es como si te diera toda la experiencia o comprensión sobre el sexo. La gente, incluso yo misma, habla de eso como si fuera un acto que te cambia…

–*¡Dios mío!* –intercaló Annie. Ella tuvo su primera relación sexual el año pasado, a los 19 años, con el novio con quien lleva mucho tiempo–.

¡Pensé que después de tener sexo por primera vez estaría en un mundo totalmente nuevo! En la escuela y en la iglesia había aprendido que cuando conoces a la «persona correcta» y estás realmente enamorada y tienes relaciones, te sientes transformada. Como si te quitaran una venda de los ojos. Pero no me sentí así. No me sentí como una persona nueva. Los pájaros no cantaban ni sonaban campanas. Y pensé: «Caray, quizá después de todo no fue el momento correcto, o tal vez no lo hicimos como se debe». Sentí que me habían dado gato por liebre.

En su libro *Virginity Lost* (La virginidad perdida), Laura Carpenter relata cuatro formas en las que las jóvenes se relacionan con la virginidad, cada una de las cuales reflejaba más o menos lo que estas chicas me describieron. El primer grupo creía que la virginidad era un regalo: una expresión preciosa de amor, aunque ya no se relacionaba con el matrimonio. Como Annie, y en cierto grado como Brooke, las «regaladoras» tenían una idea romantizada de su primera vez –la persona, el entorno, la importancia– deseando que todo fuera «perfecto» y esperando que el sexo fortaleciera sus relaciones y profundizara el compromiso por parte de una pareja. Si la experiencia no estaba a la altura, en especial si sentían que las habían engañado u obligado a tener sexo, se sentían destrozadas. Peor aún, la traición a menudo las dejaba con una sensación de falta de valía, incapaces de afirmarse en sus relaciones futuras. «Después de regalar su virginidad a alguien que claramente no la apreciaba», escribe Carpenter acerca de una de estas jóvenes, «Julie sintió que había perdido valor; tanto así que llegó a creer que ya no era lo bastante especial como para negarse a tener relaciones sexuales con hombres menos especiales». En consecuencia, según Carpenter, el riesgo para las «regaladoras» era que su experiencia, tanto de la pérdida de su virginidad en sí como de las relaciones posteriores, se definía por las reacciones de su pareja.

En el otro extremo del espectro estaban aquellas que consideraban a la virginidad como un estigma, que la veían con creciente vergüenza y consternación a medida que se acercaban al momento de graduarse de preparatoria. Imaginaban que el primer coito sería una especie de programa de televisión de cambio de imagen, que las transformaría al instante de patito a cisne, de niña a mujer. ¿Las relaciones? ¿El romance? Olvídate de eso. Este grupo simplemente quería *librarse de ello*. Aunque tendían a estar más satisfechas con la experiencia que aquellas que veían a la virginidad como un regalo de amor (principalmente debido a que sus expectativas eran mucho más bajas), con frecuencia se sentían desilusionadas de lo poco que habían cambiado después de perderla.

De manera similar a Caitlin, casi un tercio de los sujetos de Carpenter consideraba que la pérdida de la virginidad era más un proceso, un rito de iniciación: parte de convertirse en adultos, pero no el factor determinante. No idealizaban la virginidad ni la veían como una carga; el primer coito era simplemente un paso natural e inevitable para crecer y explorar la sexualidad. Se sentían en mayor control de sus decisiones que los otros grupos; en especial acerca de con quién y cuándo tenían sexo. También tendían a haber experimentado ampliamente cuando menos con un compañero antes de tener relaciones, y pensaban que hacer «todo tipo de cosas menos eso» era algo que valía la pena en sí mismo. En contraste, las que consideraban que la virginidad era un regalo pensaban que los actos sexuales «menores» eran principalmente una forma de medir la confianza y el compromiso de su pareja; las chicas que veían la virginidad como un hito pensaban que cualquier cosa que no fuera el coito era una decepción, un premio de consolación.

Como la mayoría de los estadounidenses actuales, las jóvenes de estos tres grupos no esperaban abstenerse hasta el matrimonio. Al mismo tiempo, Carpenter encontró que una minoría sustancial de adolescentes, que alguna vez habría incluido a Christina, había resuelto tomar el otro camino y se había comprometido a mantenerse casto hasta la noche de bodas, compromiso que expresaba de manera más abierta. Asimismo, para las chicas de este último grupo la virginidad era un «regalo» que compartirían con el compañero verdadero, pero también era algo más: era una manera de honrar a Dios.

Esperando al príncipe azul

Una atractiva pareja descendió de un auto deportivo achaparrado en la entrada del East Ridge Country Club en Shreveport, Luisiana. Él era moreno y vestía esmoquin; ella llevaba lo que parecía ser un traje de novia: sin tirantes, con un corpiño blanco lleno de lentejuelas y metros de tul que llegaban al piso. Sin embargo, al fijarme bien vi que algo no encajaba del todo: había unas cuantas canas en las sienes del hombre. La mujer no era realmente una mujer: era una niña de catorce años. No eran unos recién casados, sino un padre y su hija que acudían a la séptima entrega anual del Baile de la Pureza, que se celebraba entre Arkansas, Luisiana y Texas. En el interior, otras parejas vestidas de manera similar se paseaban alrededor de una mesa cubierta de dulces: frijolitos rosas y anaranjados, y pelotas de chicle. La mayoría de los asistentes eran blancos, aunque había unos cuantos afroestadounidenses y latinos. Un grupo de hijas y padres (u otros «mentores» hombres, a quienes también se recibía con gusto) estaban de pie junto a cortinas cubiertas con luces parpadeantes. Algunos ya habían tomado sus asientos en mesas redondas decoradas con velas y flores de seda. Otros posaban para fotos conmemorativas del convite que, según decía la invitación en línea, estaba «diseñado para instar a las jóvenes estudiantes de primero de secundaria a tercero de preparatoria a mantenerse puras hasta el matrimonio». Por 100 dólares por pareja (más 50 dólares por cada hija adicional), continuaba la invitación, «este evento les da a los padres la oportunidad de jurar a sus hijas que las van a amar y proteger. También ayuda a que las jóvenes se den cuenta de la verdad: que son princesas infinitamente valiosas a las que *"vale la pena esperar"*» (las cursivas vienen del original).

El primer Baile de la Pureza que se organizó en el mundo ocurrió en 1998 en Colorado Springs, la ciudad donde creció Christina, gracias a un pastor llamado Randy Wilson. Como padre de siete hijos, de los cuales cinco eran mujeres, Wilson creía que era su deber «proteger» la virginidad de sus hijas. No queda del todo claro cómo es que tales eventos se realizan cada año; durante un tiempo los informes situaban la cifra en 400 bailes a nivel internacional, pero luego resultó que solo era publicidad. Es difícil encontrar cifras más precisas, especialmente porque los bailes, como cualquier evento comunitario, experimentan altibajos según el interés local y las habilidades de los organizadores. En cualquier caso, son un derivado del movimiento más amplio «True Love Waits» (El verdadero amor espera) que lanzó la Convención de Iglesias Bautistas del Sur a mediados de la década de 1990. El primer año de la campaña más de 100 000 jóvenes se inscribieron, lo cual incluía un juramento, por escrito, de mantener la abstinencia hasta el matrimonio. Para 2004 más de 2.5 millones de jóvenes mujeres se habían comprometido a ello: una de cada seis chicas estadounidenses. Otra campaña, Silver Ring Thing (La onda del anillo de plata), que hasta 2005 recibió financiamiento parcial del gobierno de Estados Unidos, ha llevado a cabo más de 1 000 eventos, utilizando como atractivo la música rock y hip-hop con temas cristianos y una atmósfera parecida a la de un centro nocturno. Esta campaña programó más de 50 de estos eventos en la primera mitad del 2015.

El baile al que asistí fue un poco inusual en cuanto a que se centraba alrededor de los padres y sus hijas, pero quienes lo organizaban eran mujeres. Cuando todo esto comenzó, su fundadora, Deb Brittan, era educadora de sexualidad en un Centro de Crisis para Mujeres Embarazadas en su localidad, el tipo de organización que convence a las mujeres con embarazos no deseados para que opten por dar a sus hijos en adopción o se queden con ellos en lugar de abortar.

–Mi corazón siempre está y ha estado a favor de que estas chiquitas tengan el mejor sexo posible –me comentó mientras los asistentes a la cena disfrutaban de la pechuga de pollo al horno con papas–. Como es *muy evidente* cuando ves las estadísticas, la opción más sana y la única forma garantizada de no contagiarte de una enfermedad de transmisión sexual o de tener el triple de probabilidades de tratar de suicidarte es comprometerte a la abstinencia hasta el matrimonio.

Me dije que debía acordarme de confirmar esa cifra de suicidios; no era incorrecta: provenía de un estudio hecho en 2003 por la conservadora Fundación Heritage. Sin embargo, el vínculo entre sexo y suicidio difícilmente se puede llamar causal. Por ejemplo, las chicas también tienen más probabilidades que los muchachos de sufrir intimidación y estigmatización por ejercer su sexualidad, lo cual en sí mismo las pone en riesgo de depresión y suicidio. Así que quizá la verdadera causa del problema sea la vergüenza que se les impone por ser adolescentes sexualmente activas, más que el sexo en sí. También es más probable que las adolescentes que ya están deprimidas participen en actividades sexuales de las que posteriormente se arrepienten. O tal vez sea que sus expectativas acerca del sexo estén determinadas por los medios de comunicación y sean poco realistas; o que tener el primer coito mientras están borrachas ponga a las chicas en mayor riesgo. Sin importar cuál sea el caso, la labor de Brittan era acudir a las escuelas públicas y privadas de la localidad y, como Pam Stenzel, darles a los estudiantes su versión de los hechos de la vida.

–Sea lo que sea que elijan después, depende de ellos –dijo–. Pero tras salir de mi plática –me guiñó un ojo y me dio un empujoncito cómplice con su codo– no pueden decir que nadie les informó lo que pasaría.

Ese mismo día había acudido al country club más temprano para charlar con algunas de las asistentes de los bailes anteriores, que regresan cada año para ayudar a preparar el festejo. Varias de ellas llevaban camisetas con las iniciales SWAT, que significan «Sisters Walking Accountable Together» (Hermanas que caminan responsablemente juntas), un club formado para apoyar a las jóvenes con sus votos de castidad. Me había cambiado de ropa en tres ocasiones antes de salir. Un blusón tejido sobre una camiseta sin tirantes de pronto me pareció demasiado revelador, en especial dado que el suéter tendía a deslizarse a un lado y mostrar el tirante del sostén. Una chamarra de punto sobre la misma camiseta también me pareció que podría ser impúdica. Finalmente decidí ponerme un suéter con cuello de ojal, con la esperanza de que no pareciera demasiado ajustado. Debo decir que por lo común no pienso en cosas como estas cuando me visto por las mañanas pero, de alguna manera, el énfasis en la «modestia» y la «castidad» del Baile de la Pureza me volvió más consciente de lo que había estado desde mi adolescencia respecto a cómo podrían los demás juzgar mi cuerpo y mi forma de presentarme.

A la luz del día el salón de baile era implacablemente beige y por sus ventanales se podía ver el pardo campo de golf bajo un cielo nublado invernal. Varias de las jóvenes ataban moños de tul sobre las sillas. Haylee, una estudiante del último año de preparatoria que vestía pantalones deportivos y una camiseta de SWAT, se alejó con las manos en las caderas y el ceño fruncido para evaluar el efecto.

–Creo que parece una fiesta de 15 años –comentó.

–¡Pero es que esa es la edad de las niñas! –dijo otra de las chicas.

En muchos sentidos, Haylee era como las otras jóvenes que conocí: inteligente y elocuente, sacaba altas calificaciones en la escuela y era atlética. (Había jugado futbol soccer en competencias desde que tenía cinco años y enseñaba *windsurf* en el verano).

Incluso asistía a una escuela especializada en humanidades que consideraba «hípster, es decir, de haz lo que quieras». En ese frío sábado se había atado el pelo en un chongo despeinado y llevaba las uñas cortas, con barniz rojo descascarado. Le pregunté si entre sus compañeras de escuela había muchas que se hubieran comprometido al celibato. Se rió con un resoplido y respondió:

–No. De hecho en mi escuela es muy fácil ser cualquier cosa *menos* cristiano. La gente es muy tolerante hacia cualquier género al que piensen que perteneces. Eso está bien. Y puedes tener la sexualidad que quieras, *excepto* ser casto. Eso les parece raro. Cuando les hablo del Baile de la Pureza la mayoría dice cosas como: «Eres tan moralista», y yo les contesto: «¡Tú estás siendo moralista conmigo!».

Dice que por ser cristiana tiene muy pocos amigos en la escuela y la mayor parte del tiempo se lleva con un pequeño grupo de atletas que piensan como ella. Según comentó, para ella el baile, al que asistió por primera vez cuatro años antes, cuando tenía 13 años, fue una revelación.

–Nunca me había sentido tan especial como durante el baile –me explicó–. No sabía que pudiera amar y ser amada del modo en que ahora puedo hacerlo.

Haylee nunca ha tenido novio.

–En mi escuela dos terceras partes son mujeres y la mayoría de los hombres son gay –dice alegremente. Pero si tuviera novio, piensa que podría limitarse a solo tomarse de la mano. O *posiblemente* solo a un beso, pero nada más–. Creo que sería realmente genial recibir tu primer beso hasta el día de tu boda –señaló, y las otras chicas a su alrededor coincidieron con ella.

Una de ellas dijo que nunca había estado sola en una habitación con un chico, ni siquiera en un cine a oscuras: «*Tal vez* en una mesa para dos personas en un restaurante», admitió. Otra de ellas se limitaba a abrazar a su novio por tres segundos, más o menos, para «no agitar las cosas».

Haylee y sus amigas parecían completamente sinceras y convencidas de lo que decían. Sin embargo, de permanecer así, serían una minoría. Según Mark Regnerus, un sociólogo de la Universidad de Texas, casi tres cuartas partes de los adolescentes evangélicos blancos desaprueban el sexo premarital en comparación con la mitad de los protestantes en general y una cuarta parte de los judíos. (Por cierto, los vírgenes evangélicos también tienen menos probabilidades de imaginar que el sexo es agradable; y los judíos tienen más probabilidades de citar el placer como la razón para practicarlo). A pesar de ello, de esos grupos los *más* sexualmente activos son los evangélicos. Pierden la virginidad a edad más temprana, en promedio a los 16 años, y tienen menos probabilidades de protegerse contra el embarazo o las enfermedades, quizá por falta de educación o tal vez porque prepararse para la relación sexual daría la impresión de que planearon caer en la tentación.

Los votos de abstinencia sí tienen cierto impacto, en particular entre los adolescentes jóvenes: según el sociólogo Peter Bearman, de la Universidad de Columbia, y Hannah Brückner, de Yale, los adolescentes de 15 y 16 años que se comprometen al celibato demoran cerca de 18 meses más que sus pares (aunque definitivamente *no* «hasta el matrimonio») en tener su primera relación sexual y tienen menos parejas sexuales. No obstante, el efecto desaparece si más de 30% de los miembros de una comunidad determinada jura mantenerse célibe. La promesa de celibato tiene que ser algo especial, como pertenecer a un club exclusivo. Supongo que de allí viene el atractivo de los accesorios de abstinencia: anillos, camisetas, cuadernos, pulseras, gorras personalizadas y otras chucherías que declaran:

«No bebas y te estaciones» o «Conserva la calma y mantente puro» o simplemente «El verdadero amor espera».

Quizá sea así, pero no indefinidamente y no para todo. Los hombres que se comprometen a la abstinencia tienden cuatro veces más que los que no lo hacen a tener sexo anal que otros jóvenes, y los adolescentes de ambos sexos que se comprometen al celibato tienen seis veces más probabilidades de practicar el sexo oral. Lo que es más, para los 18 años su decisión empieza a debilitarse; y para cuando cumplen 20 o más años, más de 80% de quienes se comprometieron reniega de su compromiso o lo olvida por completo. La única lección que se conserva es que sigue siendo menos probable que utilicen métodos anticonceptivos y que es mucho menos probable aun que se protejan contra las enfermedades. Después de escuchar que Pam Stenzel advierte en forma repetida que los condones no protegen contra las infecciones y que las pastillas anticonceptivas provocan «esterilidad o la muerte» a las chicas que las toman, supongo que esos datos no son de sorprender. Aun así, llama la atención que los jóvenes adultos conserven esos mensajes de sexo inseguro provenientes de su educación para la abstinencia, mientras que arrojan por la borda todo lo demás. La conclusión es que los jóvenes comprometidos con el celibato tienen las mismas tasas de enfermedades de transmisión sexual y embarazos que la población general, aunque comiencen a tener relaciones sexuales más tarde e informen haber tenido menos compañeros sexuales en general. Además, el matrimonio no protege completamente: las mujeres que se comprometieron al celibato se casaron más jóvenes que otras mujeres, e incluso aquellas que no habían tenido relaciones sexuales previas (cerca de 12%) dieron positivo a enfermedades de transmisión sexual al mismo nivel que las mujeres casadas que no habían hecho el compromiso.

A la gente como Wilson y Stenzel le gusta decir que esperar a tu pareja definitiva hará que el sexo no solo sea más bendito, sino también más ardiente. Explican que las sustancias químicas que libera tu cerebro durante el sexo harán que se forme un vínculo con la otra persona, entrenándote al estilo Pavlov para que te sientas excitada y sensual cada vez que estén juntos. Es una idea romántica pero, de nuevo, no parece ser cierta. Un estudio hecho en 2014 con jóvenes hombres cristianos evangélicos ofreció una mirada más objetiva al lecho matrimonial posterior a la abstinencia. Resultó ser que, cuando quedaron libres de la prohibición, los hombres no podían quitarse la idea de que el sexo era algo «perverso». Se sorprendían porque continuaban asolados por la tentación: pornografía, masturbación, otras mujeres. Lo que es más, cuando eran solteros, tenían el apoyo de otros hombres abstinentes, pero una vez casados descubrían que no podían hablar con sus amigos sobre sus problemas sexuales porque hacerlo se consideraba como una traición a sus esposas, y no tenían idea de cómo comunicarse con ellas de manera directa.

Una joven que había hecho un juramento de virginidad en una iglesia bautista cuando tenía 10 años, contó una historia parecida en el sitio web xoJane. Después de casarse no podía quitarse la sensación de vergüenza y culpa que le habían inculcado: «Aunque estaba casada y supuestamente ahora estaba bien tener relaciones sexuales, el sexo me seguía pareciendo sucio, malo y pecaminoso», escribió. «A veces me dormía llorando porque quería que me gustara [el sexo], porque no era justo. Hice todas las cosas correctas. Me comprometí a ser célibe y me mantuve firme en ello. ¿Dónde estaba el matrimonio bendito que me prometieron?». Mientras tanto, una encuesta realizada en 2011 a más de 14 500 personas reveló que quienes se habían alejado de la religión se sienten más satisfechos con su vida sexual y menos culpables por tenerla que cuando fueron creyentes.

En el baile las niñas y sus papás se levantaron de sus mesas, se miraron a los ojos e intercambiaron votos. Las chicas se comprometieron al celibato. Los padres prometieron «cubrir» a sus hijas, conducirlas, guiarlas y orar por ellas. Las jovencitas recitaron el siguiente juramento: «Sabiendo que soy alguien a quien vale la pena esperar, me comprometo ante Dios, ante mí misma y ante mi familia, mis amigos, mi futuro esposo y mis futuros hijos a una vida de pureza, incluyendo la pureza sexual, desde hoy hasta el día en que entre en una relación matrimonial de acuerdo con la Biblia». Luego, las parejas se reunieron en la parte posterior del salón. Padres e hijas entrelazaron los brazos y, uno por uno, caminaron hasta el centro de la pista de baile, casi como en una boda. Los padres sacaron tiaras plateadas de una canasta y «coronaron» a sus hijas; después las chicas eligieron una rosa blanca de una segunda canasta.

Brittan me presentó con Dave, un empresario divorciado de 39 años que estaba allí con su hija de 14 años.

–Como papá, lo que deseo para ella es que tenga la mejor vida que pueda tener –me dijo–. Y la verdad es esta: todo lo que hacemos desde el momento en que empezamos a convertirnos en jóvenes mujeres u hombres hasta que nos casamos, todo lo que sucede, todo lo que ocurra en cada relación que tengas, ya sea físico, emocional o mental, cada experiencia que tengas, lo llevarás al matrimonio. De hecho, la pureza puede cortar de raíz mucho del dolor que podrías tener en el futuro. En lugar de tener que sanarte de algo, ¿no es mejor no enfermarte desde un inicio? ¿Quién no estaría de acuerdo con eso?

Dave continuó diciéndome que él lo sabía por experiencia propia. Había caído en tentación antes de casarse, lo cual era algo que lamentaba y a lo que culpaba, en parte, de su fracaso.

–Fui a la universidad y estaba solo. Y me descarrié. No me rodeé de personas que pensaran como yo. Sufrí muchas decepciones y tristezas. Esa es la razón por la que creo que esto es tan importante. Nos dicen todo el tiempo que nadie se mantiene célibe, que no hay manera de que alguien lo haga. ¿Por qué? Es una decisión –apuntó hacia su hija, que estaba parada en silencio junto a él dándole vueltas a su rosa blanca entre sus dedos–. Si alguien le pusiera una pistola en la cabeza todos los días y le dijera que si pierde su pureza le disparará, te garantizo que no la perdería. Todo es un asunto de decisión.

Cuando menos en apariencia, Dave no tenía una doble moral. Para él la abstinencia era tan importante para los hombres como para las mujeres. Planeaba ser un ejemplo para sus hijos, manteniéndose casto hasta que se volviera a casar. También esperaba «castidad» de sus hijos hombres. De nuevo, su preocupación parecía menos relacionada con el sexo que con el dolor provocado por la intimidad emocional; un dolor que otras personas quizá consideren esencial para el crecimiento personal, para el desarrollo de ideas y expectativas maduras sobre las relaciones.

Al escuchar a Dave se me ocurrió que la idea de que la pureza lo protegería a él o a sus hijos del divorcio –que la práctica de las habilidades de intimidad emocional o física antes del matrimonio amenaza en lugar de mejorar la vida en pareja– era tan similar a un cuento de hadas como la corona falsa que acababa de poner sobre la cabeza de su hija. Llevo casada casi 25 años. La virginidad, que había perdido bastante tiempo antes de casarme, no era algo especial ni valioso que mi esposo y yo nos regalaríamos el uno al otro; nuestro amor y compromiso sí lo fueron. Eso es cierto en todas las parejas que conozco y que llevan casadas mucho tiempo; es igualmente cierto para todos los divorciados que conozco. Lo que es más, si Dave realmente quiere que sus hijos se casen con alguien para siempre, tal vez le convendría empezar a buscar en los listados de bienes raíces para mudarse a bastiones liberales como Nueva York, Boston o San Francisco. En términos estadísticos, el factor más importante que predice las mayores tasas de divorcio en cualquier país es su concentración de protestantes conservadores y evangélicos, en parte debido a que se casan y tienen hijos a edades más tempranas. Los tabúes contra la experimentación sexual y la intimidad emocional pueden regresárseles a los padres como Dave, como un bumerán, por empujar a sus hijos a casarse con alguien incompatible o antes de que estén listos para que puedan tener relaciones físicas de manera abierta.

Es fácil que los que pensamos que comprometerse a la castidad es una locura nos comportemos de manera un poco petulante. Sin embargo, se me ocurrió que esas niñas que eran «vírgenes para Dios» realmente no eran tan diferentes de aquellas que imaginaban que la virginidad era un «regalo» o incluso de aquellas que se avergonzaban de ella: todas creían que *un* acto sexual las transformaría mágicamente –para bien o para mal– y todas se arriesgaban a dañar su desarrollo sexual y emocional como resultado. Todas basaban su valía, calibraban su respeto propio y juzgaban (de manera tácita o explícita) el carácter de otras chicas con base en lo que sucedía o no entre sus piernas. Y todas se estaban definiendo sobre todo con base en su sexualidad: por cuándo, cómo, dónde, con quién y cuántas veces tenían relaciones sexuales o si acaso llegaban a tenerlas.

Al enfocarse en la virginidad los jóvenes minimizan la importancia de otras formas de expresión sexual (y a veces se apresuran a tenerlas), negándose a sí mismos las oportunidades de conocimiento y experiencia que buscan. Después de todo, avanzar lento y de manera intencional con una pareja no solo es increíblemente sensual, sino que es vital para en verdad *aprender* sobre el deseo, el placer, la comunicación, la reciprocidad y la intimidad. En última instancia, enfocarse en la virginidad altera bastante más la vida que «lograr» el coito. «Considerarlo como "experiencia" es una manera estúpida de verlo», comenta Dennis Fortenberry, profesor de pediatría en la Facultad de Medicina de la Universidad de Indiana y uno de los principales investigadores de la sexualidad en los adolescentes. «Si lo consideras como un *conjunto* de experiencias de cercanía, calidez, deseo, atracción, excitación, contacto físico, orgasmo, todas esas cosas forman parte de las posibilidades de aprendizaje sexual. Eso es lo que los jóvenes deberían estar haciendo: aprender sobre esa cosa llena de increíbles matices que llamamos sexo y que suponemos que formará parte de sus vidas durante los siguientes 60 años o más. No creo que esto ocurra en el curso de mi vida, pero qué pasaría si tan solo empezáramos a pensar en decirles francamente a los chicos: "Pasa uno o dos años haciendo sexo oral-genital con las personas con las que quieras hacerlo y conoce realmente de qué se trata, y luego piensa en qué podría venir después"».

Entré a ese salón de baile sintiéndome perturbada, por decir lo menos, por los vestidos blancos, la decoración de boda, la idea de que los padres se volvieran guardianes de la «pureza sexual» de sus hijas. A los padres incluso se les dio una moneda recubierta de acrílico para que la conservaran como símbolo de la virtud de sus hijas hasta que estas se casaran (como en la antigua tradición de que la novia lleve «algo prestado, algo azul y una monedita de plata en su zapato»). ¿Qué podría ser más patriarcal y más retrógrado? Al mismo tiempo, la sexualización tan generalizada en la cultura secular, que estima principalmente el valor de la mujer según lo «buena» que esté, apenas puede considerarse mejor. Discrepo completa y vehementemente de cómo abordan la situación pero, al igual que yo, estos padres solo quieren lo mejor para sus hijas; a su modo creen que están ayudando a sus niñas a combatir las presiones modernas y los estereotipos degradan-tes. Brittan me habló sobre la «epidemia de pornografía» y la importancia de «empoderar» a los jóvenes para «enfrentar el ataque de la sexualidad con el que se topan dondequiera que van», de modo que puedan tomar «decisiones sexuales sanas», que sean responsables y éticas. Como yo, ella creía que debemos educar «de manera muy directa» a nuestros hijos en el tema del sexo. Era exactamente el mismo lenguaje, pero la intención era muy diferente. Para mí, la castidad y la hipersexualización son dos caras de la misma moneda. Preferiría que a las chicas se les enseñe que su estatus sexual, sin importar cuál sea, no es la medida de su persona, su moralidad y su valía.

Después de terminar con la ceremonia de coronación y firmar un «pacto» de pureza, padres e hijas fueron a la pista para su «primer baile», otro ritual que se asemejaba al de una boda. Se veían tan felices: las hijas disfrutaban de la atención de sus padres o mentores. Quizá no coincida con la razón para la fiesta. Quizá no concuerde con su mensaje, pero sí reconocí que los padres estaban comunicándose con sus hijas, que se toma-ban el tiempo para profundizar su vínculo con ellas, para crear confianza, para discutir sobre los temas de la ética y los valores alrededor de la sexua-lidad. Entrevisté a más de setenta mujeres jóvenes para este libro: solo dos habían tenido alguna vez una conversación sustancial sobre el sexo con sus padres. El resto se limitó a reírse cuando hablé del tema. Las madres no son mucho mejores: incluso aquellas que creían haber hablado con sus hijas sobre sexo tendían a sobreestimar la eficacia, apertura y nivel de como-didad de esas discusiones. De alguna manera, después de que dejaban de decirles a sus hijos que «no lo hicieran», muchos de los padres ya no sabían qué más decir. Así que, aunque es fácil que nos sintamos horrorizados por el franco sexismo de los papás en el Baile de la Pureza –y sí, así me sentí– de igual manera me horroriza que la alternativa sea el absoluto silencio.

Después de una o dos canciones los papás salieron de la pista de baile mientras las niñas se quitaban los tacones. Saltaron por todas partes en grupitos al son de canciones «limpias» como «Happy» de Pharrell Williams. Mientras salía discretamente por la puerta empezó a sonar «Libre soy», el himno de *Frozen: una aventura congelada*. Cuando empezó el coro, las chicas, al igual que lo hacen las jóvenes de todo el mundo, abrieron los brazos de manera extravagantemente amplia y empezaron a cantar a voz en cuello la letra. Los padres las veían con sonrisas indulgentes, aparentemente sin darse cuenta de que el mensaje de la canción –«Ni mal ni bien obedecer. ¡Jamás!» y «Se fue la chica ideal»– significa que Elsa, la princesa, toma posesión de su poder y rechaza la moral restrictiva y falsa que le impuso su padre: el rey.

La lista de verificación de la buena persona

Christina conocía a Brandon desde el jardín de niños. Se perseguían el uno al otro por el patio de la escuela e iban a sus respectivas fiestas de cumpleaños en una pista de patinaje local. Él ganó el primer premio en la feria de ciencias de la secundaria, mientras ella se llevó el segundo lugar. Compartieron su primer beso después de un baile formal de invierno en su segundo año de prepa. Con el tiempo su intimidad física se profundizó, pero el espectro de la Iglesia nunca se alejaba de la mente de ella.

–Pensaba cosas como: «Mi novio me quitó la blusa. ¿Qué tal si otras personas se enteran?» –recordó–. Aun ahora que puedo pensar con lógica para quitarme esa sensación, no logro dejar de sentirla. Hay cierto grado de vergüenza y culpa que probablemente conserve en mi interior para siempre. Desearía que no fuera así. Me persigue en muchos de mis actos. –Christina pausó meditativa–. Pero entonces, no sé cuál es la línea divisoria entre lo que me enseñaron y lo que tiene que ver simplemente con mi personalidad. Por naturaleza soy una persona muy cautelosa».

Tal vez. Sin embargo, cuando conocí a Christina estaba planeando ir durante un semestre a Botsuana, lo cual me pareció bastante audaz. También eligió de manera deliberada asistir a una universidad que pondría en duda los valores que había obedecido desde siempre y buscó vivir en una casa que la presionaría a ir todavía más lejos. La disposición de Christina a alejarse tanto de la burbuja de su crianza –algo que es difícil para cualquier persona joven, sin importar su postura política– me causó asombro, me pareció admirable e incluso valiente. No podía explicar plenamente por qué lo había hecho. Quizá fue porque sus padres no eran tan conservadores como sus profesores. La madre de Christina nunca contradijo las enseñanzas de la escuela sobre la castidad, pero sí marcó un alto en cuanto a condenar la homosexualidad como pecado.

–Fue directo al punto diciéndome: «Eso no es cierto» –señaló Christina. Sin embargo, más allá de eso, ella siempre se sintió diferente a sus compañeros. Los otros chicos de su grupo eran blancos y ella se parecía a su padre filipino; era la única niña de origen asiático de toda su escuela. En secundaria los muchachos se burlaban de ella por la forma de sus ojos y el color de su piel, lo cual la hacía sentir, y lo hace hasta la fecha, poco atractiva y deseable. Esa sensación de diferencia, de alienación, quizá haya sido suficiente para lanzarla a una búsqueda.

Al entrar a la universidad Christina esperaba que se pusieran a prueba sus valores.

–Sabía que tenía que mantenerme firme en mis creencias morales –comentó–. Si no quería beber, no lo haría. Si no quería acostarme con alguien, no lo iba a hacer –sin embargo, un par de meses después empezó a «relajarse», como ella le llama a aventurarse a ir a fiestas, a tomar una o dos copas, a besuquearse con los chicos en la pista de baile–. Supongo que empecé a idealizar la situación –admitió–. Creo que en cierto modo envidiaba la libertad de esas chicas a las que no les habían impuesto un montón de reglas. Quería saber qué se sentía.

En una de esas fiestas, a principios del curso de otoño en su segundo año de universidad, conoció a Ethan, un joven alto y amable que, como ella, venía de una comunidad conservadora. Hablaron toda la noche y descubrieron que disfrutaban de su mutua compañía. Al principio dudó en iniciar una relación, pero luego de más o menos un mes estaban saliendo como novios y, en los últimos días de octubre, empezaron a tener relaciones sexuales.

–Fue muy natural –dijo Christina–. Quería conocerlo de ese modo y él quería conocerme también así. No hubo presión. Fue completamente mi decisión y todo lo decidimos en pareja.

Y así es exactamente como uno esperaría que fuera la experiencia de las chicas con el sexo. ¿Ese cuidado y preocupación por una pareja ha sido la consecuencia accidental de su educación conservadora? ¿Fue simplemente porque era mayor que muchas jóvenes cuando tuvo su primera relación sexual? Es difícil saberlo. Christina sí le reconoce a su escuela haberle enseñado una ética general de amabilidad y respeto hacia los demás, aunque aparentemente eso no impidió que la gente se burlara de ella por su raza. También pensaba que como el sexo no formaba parte de la ecuación, la mayoría de los muchachos de su grupo se tomaba la libertad de ver a las niñas solo como objetos sexuales. Al mismo tiempo, esa educación la dejó especialmente insegura e ignorante en relación con su cuerpo y sus reacciones.

–No sabía *nada* antes de entrar a la universidad –comentó–. No tenía idea de qué era el clítoris. Y todavía hay muchas cosas que no sé.

–¿Qué cosas, por ejemplo? –le pregunté.

–Bueno –dijo despacio–. Me preocupa no saber qué se considera «normal» en el sexo, pero no le puedes preguntar a nadie porque todo el mundo es diferente. Así que no puedo... –Christina dejó el pensamiento en suspenso–. No sé. No sé lo que es «normal» para mí. Como... –de nuevo dudó por un momento y después me miró con timidez–. Como si es normal que nunca haya tenido un orgasmo.

Christina y Ethan estuvieron juntos alrededor de seis meses. Nunca se lamentó de perder su virginidad con él, pero, cuando rompieron, se preguntó qué seguía después.

–¿Voy a ser el tipo de persona que se acuesta con alguien si está en una relación seria? ¿Quiero establecer la norma de salir con alguien durante cierto número de citas antes de acostarme con él? Y si me acuesto con otra persona, eso significa que subiré mi cifra a dos. ¿Me importa ese número?

El «número» era una fuente común de preocupación entre las jóvenes. Incluso aquellas que pensaban que la virginidad era un vestigio de otros tiempos, se preguntaban cuántas parejas sexuales se consideraban demasiadas. (El «número», como la virginidad en sí, incluía solo el coito: nadie contaba a los chicos con los que había tenido sexo oral). Es posible que perder la virginidad en sí no las mancillara, pero ¿se podía ir demasiado lejos? El estigma de la zorra continúa vigente, la chica que es demasiado sexual y lo es de manera abierta, que permite que la usen: todavía puede comprometer su reputación, tanto ante sí misma como ante los demás, por causa de su actividad sexual.

–Supongo que sentiría que soy repugnante si mi número de parejas empezara a crecer hasta alcanzar dos dígitos –admitió Brooke. Entonces miró de reojo a Christina, que estaba contando con los dedos, enumerando en silencio a los amantes de Brooke–. ¡Deja de contar! –le gritó entre risas y luego se puso seria–. Siento que el sexo es importante. No quiero tener relaciones sexuales con gente que no significa nada para mí. Y aún no soy lo bastante mayor como para haber tenido tantas parejas que signifiquen algo.

Caitlin agitó la cabeza y se tocó con impaciencia los anteojos.

–Yo no creo que sea así –dijo–. Siento que podría tener sexo con alguien sin que signifique nada. Recuerdo la primera persona con la que tuve sexo después del tipo con el que estuve durante tres años. Fue tan sorpresivo que se podría considerar… emocionalmente trivial, solo algo divertido, relajado y fácil.

»Y, en todo caso, ¿qué quiere decir que "signifique algo"? –continuó–. ¿Significa que tienes que amar a la persona? ¿Podría ser como una experiencia extracorpórea? ¿Podría ser simplemente que se trató de una buena persona y agradecí lo generoso que fue? ¿Eso no es significativo?

Brooke se encogió de hombros, toqueteándose el barniz de las uñas.

–Quizá se trate de mis propias inhibiciones –dijo–. Para mí, negarme es muy difícil en cualquier circunstancia, incluso a hacerle un favor a un amigo. Así que creo me puedo ver a mí misma permitiendo que accidentalmente las cosas suban de tono con alguien con quien no quería que escalaran, y eso no me haría sentir bien. Pero supongo que si alguien me excitara incluso si no tuviera sentimientos hacia esa persona… En realidad no puedo imaginarlo, pero creo que no tendría nada de malo.

–Es algo muy relativo –reflexionó Christina–. Mi educación fue tan diferente a la de ustedes que el significado del sexo para mí también es muy diferente. Si hace un año hubiera tenido sexo con dos personas, no hubiera considerado que estaba bien. Pero ahora pienso que no hay nada malo en eso. Creo que cada persona define de manera diferente lo que considera «significativo» y que esa definición varía con el paso del tiempo. Y creo... creo que ya no me importa con cuántas personas se haya acostado alguien. Bueno, sólo en cuanto al sexo seguro, pero no en términos de considerarlas personas moralmente mejores o peores... Antes pensaba que la lista de cosas que determinaban si uno era bueno o no incluía si bebías, fumabas, tenías sexo o llevabas una vida a la ligera. Esas cosas ya no están en mi lista. Porque todas las personas tienen mucha más profundidad y muchas más dimensiones que eso.

Y tampoco creo que quiera imponerme esos parámetros a mí misma –añadió–. Porque cuando los sobrepasas, te decepcionas. Tengo que confiar en que sabré qué se siente como algo bueno y natural y qué no.

Caitlin jugueteaba con la computadora de Christina y había bajado otro video de Pam Stenzel. Este se llamaba «Definición de sexo». Stenzel seguía paseándose frente al anuncio de «El alto costo del amor libre», parloteando como animador de feria. Hablaba de una chica conocida suya a la que le habían hecho una «histerectomía radical» a los 18 años; le diagnosticaron cáncer cervical cuando estaba en tercero de secundaria, el cual se debía a que había contraído el virus del papiloma humano en primero de secundaria. (Aunque no mentía al decir que los condones no pueden proteger por completo contra ese virus, Stenzel pasó por alto mencionar que existe una vacuna que ofrecen los pediatras cuando las niñas tienen 11 años y que sí puede protegerlas. Tampoco mencionó que hacerse el Papanicolaou con regularidad detecta eficazmente las anormalidades). Luego empezó a hablar de nuevo de la virginidad. «Ahora les voy a dar la definición médica de "sexo"», señaló. (Y justo ahí el espectador debería empezar a sospechar porque, como ya dije, no existe tal definición). «Esta es la línea médica que no pueden cruzar, y si ya la cruzaron, se arriesgaron a contraer una enfermedad *y* tienen que hacerse pruebas, ¡y no se *ATREVAN*! ¡No se *ATREVAN* a decirle a nadie que son vírgenes! Esta es la línea que no pueden cruzar. Absolutamente *ningún contacto genital de ningún tipo*. Eso incluye tocar los genitales con las manos, con la boca o con los propios genitales. El sexo oral, que es sexo donde hay contacto entre la boca y los genitales, es sexo. Por eso se llama "sexo oral". Y si tuvieron sexo oral, no son vírgenes y no se *atrevan* a decirle a nadie que lo son».

Las chicas que veían el video reían con nerviosismo y ocasionalmente mostraban asombro. Sin embargo, extrañamente descubrí que concordaba con Stenzel, aunque no con sus conclusiones ni con sus esfuerzos de avergonzar y aterrorizar a su público. Nuestra definición de «sexo» es demasiado estrecha. Me di cuenta de que es idealista exigir el desmantelamiento de la virginidad en beneficio de la salud de las niñas, pero incluso cuestionar las implicaciones de nuestras suposiciones acerca del sexo oral resulta valioso. Vale la pena preguntarse cómo es que colocar este acto individual en una categoría aparte mantiene a las chicas (y a los chicos) protegidos de la enfermedad, la coacción, la traición y las agresiones; si les da mayor control sobre su experiencia sexual; si alienta las relaciones mutuas y atentas; cómo afecta su percepción de otros tipos de interacciones sexuales; qué significa para los adolescentes homosexuales, quienes pueden tener múltiples compañeros sexuales sin que exista un coito heterosexual. De nuevo, esto no quiere decir que esa forma de relación sexual no sea importante, sino que no es la *única* importante. Preferiría que la gente joven considerara al sexo de manera más horizontal, como sugirió Dennis Fortenbery, como una manera de explorar la intimidad y el placer, y no como una equívoca carrera vertical hacia una meta. ¿Qué pasaría si tu primer beso representara una forma de pérdida de la virginidad? ¿La primera vez que tuviste sexo oral? ¿Qué tal si fuera con el primer amor? ¿Qué pasaría si, como sugiere Jessica Valenti en *The Purity Myth*, una chica no perdiera su virginidad hasta tener su primer orgasmo con una pareja?

Antes de dejar a Christina y a sus amigas le pregunté cómo criaría a su primera hija si la tuviera. Meditó un momento en ello y finalmente respondió:

—Hay enormes huecos en mi educación sexual que no puedo ignorar, pero a riesgo de perder las otras lecciones que me beneficiaron, no desearía que hubiera sido diferente. Aun así, realmente quiero tener una discusión más abierta con mis hijos. No puedo imaginar que llegue al nivel de decir:

«Muy bien, esto es tu clítoris». Pero, de nuevo, si eso los hará sentir más cómodos en el mundo, sí quisiera hablar de eso con ellos.

»Supongo que le tendría que decir a mi hija que ella decida –continuó–. Que elija lo que sea que la haga sentir cómoda, pero que tiene que cuidarse, diciéndole que las experiencias con el sexo pueden ser malas, pero que también pueden ser disfrutables. Tendría que decirle: "Esto depende en gran parte de ti y de cómo te sientas". Porque creo que, al final, esa es la más personal de todas las decisiones.

CAPÍTULO 4

Encuentros casuales y decepciones

Holly, una estudiante de segundo año en una universidad privada de la costa este, se ofreció a charlar conmigo por una razón específica. Quería que se supiera que algunas chicas universitarias, como ella, disfrutaban de la llamada cultura del agarrón.

–En los libros y artículos siempre dicen que si una mujer anda acostándose por allí, le dirán puta o que en realidad lo que quieren todas las chicas es tener una relación amorosa –dijo mientras lanzaba su cabello rubio rojizo sobre un hombro–. De otro modo, se dice que la cultura del agarrón solo es buena para los hombres y que solo ellos tienen esta sensación de logro cuando se han acostado con varias niñas. Pero quiero dejar dicho esto: me siento realizada después de acostarme con alguien con quien quería tener sexo. El jueves pasado en la mañana, me desperté y aparentemente todas mis compañeras de hermandad sabían que había tenido sexo porque escucharon crujir la cama a través del techo. Y todas me dijeron: «¡Holly! ¡Muy bien! ¡Lo lograste, amiga!». Me sentí realizada, igual que lo haría un hombre. Salí, me veía bien, me lucí y anoche me tocó. ¡Bien por mí!

Ojo por ojo, diente por diente

Como ocurrió con el sexo oral en la década de 1990, las discusiones sobre la actual «cultura del agarrón» son terreno fértil para que los medios de comunicación induzcan el pánico en los radioescuchas como es sabido que lo hacen. Las conclusiones de la mayoría de los informes tienden a irse a los extremos: ¡Los acostones son terriblemente dañinos para las mujeres! ¡El sexo casual es liberador para las mujeres! ¡Se está victimizando a las chicas! ¡Las chicas se están descarriando! Pero lo que rara vez dicen es que, de hecho, los jóvenes no están teniendo más sexo que en el pasado, por lo menos si defines sexo como coito. El cambio radical y sustancial en el comportamiento sexual prematrimonial ocurrió realmente con la generación de los *baby boomers*, según indica Elizabeth Armstrong, una socióloga de la Universidad de Míchigan que, junto con sus colaboradores, llevó a cabo la investigación más completa sobre los encuentros entre estudiantes universitarios. Fue en aquella época cuando la introducción de la pastilla anticonceptiva, el movimiento feminista y las actitudes relajadas hacia la supervisión en las «escuelas mixtas» detonaron la revolución sexual. Tampoco es que los jovencitos de hoy hayan inventado el concepto del sexo casual. Sin embargo, lo que sí cambió entre los estudiantes universitarios, y cada vez más entre los alumnos de bachillerato, es que a menudo las relaciones que llegan a formarse comienzan con un contacto sexual sin compromisos en vez de con una cita. Entonces el sexo, en lugar de ser producto de la intimidad, se volvió su precursor y, en ocasiones, su sustituto. Eso es lo que significa el término *cultura del agarrón*.

–Antes el sexo casual sucedía en la universidad –comentó Debby Herbenick en el Instituto Kinsey de la Universidad de Indiana–, pero no se había generalizado la idea de que eso era lo que todos *deberían* hacer. Ahora sí. Tengo estudiantes que dicen que la gente debería ser capaz de no involucrar sentimientos al tener sexo y que, quienes no pueden hacerlo, tienen algo mal o algo les falta.

Como dije antes, el término *agarrón* es ambiguo en sí e indica cualquier cosa, desde besarse hasta tener sexo oral, llegar al coito o tener sexo anal. Para confundir todavía más las cosas, hay diferentes tipos de encuentros: de una vez, repetidos, exclusivos, «amigos con beneficios». El único hilo en común es que no hay ningún hilo o, dicho de manera más correcta, no hay *vínculos*: ningún compromiso emocional, ninguna promesa por parte de cualquiera de los miembros de la pareja de que podría existir algo que fuera más allá del momento. Según la Online College

Social Life Survey (Encuesta en Línea de la Vida Social Universitaria), que incluyó a unos 20 mil estudiantes de 21 universidades, 72% de los alumnos, tanto hombres como mujeres, tuvo al menos un encuentro durante su último año de estudios, con un número promedio de siete parejas. El comportamiento es más típico entre heterosexuales blancos de nivel socioeconómico alto y menos común entre mujeres afroamericanas y hombres de origen asiático. 20% de los estudiantes universitarios liga 10 o más veces para cuando llega al último año; 40% liga tres veces o menos. Solo un tercio de estos encuentros incluyó coito; otro tercio implicó sexo oral o alguna forma de estimulación genital manual; el resto consistió en besos y en lo que mis abuelos llamarían «faje». Así que no es exactamente la caída del Imperio romano. Los chicos mismos tienden a sobreestimar la actividad sexual de sus compañeros, lo cual, de nuevo, podría deberse a los «guiones» que se transmiten en los medios de comunicación: 92% de las canciones en las carteleras de *Billboard* tiene temas sexuales, al igual que las películas como *Amigos con derechos* y *Amigos con beneficios*, y los programas de televisión como *Pretty Little Liars, The Vampire Diaries, Awkward* y *Grey's Anatomy* (Mindy Kaling, creadora y estrella del programa *The Mindy Project*, ha bromeado con el hecho de que, en unas cuantas temporadas de la serie, el personaje que lleva su nombre ha salido con más hombres –de los cuales se ha acostado con 30– de los que ella, la verdadera Mindy, ha tenido en toda su vida). También está el aumento de las apps de encuentros como Tinder, que proyectan la idea de que hay millones de personas que saltan alegremente de cama en cama. Pero exagerar la cantidad de sexo que está ocurriendo no es la única brecha de percepción de la realidad en los jóvenes: cuando Herbenick encuestó de manera anónima a los 150 alumnos de la clase de sexualidad humana que visité, 70% de ambos sexos creía que sus compañeros solamente buscaban sexo, mientras que menos de la mitad creía que los demás estaban interesados en relaciones románticas. La verdad es que casi tres cuartas partes de los hombres y 80% de las chicas dijeron que preferían una cita a un encuentro casual, y a casi 80% de los entrevistados de ambos sexos le gustaría tener una relación amorosa en el siguiente año.

Algunas chicas, como Holly, reportaron haber afirmado su confianza gracias a los encuentros ocasionales, liberadas de la responsabilidad emocional hacia su pareja, libres de reconocer la franca lujuria. Y, ¿qué tal el sexo en sí? *Equis*. De nuevo, la satisfacción física de las chicas en los acostones tiende a ser secundaria, algo adicional. Por ejemplo, es considerablemente menos probable que reciban sexo oral en los encuentros casuales y, cuando así ocurre, rara vez las lleva al clímax: solo 17% de las mujeres informó haber tenido orgasmos en sus primeros encuentros que únicamente incluyeron sexo oral, frente a 60% de las mujeres cuya experiencia más reciente de cunnilingus ocurrió dentro de una relación estable. (Dicho sea de paso, de un tercio a la mitad de los hombres sobreestimaron los orgasmos de sus compañeras). En los encuentros que incluyeron coito, 40% de las mujeres dijo haber tenido un orgasmo (la mitad de la tasa correspondiente a los hombres), en comparación con tres cuartas partes de las mujeres que estaban en relaciones serias. Es posible que el orgasmo no sea la única medida de la satisfacción sexual –a veces las chicas se quejaban conmigo de que la presión de sus novios para que alcanzaran el clímax las estresaba, en especial cuando eran sexualmente inexpertas– pero dado que las jóvenes tienen seis veces más probabilidades de decir que disfrutaron de un encuentro (ya fuera en una relación o en un encuentro casual) si tuvieron un orgasmo, tampoco se puede considerar irrelevante. Quizá podría debatirse que los hombres necesitan tiempo para aprender cómo es el cuerpo femenino y cómo responde, pero básicamente necesitan mostrar interés y respeto. Los chicos jóvenes por lo común expresan menos interés y respeto hacia sus compañeras en los encuentros casuales que hacia sus novias o, incluso, sus «amigas con beneficios». Como les dijo un chico a Armstrong y sus colaboradores: «En un acostón me vale madres». A diferencia de ellos, las mujeres se comprometían con el placer de sus parejas en cualquier situación. Esto puede explicar en parte por qué 82% de los hombres dijo que a la mañana siguiente después de un encuentro generalmente estaba contento de haberlo hecho, en comparación con 57% de las mujeres.

Aun así, 57% representa un gran número de chicas, lo cual es suficiente para mostrar con bastante claridad que los encuentros casuales no son algo que promueven los hombres o que solo los beneficia a ellos. A medida que aumentó la edad para casarse y la idea de encontrar marido en la universidad se convirtió en un anacronismo, Armstrong y sus colaboradores encontraron que las mujeres estaban cada vez menos dispuestas a dedicarles tiempo a las relaciones. Al tener todavía varios años de soltería por delante, muchas querían dedicar su energía al «autodesarrollo»: persiguiendo metas académicas, personales y profesionales, o divirtiéndose con amigos. Asimismo, los padres las instan a enfocarse en sus ambiciones más que en las relaciones amorosas. Los encuentros casuales les permiten lograr todo eso, al tiempo que disfrutan de una vida sexual activa. Además, ¿cuántas veces puedes –o *querrías*– enamorarte? En consecuencia, la cultura del agarrón actúa como una especie de protección, como un reemplazo hasta que llegue el momento de establecer relaciones adultas más formales. Las jóvenes que conocí a menudo afirmaban estar demasiado «ocupadas» como para tener una relación. Por un lado era esperanzador escuchar que su vida ya no giraba en torno a los hombres, sin embargo, también era difícil imaginar un momento en que esa situación de estar demasiado «atareadas» se calmara: podría decirse que después de la universidad, cuando estuvieran desarrollando su carrera o asistiendo al posgrado, se volvería más intensa. Además, ¿en qué estaban tan ocupadas? Ni que tuvieran que ir a comprar comida, preparar sus propios alimentos o recoger a sus hijos de la escuela. Aunque estoy a favor de ampliar las posibilidades, la idea de que el romance y la ambición son mutuamente excluyentes me perturbaba. Sonaba un poco a la sentencia que dice «no puedes tenerlo todo», una frase que culpa a las mujeres independientes, en lugar de a las desigualdades estructurales de nuestras dificultades en el trabajo y la casa.

–Ahora existe la idea de que la identidad se forja de manera independiente de las relaciones, no dentro de ellas –me dijo la psicoterapeuta y escritora Leslie Bell–. Así que solo hasta que estés «completa» como adulta puedes tener una relación. Es un cambio interesante con respecto a la opinión académica del pasado y a las creencias populares de que las mujeres están orientadas por naturaleza a las relaciones, y que se desarrollan más dentro de ellas que de manera independiente de ellas.

Bell no se opone a los encuentros, pero ha observado que sus sujetos de estudio, que eran cinco o diez años mayores que las mías, se estaban negando la experiencia de probar con el amor, la intimidad, la vulnerabilidad o la defensa de sí mismas junto a una pareja. Su adultez e independencia se basaban en negar en lugar de expresar la conexión emocional a través de la sexualidad.

–Todo tiene que ver con lo importante que es que no jueguen contigo –señaló–. ¿Por qué ya no se habla de atravesar por una mala experiencia amorosa y aprender de ella? ¿Por qué ya no hay tantas historias sobre la importancia de arriesgarse, aunque termines sintiendo que jugaron contigo? Es como una perversión de la vinculación y la interdependencia, como si para las mujeres participar en una relación siempre significara perderse a sí mismas.

Mientras escuchaba a Bell recordé una conversación que tuve con Mackenzie, una estudiante de segundo año en una preparatoria de Bay Area que está dominada por la cultura del agarrón. Estaba pasando por un mal momento cuando nos conocimos: su novio, con el que llevaba un año, la acababa de engañar, se había besuqueado con otra chica mientras estaba borracho en una fiesta, y ella tenía que enfrentar el dilema de si debería o no terminar la relación. A menudo lloraba mientras hablábamos, describiendo las maneras en que se había «perdido a sí misma» dentro de la relación.

–No estoy diciendo que todo fuera negativo –añadió–. También aprendí mucho sobre mí misma. Aprendí que hay muchas cosas buenas en mí. Tengo mucho para dar. Además aprendí mucho sobre la vulnerabilidad. Puedo amar muy profundamente y creo que eso es bueno. Aprendí mucho sobre mi cuerpo y sobre mi mente, simplemente por estar con alguien, escuchar sus puntos de vista, tener intimidad. Sigo aprendiendo. Aprendo cómo es lidiar con las decepciones y con alguien que creía que nunca me lastimaría y que sí lo hizo. Todo eso.

En los campus universitarios que visité, el encuentro casual se consideraba como el boleto de entrada a una vida social, a la diversión, al empoderamiento, e incluso a una posible relación. Las chicas que preferían no hacerlo, especialmente las que estaban en primer año, se quedaban solas y aburridas las noches del sábado (o del viernes o del martes). ¿Qué tenía eso de divertido? En general sus objeciones no eran morales: no es que pensaran que las chicas que tenían encuentros casuales fueran «descuidadas» o poco selectivas, sino que el sexo casual les parecía emocionalmente hueco, inseguro y, a veces, antihigiénico. Por ejemplo, a Becca, una estudiante de primer año en una universidad privada de la costa este, sus amigos la habían apodado como la *Abuela* porque a menudo ya estaba dormida a las nueve de la noche. Había ligado bastantes veces cuando era más joven: se había be'sado con chicos en la secundaria privada judía a la que asistía y había hecho sexo oral por primera vez cuando estaba en tercero de secundaria; a los 15 había perdido la virginidad en una bruma de mariguana y alcohol. Esas experiencias la habían hecho sentirse muy mal. Desde principios de su último año de preparatoria tiene un novio estable del cual está enamorada; y al cual le sigue siendo fiel aunque él está estudiando en otro estado.

–Mis amigas me dicen: «¡Bec, no deberías tener novio mientras estás en la universidad!» –me contó–. Así que anoche fui a una fiesta y dos personas diferentes me dijeron que un tipo de segundo quería *coger* conmigo. Y yo me quedé como diciendo: «Fantástico. ¿No quiere conocerme sino coger conmigo?». Ya encontré a alguien a quien amo genuinamente y no voy a dejarlo para agarrarme con cualquier persona. ¿Quieres que bese a un montón de tipos y que me dé mononucleosis? No entiendo. (Vale la pena mencionar que Becca era la única chica que entrevisté en su campus que no tenía una fea infección respiratoria a la que los estudiantes le decían el Lodo).

Similar a Sam, la chica de preparatoria a la que no le gustaba quedarse sola con sus amigos hombres, Becca también pensaba que la cultura del agarrón era un obstáculo para las relaciones platónicas.

–Hace poco estaba en una casa de fraternidad poco después de una fiesta diurna –señaló–. Simplemente pasando el rato y hablando con los chavos, y uno de los hermanos de la fraternidad fue muy explícito al expresar su confusión de por qué estaba allí si no estaba ligando con nadie.

Sierra también tuvo una buena cantidad de encuentros casuales en preparatoria, pero también le resultaron insatisfactorios. Cuando nos conocimos era estudiante de primer año de universidad y había estado con su novio actual desde hacía cerco.

–Acostumbraba pensar que el rollo sexual era la forma en que establecías una conexión emocional –comentó–. Pero no es cierto. La conexión emocional viene primero. Eso es lo que hace que el sexo sea tan bueno. La primera vez que hicimos el amor, en mi subconsciente pensaba: «No está excitado solo por hacerlo, sino porque lo está haciendo *conmigo*. Lo está haciendo con alguien a quien terminará amando». Le importa cómo me siento. En las mañanas me mensajea: «¡Buenos días! ¿Cómo estás?». Y si yo le contesto «Estoy cansada», él me escribe: «Qué bien. Pero ¿cómo estás *tú*? ¿Mentalmente? ¿Estás estresada? ¿Estás feliz? ¿Estás triste?». Es saber que podemos conocernos el uno al otro, saber qué nos molesta o nos hace sentirnos felices o tristes. Es esa conexión, esa confirmación de que no es cosa de una sola vez. Vivimos en el presente y nos encanta cada instante, pero es absolutamente la conexión emocional antes del rollo sexual lo que ha hecho que valga la pena.

En el otro extremo, o así lo pensaba yo de inicio, está una alumna de primer año en una universidad del medio oeste que me agasajó durante casi dos horas con las historias de sus intrépidas aventuras sexuales, contándome cómo rechazaba a los hombres cuyos penes tenían tamaños que «no cumplen con mis estándares» o que estaban demasiado pasados de peso («No me gustan los gordos», comentó). Sin embargo, al final de nuestra conversación, cuando le pregunté si había alguna otra cosa que quisiera añadir, dudó y, casi en un susurro, dijo: «filofobia».

La miré inquisitiva.

–Es el temor a enamorarte o a estar enamorada –explicó–. Leí acerca de eso en un libro. A veces siento que esa es la razón por la que nunca tengo una relación en sí. Me es muy difícil vincularme emocionalmente con las personas. No quiero que me lastimen. Así que voy de tipo en tipo, poniendo una barrera entre los demás y yo, para evitar que eso me suceda alguna vez. No quiero idealizar las relaciones. Aunque algunas chicas han encontrado el amor y la dicha dentro de ellas, otras han experimentado manipulación y aflicción. Becca pasó por dos episodios depresivos luego de romper con novios de preparatoria. Mackenzie lloró hasta vomitar cuando descubrió la reciente traición de su novio y apenas comió durante días. Esto también afectó sus estudios.

Más de la mitad del abuso físico y sexual contra chicas adolescentes por parte de una pareja romántica sucede dentro de una relación, y esas experiencias predisponen a las jóvenes para ser victimizadas de nuevo en la adultez temprana. Una chica con la que conversé me describió que un novio que tuvo cuando estudiaba primero de preparatoria le dio de cachetadas y la lanzó contra una cerca cuando lo amenazó con dejarlo. Otra joven, una estudiante de segundo año de la universidad, no sabía que su novio podía violarla y que, de hecho, lo estaba haciendo. Alentar a las jóvenes a explorar la sexualidad dentro de relaciones de cariño mutuo y de conexión emocional es una cosa; *insistir* en ello es otra. Eso puede convertir al sexo en una mercancía con la que las chicas negocian a cambio de la «seguridad» del compromiso, e implícitamente da lugar a que se considere que es correcto avergonzar a las que no cumplen esa norma.

No había ninguna actitud consistente hacia los encuentros o hacia las relaciones entre las chicas que entrevisté. Sin embargo, todas tenían que manejarse dentro de la cultura del sexo casual, sea que participaran o no en ella. Todas tenían que encontrar un terreno cómodo dentro de una cultura que era al mismo tiempo divertida y antagónica, despreocupada y riesgosa. Entonces, para mí la duda tenía menos que ver con si los agarrones eran «buenos» o «malos» para las chicas que con cómo garantizar la reciprocidad, el respeto y la voluntad, sin importar el contexto de un encuentro sexual. Eso significaba entender los contornos de la nueva libertad de las jóvenes, al igual que las limitaciones, tanto físicas como psicológicas, que prevalecían.

El agarrón feliz

Holly, que estudia las especialidades en lengua española y psicología en la universidad, revisó por primera vez su definición de «zorra» cuando tenía 16 años. Creció en un suburbio en la Costa Este, principalmente blanco, de altos recursos y liberal, y asistió a un bachillerato femenino progresista. Su mamá le dijo que esperara hasta casarse para tener relaciones sexuales, pero en su clase de salud aprendió sobre los métodos anticonceptivos y practicó la colocación del condón en un modelo de hule de un pene. (Sin embargo, de nuevo, la ubicación del clítoris, la masturbación y el orgasmo femenino no se mencionaron en clase). En primero de preparatoria algunas de sus amigas empezaron a hacerles sexo oral a sus novios; en el curso de un año más o menos estaban acostándose con ellos.

—Mi opinión había sido principalmente que solo las niñas promiscuas de las escuelas públicas hacían ese tipo de cosas —me dijo Holly—. Pero si mis amigas estaban teniendo sexo, no había nada de malo en ello, ¿no? Así que tuve que reevaluar la situación y pensé: «Eso está bien; salen con sus novios desde hace un año. Formaron relaciones de confianza».

Sin embargo, Holly se mantuvo tanto casta como sobria: era una «niña buena» que imaginaba que tendría relaciones sexuales hasta que estuviera en una relación de amor y que tomaría alcohol hasta cumplir los 21 años. Cuando imaginaba la posibilidad de tener novio, sus fantasías se inclinaban hacia el lado romántico más que al sexual: en general eso implicaba playas y puestas de sol. Dijo que al ingresar a la universidad era «muy pura», pero en poco tiempo la vida universitaria la cambió. En su cuarta noche en la escuela asistió a una fiesta y se besuqueó con un muchacho al que apenas conocía. Fue divertido. Una semana después masturbó al mismo joven y él le masajeó los senos.

—Esa fue una *gran* cosa para mí —recuerda—. ¡Le toqué el pene a un chico! ¡Él me tocó los senos! Estaba un poco abrumada, porque tres semanas antes le hubiera dicho que no. Sin embargo, quería hacerlo, aunque no quería llegar más lejos.

Para principios de octubre ya había ligado alegremente con otros dos tipos, se había besado con ellos en la pista de baile y se había ido con ellos a su dormitorio.

—Casi sentía que quería tener la oportunidad —me dijo—. Porque en prepa nunca tuve la oportunidad de ligar con chicos. Y en la universidad tenía interminables oportunidades de hacerlo, así que sentí que podía.

Holly conoció a Connor, quien vivía en su mismo piso en la residencia para estudiantes, durante un juego de futbol universitario y congenió con él debido a sus posturas políticas –que eran más liberales que las de muchos de sus compañeros– y por su mutua pasión por el programa *The Daily Show*. Comenzaron a mensajearse y una noche Connor le preguntó si ella y sus amigas querrían llevarlo a una fiesta de la fraternidad. El primer año era difícil para los hombres en los campus universitarios dominados por las fraternidades. A fin de «conservar la proporción» de mujeres y hombres en una fiesta –manteniendo la ventaja a favor de los anfitriones–, las fraternidades limitaban la cantidad de hombres no afiliados que podían entrar. Así que, a menos que uno de los chicos de primer año estuviera acompañado por un grupo suficientemente grande de mujeres (tres, cuatro o a veces más), se arriesgaba a que le impidieran la entrada.

Holly me mostró una fotografía suya que se tomó en una reciente salida nocturna, la cual había subido a Instagram. Estaba vestida en lo que he llegado a considerar como el uniforme de las hermandades: minifalda negra ceñida, piernas sin medias, top sin tirantes y tacones altos de aguja. Llevaba el pelo lacio y planchado, labial rojo y delineador negro. Parecía muy diferente a la chica de cara lavada que tenía frente a mí.

–Hay pocas veces en que me siento más confiada acerca de mi cuerpo que cuando me pongo un top sin tirantes, muestro mis senos, exhibo mis piernas y llevo tacones súper altos –me comentó–. Nunca me siento más liberada que en ese momento. Estoy orgullosa de mi cuerpo y me gusta exhibirlo.

Esa frase: «orgullosa de mi cuerpo» seguía molestándome. Por un lado, admiraba la bravuconería de las jóvenes, su disposición a salir abiertamente de cacería, su negativa a dejarse avergonzar por la ropa que se ponían o dejaban de ponerse. Al mismo tiempo, solo ciertos cuerpos tenían permitido ser fuente de «orgullo», de ser vistos como sexuales, y como algo digno de mostrar sin sentir vergüenza, y Holly no siempre había tenido uno de esos cuerpos. Cuando ingresó a la universidad su guardarropa era considerablemente más conservador y pesaba casi 12 kilos más que cuando la conocí –hizo dieta y ejercicio todo el verano para bajar ese peso–.

–Nunca me hubiera puesto nada revelador porque no me sentía feliz con cómo me veía –dijo–. Presentarme en un atuendo revelador hubiera tenido un impacto muy negativo en mi estado mental porque habría ese tipo de gente, en especial los chicos, que hubieran dicho: «Está gorda y debería ponerse otra cosa».

Es comprensible que Holly se sintiera bien de exhibir el cuerpo «correcto» –es alentador atraer la aprobación masculina e incluso la envidia de las mujeres–, pero resulta difícil considerar que su vestuario sea «liberador» cuando siempre se cierne la amenaza del ridículo. Por ejemplo, comentó sobre una de las chicas de su hermandad que recientemente subió de peso.

–No es que no *pueda* ponerse ropa reveladora –señaló Holly–. Pero sabe cómo se sentiría si hubiera tipos desgraciados que le dijeran cosas como que es una gorda.

En la mayoría de los campus que visité, la vida de las fraternidades (o casas donde viven los atletas) era el núcleo del ambiente de los encuentros casuales. Las 26 hermandades en la National Panhellenic Conference (Conferencia Panhelénica de Estados Unidos) son voluntariamente abstemias. De modo que son las fraternidades las que dan estas fiestas, controlan el ingreso a ellas y proveen las bebidas alcohólicas. Es típico que los aspirantes a ingresar a las fraternidades hagan de chofer para grupos de chicas de los dormitorios de alumnas de primer ingreso o casas de fraternidades, llevándolas a eventos (aunque no necesariamente de regreso a sus casas) que pueden ofrecer variaciones interminables de un mismo concepto: las jóvenes como prostitutas. Los temas incluyen: «CEO y putas empresariales», «hermanos atletas y putas que hacen yoga», «hermanos salvavidas y putas del surf», «soldados y putas del ejército». Las chicas a las que les gusta andar de fiesta hacen a un lado esos desdenes (de manera parecida a como ignoran las letras degradantes en sus canciones favoritas) diciendo que «así son los hombres», pero que eso no tiene nada que ver con cómo actúan la mayoría de los chicos «en persona». Las fraternidades se meten en problemas solo cuando su sexismo se vuelve todavía más ofensivo o se combina con racismo: la sección de Phi Sigma Kappa del Politécnico de

California fue investigada en 2013 por los administradores de la institución debido a su fiesta «Colonizabrothers e Indias Porno», (No se encontró ninguna violación a las políticas universitarias). La sección Sigma Chi en Harvard levantó ámpula con una fiesta similar: «Conquistabrothers e Indias Porno». Mientras tanto, la sección de Kappa Sigma de la Universidad Duke fue suspendida en 2013 después de difundirse la noticia sobre su fiesta racista «Lo mejor de Asia», cuya invitación empezaba con «¡¡Saludos, agladables pelsonas de Duke!!». (Las fraternidades de Duke han llegado múltiples veces a los titulares informativos en los últimos años por travesuras tales como invitar a «todas las putonas potenciales» a una fiesta llamada «Plan B» y enviar un correo a todas sus compañeras mujeres pidiéndoles acudir a la fiesta de Halloween vestidas «como enfermera putona, doctora putona, colegiala putona o simplemente putona»). En 2010 se prohibió la participación dentro del campus del capítulo Delta Kappa Epsilon en Yale después de que los hermanos se reunieron cerca de los dormitorios de alumnos de reciente ingreso y gritaron a coro: «¡No significa sí, y sí significa [sexo] anal!» y «Me llamo Jack y soy necrofílico. Cojo viejas muertas y las lleno con mi semen». Los estudiantes protestaron en 2012 después de que la sección de la misma fraternidad en la universidad Amhers mandó imprimir camisetas para su fiesta anual de asado de un cerdo, en las que se mostraba a una mujer vestida con sostén y tanga, atada sobre un asador, con una manzana metida en la boca, sus costados con moretones y un cerdo parado junto a ella. La leyenda decía: «Rostizando cerdas desde 1847». En 2014 se le revocó su autorización al capítulo Phi Delta Theta en la Universidad Tecnológica de Texas por exhibir una pancarta que decía: «¡No significa sí y sí significa anal!» en una fiesta, junto con un «rociador de vaginas» con el que lanzaban agua a los asistentes. Los miembros de todas estas casas de estudiantes, como en la mayoría del sistema de fraternidades, eran principalmente blancos y de altos recursos; de algún modo creían que el racismo y la misoginia los hacía parecer rebeldes, en lugar de ser simplemente los últimos reclutas dentro de una vieja guardia muy arraigada.

La expectativa tácita es que las jóvenes retribuyan la generosidad de sus anfitriones con sexo, o cuando menos con la promesa de que existe esa posibilidad.

–Todas las chicas saben que cuando entras en una casa de fraternidad, tu activo más valioso es tu atractivo sexual –me dijo una estudiante de tercer año en una universidad privada de la costa este–. Todas saben que tienes que insinuar que te acostarás con los tipos para que te den bebidas, drogas, aventones, lo que necesites. Todo el mundo juega a eso, y como en mi escuela estamos muy enfocados al éxito, ¡también eso nos sale de maravilla!

Las chicas que solicitan su ingreso a las hermandades en la universidad de Holly tienen que asistir a las fiestas de las fraternidades cuando menos cuatro noches por semana. (Hay «reventones» todas las noches, menos el lunes). Antes del evento principal acuden a una «prefiesta» con una fraternidad diferente, socializando y bebiendo por una o dos horas. Holly típicamente se bebía de tres a cuatro cervezas en esas ocasiones, y a veces un par de tragos. Luego a las jóvenes las recoge un segundo grupo de aspirantes a las fraternidades y las llevan a la fiesta en sí.

–En algunas casas básicamente llegas, bajas al sótano, bailas perreo con algún tipo y regresas con él. Así de rápido. Pero en mi casa favorita platico con mis amigos, hacemos juegos de tragos, bailamos un poco, regresamos y fumamos un poco. A veces simplemente bailo con mis compañeras de hermandad y pasamos un rato divertido. Y también es divertido el perreo. Es divertido que un chavo se aferre a ti de ese modo. No tienes que darte un agarrón con él y de todos modos hay más mujeres que hombres en las fiestas, así que no todo el mundo puede hacerlo. Pero con frecuencia sí es un ambiente muy bueno para los encuentros casuales.

Al hacer la suma, Holly estaba bebiendo regularmente de tres a seis *shots* (o más) por noche. Para las mujeres cuatro copas representan beber en exceso. No se consideraba a sí misma como una bebedora empedernida y es probable que sus amigas tampoco lo vieran así. Las bebidas alcohólicas son endémicas en la cultura de los agarrones. Sin embargo, las bebidas no solo sirven de lubricante para los ligues: estos *dependen* de ellas para crear lo que Lisa Wade, profesora asociada de psicología en el Occidental College, llama «despreocupación obligatoria». Como me dijo una estudiante de segundo año en una universidad de la costa este:

–Es como si las chicas que conozco tuvieran una doble vida. Desde la noche del domingo al jueves por la tarde, todo el tiempo estamos en la biblioteca, estudiando mucho. Luego llega el fin de semana. Todas nos echamos unos *shots* en nuestros dormitorios antes de la prefiesta de una fraternidad. De cuatro a ocho *shots* en alrededor de media hora. Eso es bastante normal. Y luego es normal que te despiertes junto a algún tipo y que no recuerdes cómo llegaste ahí.

Según Wade, las bebidas alcohólicas son la manera en que los estudiantes se indican mutuamente que el sexo que están teniendo carece de significado. Para su propia investigación, les pidió a 84 estudiantes de primer ingreso que entregaran diarios con anotaciones semanales acerca del sexo y las citas amorosas recopiladas en el campus en el curso de un semestre.

–Cuando hablaban del sexo que tenían en estado de sobriedad se expresaban en tonos reverenciales –comentó–, como si encontraran un unicornio sorprendente; era «significativo» en un sentido que no tenían las relaciones sexuales estando borrachos. –La borrachera había reemplazado a la atracción mutua como combustible para las interacciones sexuales en la universidad–. Al hacer una recapitulación de sus acciones a la mañana siguiente –prosiguió Wade–, podían atribuir a la borrachera el haber tenido relaciones sexuales.

Al igual que ocurre con el coito, la proporción de jóvenes que beben ha descendido en los últimos 10 años, pero la *cantidad* que las chicas en particular (y las jóvenes blancas, de manera específica) beben en cada ocasión no lo ha hecho. Una encuesta de 2013 que hicieron los Centers for Disease Control and Prevention (Centros para el Control y la Prevención de Enfermedades) encontró que una de cada cuatro mujeres universitarias, y una de cada cinco alumnas de bachillerato, bebieron en exceso en los 30 días anteriores; es típico que bebieran en gran cantidad tres veces por mes, tomando un promedio de seis copas en cada ocasión. Otras encuestas señalan que alrededor de dos terceras partes de las estudiantes universitarias, y más de 80% de los hombres, tuvieron episodios de ingesta excesiva de alcohol y asociaron la práctica con los trastornos alimenticios –llamándoles a veces «borrachorexia»– entre las jóvenes que limitan su ingesta de alimentos para poder tomar alcohol sin rebasar las calorías permitidas para no subir de peso. 89% de los estudiantes universitarios se emborracha antes de agarrarse con desconocidos, tomando en promedio cuatro o más bebidas cada vez. Tres cuartas partes de ellos se emborrachan antes de ligar con un conocido. Es más probable que estén más borrachos cuando el encuentro incluye alguna forma de penetración: oral, vaginal o anal; también es más probable que expresen arrepentimiento después de tales experiencias.

Las jóvenes con las que charlé me hablaron de «desquiciarse» como una parte integral de «la experiencia universitaria»; sonaban como si todas estuvieran citando el mismo panfleto de viajes. No estoy segura de cuándo fue que esa palabra empezó a referirse específicamente a fiestear y emborracharse. Aunque en mis días de estudiante recuerdo que hubo cierta cantidad de alcohol y mariguana, si alguien me hubiera pedido que describiera la «experiencia universitaria», habría dicho que se trataba más de redefinirme a mí misma lejos de mi familia a través de pláticas intensas a altas horas de la noche con mis amigos, exponerme a música y películas alternativas, encontrar lo que me apasionaba, enamorarme. No obstante, según un implacable artículo de denuncia de Caitlin Flanagan en *The Atlantic*, a medida que las colegiaturas han subido hasta las nubes, las universidades aparentemente han tenido que encontrar la manera de convencer a sus «consumidores» (sus potenciales estudiantes) de que vale la pena asumir la gigantesca deuda que contraerán para asistir. ¿Qué mejor incentivo que posicionar a la educación superior no solo como algo edificante, sino también como diversión sin restricciones? «Se endulza cada momento de la experiencia», escribió Flanagan, «con el entendido general de que con cada barril de cerveza y cada reventón… están participando activamente en el acto más importante de automejoramiento que está disponible para un joven estadounidense: ¡la universidad!». Esto está muy lejos del propósito original de las universidades: capacitar a los jóvenes para que ingresaran al ministerio religioso, en un proceso que implicaba el ascetismo, la sobriedad y la castidad.

Cuando pregunté por qué no ligaban estando sobrias, las chicas se rieron y dijeron que eso sería *incómodo:* su eslogan (junto con *molesto* y, a veces, *raro*) para describir cualquier emoción desagradable. En este caso, lo que parecía perturbarlas no era solo no tener nada a lo que «culpar» de su comportamiento, sino la idea de estar completamente presentes en sentido emocional, psicológico y físico en un encuentro sexual.

–Estar sobria haría parecer que quieres estar en una relación –me dijo una estudiante de primer año de universidad–. Es realmente incómodo.

Esa primera noche, Connor acompañó a Holly, ambos se pusieron ligeramente ebrios y se besaron en la pista de baile. Al día siguiente asistieron juntos a un partido de futbol. En el curso de una semana ella le había hecho sexo oral, algo que nunca antes había hecho.

–Fue como: «¿Qué pasó? ¿De dónde vino eso?» –señaló–. Él ni siquiera me lo pidió. Fue inducido en parte por el alcohol y yo me dije: «Bueno, simplemente lo voy a hacer». Y pensé, «¿Sabes qué? No está tan mal. ¿Por qué hacía tanto escándalo por esto?». –Calló por un momento considerando el asunto–. Creo que ese fue el momento en que me volví menos rígida.

Al rememorar lo sucedido, Holly pensó que fue «demasiado generosa» con Connor; quería que estuviera «feliz», pero él no parecía querer retribuirle el favor.

–Una noche le pregunté: «¿Quieres hacerme sexo oral?» –señaló Holly–. Él empezó a hacerlo durante medio segundo y luego me dijo: «Simplemente no puedo. Me da asco». Me la pasé bien –prosiguió– pero no se trató de *mí*. Mi orgasmo nunca fue algo que se diera por hecho. No era tan importante. No formaba parte del trato.

Dos semanas después del primer agarrón, Connor le pidió a Holly que fuera su novia. Ella estaba emocionada. Según dice, él nunca la presionó para que tuvieran coito y le dijo que simplemente le avisara cuando estuviera lista para hacerlo. Un mes después estaba lista. Pensó que sería «como en las películas: un momento mágico y hermoso». Incluso decoró su habitación con luces navideñas para la ocasión. En lugar de ello, sintió mucho dolor.

–Le dije que se detuviera. Nos besamos por un rato y nos abrazamos y fuimos cariñosos uno con el otro. Y luego le dije que podríamos tratar de nuevo. Duró un poco más, pero me siguió doliendo mucho.

Es posible que el coito haya sido una decepción para Holly, pero le siguió pareciendo un logro, un hit. Después de que Connor se fue, ella entró pavoneándose al cuarto de una amiga haciendo sonar la canción *I Just Had Sex* («Acabo de tener sexo») en su iPod (una elección un tanto irónica, dado que su letra «Acabo de tener sexo/ Y me sentí muy bien / Una mujer dejó que le metiera el pene» describe a un hombre que se muestra cómicamente abstraído de lo que siente su pareja).

–Tenía la actitud de «¡Me sentí *sensacional*!» –dijo Holly–. ¡Sentí que ya era una adulta! Y que había compartido este momento especial con un tipo que me gustaba y en el que confiaba, y que me provocaba sentimientos a mí y yo se los provocaba a él. También estaba sobria y eso fue muy importante para mí. No iba a estar borracha la primera vez que tuviera sexo. Quería poder *experimentarlo*.

Connor rompió con ella dos días después.

Este era el mismo joven que había comparado su relación con Holly con la de sus propios padres (quienes también habían empezado a salir en el segundo mes de su primer año de universidad). Él le había hablado de cuánto la iba a extrañar en las vacaciones de invierno, que estaban a un mes de distancia. Le había pedido que fuera su *novia*. Holly estaba destrozada. Se fue de la escuela dos días antes de que iniciara el puente vacacional del Día de Gracias porque necesitaba alejarse.

Cuando sus padres la recogieron en la estación del tren, su mamá le dio una mirada de arriba abajo y le dijo: «Perdiste la virginidad».

–Le pregunté que cómo lo había sabido –me contó Holly– y ella me dijo. «Nada más mírate: ¡estás hecha un desastre! Espero que haya sido una buena lección para ti de que no debes entregarle tu cuerpo a cualquiera».

Las ideas y actitudes de las chicas en cuanto al sexo se moldean gracias a la familia, los medios de comunicación, sus amigos y su propia experiencia. Holly había seguido las reglas contemporáneas de la respetabilidad sexual femenina, había hecho todo lo que pensaba que era «correcto» y la traicionaron. Respondió dándose por vencida en cuanto al amor y el compromiso. Quería «no precisamente *carecer de sentimientos*, pero no tener una relación». Aparte, estaba ocupada: haciendo sus tareas, solicitando que la aceptaran en una hermandad, yendo a fiestas. Seguía planeando reservar el coito para una pareja estable, cuando esta llegara.

–Sentía que –se detuvo por un momento y se corrigió–... *Sigo sintiendo* que eso significa algo, que estás íntimamente conectada y que realmente te gusta la persona y le estás mostrando afecto.

Como no tenía novio, Holly invitó a un amigo de su dormitorio a la fiesta de invierno que su hermandad hacía en febrero. Ambos llegaron bastante borrachos –ella se había tomado seis *shots* en la prefiesta–. Después de la fiesta en sí, lo acompañó a su habitación pensando que fajarían, pero ella seguía muy borracha. Así que cuando él le dijo que era muy hermosa y que le gustaría tener sexo con ella, pensó: «¿Por qué no?».

Unos cuantos minutos después, sintió como si despertara de un trance.

–Y pensé: «¡En la madre! Estoy teniendo sexo y no se supone que lo haga hasta estar en una relación». –Holly entró en pánico y le pidió a su amigo que se detuviera. Él le insistió en que se quedara, pero ella saltó de la cama, se puso a toda prisa el vestido, y aún descalza, con los zapatos en la mano, abrió la puerta del cuarto y encontró a un grupo de jóvenes parados directamente afuera, escuchando. Corrió a la habitación de una amiga y se puso a llorar.

–Estaba muy enojada conmigo misma por tener sexo fuera de una relación –señaló Holly–. A la larga lo superé. Ahora eso no me importa tanto. Me basta con conocer al chavo. Pero entonces, me decía mentalmente que era una promiscua. Era una de esas promiscuas que se acuestan con todo el mundo. Era una mala persona.

Todos tienen a una amiga zorra

La foto de un gatito colgaba de una de las paredes en la habitación de Megan Massoud. Arriba de su almohada había un cartel de la película *Tiempos violentos*; esa donde Uma Thurman está acostada en una cama sobre su estómago y sus pies, enfundados en tacones de aguja, están levantados y entrelazados a la altura de sus tobillos, con un cigarrillo colgando de los dedos de una mano, mientras una pistola está tirada con indiferencia junto a su otra mano. El escritorio de Megan estaba atiborrado de botellas medio llenas de Coca-Cola Zero, cajas de galletas abiertas y varios caballitos de tequila. Entré esquivando montones de ropa tirada en el piso, quité algunas prendas limpias de una silla y me senté, apoyando los pies sobre un puf cubierto de tela de lunares.

Megan, quien estudia el segundo año de la especialidad en economía en una universidad pública del medio oeste, era de baja estatura (apenas 1.52 metros), con enormes ojos oscuros, sonrisa pronta y cabello oscuro planchado que trenzaba y destrenzaba de manera distraída mientras platicábamos. Describió a su mamá como una «mujer blanca común y corriente». Su padre, quien es libanés, le regaló un envase rosa de gas pimienta justo antes de entrar a la universidad; Megan lo conservaba como algo gracioso.

–Piensa que soy virgen –dijo entre risas.

Megan se puso una ombliguera color naranja y una falda ceñida que destacaba su trasero y que se ajustaba estrechamente contra su estómago. Se examinó de frente, de lado y de espaldas en el espejo.

–¿Esto hace que la panza se me vea grande? –le preguntó a una amiga que estaba parada en la entrada–. No me mientas.

–No te miento –le dijo su amiga–. Te ves buenísima. Como la perra más cabronamente flaca del mundo.

Megan se examinó de nuevo al espejo, insatisfecha.

–Nunca pienso en lo que como hasta que me visto para una fiesta. Y luego pienso que no me debí comer otra dona –comentó.

Mientras seguía vistiéndose, Megan me contó sobre la clase de estudios de género que tomaba ese semestre.

–Nunca había notado que los modelos hombres en los anuncios siempre están haciendo algo –tocando guitarra o manejando un coche– mientras que las modelos mujeres simplemente están… –Adoptó una pose clásica, con la cabeza inclinada, la barbilla hacia abajo, la mano sobre la cadera y una sonrisa tímida.

Reí.

–Te sale muy bien –le dije.

–No me he tomado una foto sin inclinar la cabeza desde que tenía seis años –respondió–. No sé de dónde lo aprendí.

Miró de nuevo su estómago y volvió a examinar cómo se veía su trasero. Se cambió la falda. Se probó una nueva, decidió que la primera hacía que su estómago se viera mejor y se cambió de nuevo.

–En mi clase de género todo el tiempo soy de las que se quejan del maldito patriarcado –comentó–. Pero en la noche todo eso se va a la mierda. Lo único que me importa es: «¿Esta falda hace que mis nalgas se vean bien?». –Sacó su bolsita de cosméticos y se dirigió al baño. Aunque dice odiar el maquillaje, eso forma parte de lo que las chicas deben hacer para atraer la atención de los hombres, así que se puso un labial oscuro y un poco de sombra gris con brillos. Se alisó el pelo con ambas manos (un cepillo en una y un peine en la otra), se puso un par de tacones de 10 centímetros y se bañó de perfume.

–Ponerme este tipo de ropa y los tacones me hace sentir menos cohibida –dijo. Siento que me contoneo como diciendo: «Soy la perra más fregona de todo el lugar».

La noche era fría, pero Megan no se llevó un saco. Tampoco llevaba bolsa. Sostenía sus llaves y su identificación escolar en una mano (más tarde perdería ambas cosas) y metió su teléfono y su iPod en la pretina de su falda, que estaba lo bastante ajustada como para mantenerlos firmes. Se miró por última vez al espejo, volteando para checar su trasero, y jaló de la bastilla de su falda, un ademán que repetiría cada dos o tres minutos a lo largo de la noche. Tomó una botella de vodka para compartir en la prefiesta y salió por la puerta. Eran casi las diez de la noche. ¿Cuál era su meta?

–Ponerme muy borracha y fajar con alguien –señaló alegremente–. Porque ¿qué chiste tiene salir una noche y no atraer la atención de los chavos?

El estigma de ser una «zorra» no desapareció con el aumento de la cultura del agarrón. Simplemente sus criterios se volvieron más esquivos. Por lo común las chicas me dijeron que odiaban la palabra, que nunca la usaban, no «tachaban de zorras» a sus compañeras (aunque en verdad sí lo hacían con frecuencia). Al mismo tiempo, vigilaban la imagen que daban. Algunas, como Holly, en lugar de descartar la definición de «promiscua» la actualizaban continuamente a medida que cambiaba su conducta. Otras, como Megan, consideraban que ser «zorra» era una especie de insignia de honor, o cuando menos intentaban hacerlo.

–Soy la amiga zorra –me dijo con gran gusto cuando nos conocimos–. Me resulta liberador. Me encanta ser una loca. Si alguien me juzga por lo que hago, muy bien, que me juzgue. No me importa. Chinga a tu madre si piensas que eres mejor que yo simplemente porque no coges tanto como yo. Qué pena que no tengas tanto sexo, porque el sexo es fabuloso. No estoy diciendo que cada vez que salgo me doy un agarrón con alguien. Definitivamente no es así. Pero es más divertido no controlarme. No preocuparme de cómo me ven los demás. Además, en la universidad a nadie le importa.

Como Holly, Megan describió su comportamiento como «liberador», aunque tenía dificultades para establecer los límites. Durante otra conversación insistió:

–No soy una zorra. Es probable que algunos me consideren así, pero yo considero que no lo soy porque no me manejo así… Cuando pienso en una zorra me imagino a una chica que se pone mucho rímel y sombra muy oscura, y que se pone dos sostenes para resaltar sus tetas.

En otra ocasión me dijo: «Me encanta ser soltera», y unos minutos después me confió: «Ningún chico quiere salir con una zorra». Ese era el ir y venir, entre resistirse y someterse a las ideas anticuadas sobre la sexualidad de las jóvenes. A veces, mientras charlaba con Megan, sentía como si estuviera viendo a alguien que intenta apuntalar un castillo de arena cuyos muros siguen colapsándose. No era tanto que Megan tratara de trascender los límites, como que intentaba legitimarse a sí misma dentro de ellos y a pesar de ellos.

–Creo –me dijo en algún momento– que la meta de todas las chicas es ser lo suficientemente zorras, en un punto donde no eres una mojigata, pero tampoco una puta. Sí, tienes acostones de una noche. Sí, eres experimentada. Pero no estás acostándote con todos los miembros de la fraternidad. No los estás convirtiendo en «hermanos esquimales» (cuando dos o más miembros de una fraternidad tienen coito con la misma chica). Encontrar el equilibrio es el sueño de toda universitaria, ¿me entiendes?

Como Holly, Megan tenía sus propios intereses en cuanto a nuestras conversaciones: también quería tener la oportunidad de darle sentido a una historia sexual que se había desarrollado de un modo muy diferente a lo esperado. Igual que Holly, se describió como una «chica buena» en preparatoria, que no había besado a ningún chico sino hasta los 17 años, la edad en que deseó con ansiedad ir más allá.

–Realmente quería deshacerme de todas mis «primeras veces» con un novio–dijo–. Y todas mis amigas ya habían besado a chavos y ya les habían hecho sexo oral. Yo estaba retrasada.

En los cuatro meses que salió con su primer novio se «puso al corriente», haciéndole sexo oral, lo cual él nunca le devolvió. «Ni siquiera pensé que tuviera esa opción», me dijo. Perdió la virginidad el verano antes de entrar a la universidad con otro joven con el que estaba saliendo, aunque, según indicó, nunca lo hicieron «oficial en Facebook». Después de eso se sintió aliviada de librarse del asunto de tener relaciones sexuales por primera vez y recuerda la experiencia con cariño.

Megan se masturbaba desde que entró en la adolescencia. No tenía ninguna dificultad para tener orgasmos ella sola, pero nunca había alcanzado el clímax con una pareja.

–Un montón de tipos no se ocupan lo suficiente de los preliminares –explicó–. Simplemente van al sexo demasiado pronto. Y luego, después de un rato, me canso, y como sé que están haciendo su mejor esfuerzo, finjo el orgasmo para que se acabe y luego les digo: «Vaya, eso fue *genial*».

La mayoría de las chicas con las que platiqué había fingido un orgasmo una y otra vez; eso me pareció desafortunado, aunque no poco común. Sin embargo, según el libro *The Sex Lives of College Students* (La vida sexual de los estudiantes universitarios), la cifra de mujeres que fingen el orgasmo ha estado aumentando de manera constante, de menos de la mitad en 1990 hasta 70% en la actualidad. Eso quizá explique en parte la enorme brecha entre la proporción de hombres que piensan que su pareja tuvo un orgasmo durante el encuentro sexual y el porcentaje de chicas que realmente los tienen. Las chicas fingieron el clímax porque sentían dolor, estaban aburridas, cansadas, querían irse a casa. Como en el caso de Megan, a menudo protegían el ego de sus compañeros o sentían que tenían que dar la impresión de que disfrutaban del sexo, aunque no fuera así, en especial dado que, supuestamente, el placer era el único objetivo del encuentro. También fingían porque no pedían o no podían pedir lo que querían recibir en la cama. Unas cuantas estaban empezando a cuestionarse si la práctica era contraproducente.

–En realidad los chicos con quienes he estado no me interesan lo suficiente como para invertir tiempo en entrenarlos respecto a cómo funciona mi cuerpo, lo que me gusta y no me gusta –me dijo una estudiante de segundo año de una de las universidades más prestigiosas del país–. Pero ahora voy a hacer el esfuerzo. Porque creo que les debo a las otras chicas el favor de hacer que los tipos tengan consciencia de estas cosas. ¿Y por qué usaría mi tiempo en eso si ni siquiera voy a disfrutarlo?

Como ocurrió con Holly, Megan tuvo su primer acostón universitario unos días después de llegar al campus. Según dijo, el sexo fue «bastante terrible».

–Él era el tipo de hombre que simplemente mete y saca el pene, ya sabes, dándole con todas sus ganas hasta que fingí un orgasmo y él se quedó dormido.

A pesar de ello, siguió con él de manera más o menos regular durante otros dos meses. Le pregunté por qué siguió con él cuando el sexo fue tan malo. Ella se encogió de hombros.

–En un cierto nivel, el sexo siempre es bueno –señaló–. Y cada vez que me emborracho, odio regresar sola a casa. Ese es el tipo de cosas que «necesito de un chavo, o comerme un burrito». Ya sabes.

Cuando nos conocimos, a mitad de su segundo año de estudios universitarios, Megan sacó su aplicación donde registraba sus periodos menstruales, en la cual había ingresado los encuentros casuales que incluyeron coito. Dijo que había tenido doce parejas sexuales –aunque, si alguien le preguntaba, reducía la cifra a cinco, un número más socialmente aceptable–. Prefería mantenerse «felizmente ignorante» de cuántos encuentros habían incluido únicamente sexo oral.

–Hacerle una mamada a un tipo es algo que realmente no considero que sea la gran cosa –señaló–. Como pasa con un tipo que conozco, que cuando voy a su fraternidad me dice: «Oye, Megan, ¿quieres venir a ver mi cuarto?». Le hago una mamada y fajamos. Le digo: «Me gusta esta relación relajada que tenemos». Y él me contesta: «Sí, a mí también». Ni siquiera tengo su número telefónico.

Me queda claro el provecho que él saca de ese arreglo, pero le pregunté a Megan qué provecho sacaba ella. Se encogió de hombros y respondió.

–Supongo que podría preguntarme lo mismo cada vez que tengo sexo. «¿Qué obtengo de ello?». Los chavos me dicen que soy buenísima para mamar, probablemente porque tengo mucha práctica. Realmente me gusta besar a los chicos. Es excitante, una descarga de adrenalina. Y me digo que por lo menos me hace compañía. Por lo menos me valora, aunque sea por esos quince minutos. Tengo alguien con quien pasar el rato y fajar, y eso me hace sentir especial.

Cuando la diversión se acaba

Holly necesita tener un hombre. Eso es lo que pensaba una de sus compañeras de hermandad. Así que le pidió a su novio que la presentara con Robert, su hermano de fraternidad. Los cuatro iban a comer y salían juntos como parejas. Holly pensaba que Robert era dulce, pero no estaba particularmente interesada en él, ya fuera en un sentido romántico o sexual. Aun así, como pasaban juntos tanto tiempo, empezaron a conocerse y una noche, en una fiesta en la fraternidad de él, empezaron a besarse en la pista de baile. Después de un rato, «sin darse cuenta» terminó en la habitación de Robert, haciendo «de todo, menos acostarnos». Pasó un rato maravilloso. «Sexo oral para ambos», comentó, «para mí fue una gran cosa». Dice que Robert la acompañó de regreso a su dormitorio y que, a pesar de que estaba totalmente borracha, fue «un caballero y no se aprovechó de eso para tener sexo conmigo».

El año escolar estaba por terminar, y ella y Robert se mensajearon durante los exámenes finales, salieron a caminar un par de veces y se besaron.

Ella no tenía interés en nada más; solo disfrutaba de su compañía. Una vez, después de la media noche, se metieron subrepticiamente a un edificio académico y se dieron un agarrón en un salón. Ella se había tomado un par de cervezas, pero dijo que no estaba particularmente borracha. Él tampoco lo estaba. De nuevo hicieron «de todo menos tener sexo», aunque esta vez se debió sobre todo a que él no tenía un condón.

–Lo más raro es que de verdad quería tener sexo con él –comentó Holly, tal vez porque era el primero que parecía realmente interesado en el placer físico de ella–. Pero fue bueno que no lo hiciéramos –continuó– porque me hubiera odiado. Hubiera pensado: «Mira, apenas empiezas a conocer a este chavo. Necesitas conocerlo mejor».

En el curso del verano Holly trató de hablar con su mamá acerca del control natal. Quería empezar a tomar anticonceptivos.

–Le dije que en el ambiente social en el que me manejaba era más seguro tenerlos, en caso de que algo pasara. Sin embargo, lo que me contestó fue: «Bueno, no deberías estarte acostando con nadie. No estás en una relación y tienes 19 años». Y en mi cabeza yo pensaba lo contrario: «¡Ya tengo 19 años, no estoy en una relación con nadie y *quiero* tener sexo!». Mi mamá no tenía ni idea. Si le dijera lo que te dije a ti, no me dejaría regresar a la universidad. Diría que soy «una de *esas* chicas».

Ese verano también sucedió otra cosa. Holly nunca antes se había masturbado porque creía que las mujeres no hacían eso. Como broma, en su último cumpleaños unas de sus hermanas de fraternidad le habían regalado un vibrador. Un día, cuando estaba sola y aburrida en su casa, decidió probarlo y tuvo su primer orgasmo. Pasó el resto del verano explorando su cuerpo.

–¡Fue lo máximo! –dijo–. Pude aprender todo sobre mí misma sin tener que pasar por la incomodidad de tratar de darle indicaciones a alguien más.

A menudo las jóvenes me han dicho que su primer orgasmo las transformó, ya fuera que lo experimentaran solas o con una pareja. ¿Por qué no sería así, en vista del vacío que existe en la educación sobre el tema? Una estudiante del último año de preparatoria me dijo: «La primera vez que tuve un orgasmo *lloré*. ¡Lloré! Fue tan intenso. De verdad pienso que me ayudó a crecer como persona».

Holly empezó su segundo año con una nueva norma sexual. Aunque todavía no estaba interesada en tener una relación «seria», sí estaba dispuesta a experimentar y decidió que se acostaría solo con alguien a quien conociera y en una situación en la que se sintiera segura. «Definitivamente no en algún cuarto extraño en algún lado donde no puedes pedir ayuda si la necesitas», dijo. El uso de condón no era negociable. Luego, una noche, se tomó tres *shots* en la prefiesta y otros tres en la fiesta en sí. Después se tomó una «bomba de Jäger», que es un *shot* de Jägermeister que se deja caer dentro de una cerveza. Eso lo remató con un Red Bull. Combinar bebidas energéticas con alcohol provoca que la persona se sienta engañosamente sobria o «borracha, pero totalmente despierta»; por ejemplo, en los bares, los clientes universitarios que combinan cafeína con bebidas alcohólicas salen más borrachos que sus pares, pero tienen cuatro veces más probabilidades de creer que están en condiciones de conducir. Quizá esa fue la razón por la que las compañeras de hermandad de Holly, quienes supuestamente se «cuidan» unas a otras, pensaron que estaba bien. O tal vez ellas mismas no estaban en condiciones de darse cuenta. En cualquier caso, esa bebida fue la última cosa que Holly recordaba de aquella noche.

Megan vivió una historia similar. Estaba jugando *beer pong* en una fiesta tranquila, justo después de terminar las vacaciones de invierno, cuando Tyler, un estudiante de segundo año, empezó a coquetearle. Cuando las amigas de Megan quisieron irse, alrededor de las dos de la mañana, él le pidió que se quedara.

–No me voy a acostar contigo –le dijo ella.

–Está bien –respondió–. Nada más nos vamos a besar y acurrucarnos.

Las amigas de Megan la miraron una última vez a los ojos, preguntándole silenciosamente si estaba segura de hacerlo. Megan asintió. No estaba tan borracha y se estaba divirtiendo con Tyler.

Se tomaron de las manos y platicaron mientras regresaban a la fraternidad de él, conociéndose un poco. Él le pareció dulce. Sin embargo, en cuanto entraron la actitud de él cambió. La arrastró a toda prisa a su cuarto y a su cama. Fajaron y ella empezó a bajarse para hacerle sexo oral, pero él la presionó para que tuvieran coito. Megan le dijo que no y él la presionó todavía más. Megan le dijo que no usaba ningún método de control natal, pensando que esa era una buena e inofensiva excusa que no heriría sus sentimientos. En lugar de eso, él tomó un condón, la inclinó y la penetró.

–Simplemente me quedé tirada allí –dijo–. Pensé que quizá si hacía el sexo realmente mal, él se detendría. En algún momento me preguntó si quería que nos bañáramos juntos y yo pensé: «Ya nos acostamos. ¿Qué caso tiene decirle que no ahora?». Trataba de verlo de manera positiva, de convencerme de que lo que me hizo no era lo que fue.

En la regadera, Tyler la besó bruscamente y luego la empujó contra los azulejos y empezó a tener sexo con ella desde atrás. Ella abrió toda el agua caliente con la esperanza de que eso lo detuviera, pero no fue así. Él empezó a hacerle sexo anal.

–Le dije que me estaba lastimando y él simplemente dijo: «Oh, lo siento», pero siguió haciéndolo. Sus compañeros de la fraternidad se asomaron a la regadera y nos vieron y se rieron.

En dos ocasiones más le pidió a Tyler que se detuviera; finalmente lo hizo. Sin saber qué más hacer, pasó la noche allí. A la mañana siguiente, cuando la llevó al edificio donde estaba su dormitorio, ella le dijo: «Gracias. Me divertí». Aún no sabe por qué le dijo eso. Una amiga pasó por su cuarto para preguntarle cómo le había ido.

–Creo que me violaron –le respondió Megan.

El ambiente de las fiestas en los campus universitarios puede ser estimulante: si no fuera así, nadie participaría. No obstante, como han señalado Armstrong y sus colaboradores, también facilita la violación. Las mujeres, no los hombres, llevan ropa que exhibe su cuerpo. Las mujeres, no los hombres, ceden el territorio y los medios de transporte. Se espera que las mujeres, por ser mujeres y a menudo por ser estudiantes más jóvenes, sean «agradables» y respetuosas con sus anfitriones hombres. Una «chica divertida» no hará un escándalo solo porque un tipo le acarició las nalgas o la atrajo a su cuerpo para hacer perreo; simplemente encuentra una manera ingeniosa y amable de desprenderse. Las «chicas divertidas» también beben libremente: beber alcohol les da permiso de ser sexuales, de perder las inhibiciones al tiempo que se anestesian contra la intimidad, la vergüenza o la rendición de cuentas. Eso también puede socavar su capacidad para resistirse, recordar o sentirse con el derecho de denunciar una agresión sexual. Armstrong escribe que la manipulación de la cultura de las fiestas es tanto sistemática como invisible, aparentemente es parte del continuo (aunque en el extremo) de la conducta «desquiciada» normal de los universitarios. Como las víctimas tienen tantas dificultades para convencer a cualquiera, incluyéndose a sí mismas, de que ocurrió un delito, en general no hay consecuencias para el infractor.

Holly despertó a la mañana siguiente sin ninguna idea de dónde estaba. Había un tipo junto a ella en la cama, un estudiante del último año al que solo conocía de nombre y que no recordaba haber visto en la fiesta. También había un condón usado en el piso.

–¿Te acuerdas de qué pasó anoche? –le preguntó él.

Ella negó con la cabeza.

–Tuvimos sexo –le dijo él.

El chico vivía a varias cuadras del campus y le dijo que su coche estaba descompuesto. Así que Holly, vestida todavía con la misma ropa que usó en la fiesta y los tacones altos que la habían hecho sentir «orgullosa de su cuerpo» la noche anterior, caminó sola de regreso a la casa de su fraternidad. La llamada «caminata de la vergüenza» es otro aspecto de la cultura del agarrón que exhibe solamente la conducta de las mujeres, ya que los chicos a menudo asisten a las fiestas con la misma ropa que visten durante el día. A veces las chicas piden a su pareja sexual que les preste algo de ropa (aunque es posible que nunca tengan ocasión de regresarla), pero como me dijo Megan:

–Todo el mundo sabe que estás vestida con «ropa de acostón» y mientras atraviesas el campus te agreden diciéndote cosas como: «¡Vaya! ¿Cómo pasaste la noche?». –De nuevo, tal acoso típicamente solo se comete contra las jóvenes.

Holly pasó el resto del día en pants, llorando y viendo televisión, mientras su compañera de cuarto la abrazaba. Eso sucedió apenas dos semanas antes de que nos conociéramos.

–No voy a dejar que eso arruine mi vida –dijo con voz firme–. No es algo que me defina. Es simplemente algo que pasó y aprendí que no puedo permitir emborracharme así de nuevo.

Aunque perder la memoria debido a la borrachera nunca es buena idea, y parecería natural que Holly quisiera recuperar cierto sentido de control, me perturbó que ella asumiera toda la culpa por haber bebido, y que no se diera cuenta de que el chico se había aprovechado de ello.

–Quisiera decirte que él no se dio cuenta de lo borracha que estaba –señaló–. Pero no sé. Mi amiga, que pertenece a una organización que lucha contra la violación en el campus, dice que por definición no pude haber consentido y que eso fue violación. Y casi… –se detuvo un instante–. No es que deseara que me violaran, pero supongo que no estaba sentada allí diciéndole: «¡Va, quiero tener sexo!». Porque eso iría contra todo lo que he dicho de no acostarme con cualquier persona –sacudió la cabeza y suspiró–. Supongo que soy afortunada de no recordarlo.

Cuando las conocí, no tenía modo de saber que Megan era víctima de violación o que Holly podría también serlo. No les pregunté sobre sexo no consensuado en mis correos electrónicos de reclutamiento y, según me dijeron, no fue eso lo que las motivó a charlar conmigo. Un informe del Departamento de Justicia de Estados Unidos que se publicó a finales de 2014 encontró que, a pesar de la creciente conciencia nacional sobre las agresiones sexuales en los campus, se estima que solo 20% de las víctimas universitarias denuncia el delito, lo cual es una tasa notablemente inferior en comparación con la de las chicas de la misma edad que no son estudiantes. A las estudiantes les inhibe el temor a las represalias, la vergüenza, la autoculpabilización o la creencia de que denunciar solo serviría para empeorar las cosas, en especial en vista de la tasa históricamente baja de agresores universitarios que reciben castigo. En lo cual también influye el hecho de que en las fiestas se difumine de manera deliberada si la chica dio su consentimiento.

Mariah, estudiante del tercer año en una universidad privada del sur, me pidió que no satanizara al sistema de las fraternidades. «Soy una mujer inteligente», me dijo en un correo electrónico. «Si lo único que obtuviera de una hermandad es que me hiciera vulnerable a las agresiones sexuales y a las intoxicaciones alcohólicas, ya no estaría allí». Expresó que entre sus hermanas de fraternidad había conseguido a las amigas más queridas de su vida; chicas a las que describía como «participativas», «inspiradoras» y «brillantes». Aceptaba el hecho de que ese sistema era «heteronormativo», y que estaba plagado de desigualdades raciales y de género que necesitaban resolverse. «Pero creo firmemente», escribió, «que las hermandades son, y pueden ser, una experiencia maravillosa, un vehículo para el cambio y un bastión del feminismo en los campus universitarios modernos».

Sin embargo, al mismo tiempo Mariah pensaba que ella y sus hermanas estaban siendo «sofocadas» por la cultura de los agarrones en el campus, en la que los hombres de las fraternidades, cuando estaban borrachos, se sentían en libertad de tocarlas, besarlas o frotarse contra ellas sin su permiso. («Se supone que los espantes como a moscas», señaló). Las chicas pueden pasar rápidamente de sentirse envalentonadas a sentirse cosificadas: como cosas que se usan y consumen. Los hombres también pueden sentirse confundidos e inseguros: deseosos de encajar con sus compañeros, pero luchando con suposiciones sobre la masculinidad, el sexo, la coacción y la conquista. Pueden malinterpretar los mensajes, o estar también demasiado borrachos como para darse cuenta de las condiciones en las que está su pareja (es posible que ambos despierten por la mañana sin saber con quién están o qué fue lo que pasó). «Nadie aquí sabe qué es una violación», escribió Mariah, ni los hombres ni las mujeres. «¿Sabría si fui violada? Tal vez si fuera un desconocido en un callejón oscuro, pero de otro modo no estaría tan segura».

Por ello me sorprendió enterarme de que Megan, a instancias de un psicoterapeuta del campus, había presentado cargos contra Tyler a través del departamento de ética estudiantil de su escuela. La investigación se llevó todo el segundo semestre. Megan contó su historia en repetidas ocasiones y sus amigas declararon sobre cuánto había cambiado desde esa noche, mostrando cada vez más depresión e incapacidad para concentrarse, abandonando una de sus clases y bebiendo más de lo que solía hacerlo. Tyler también dio su versión de los hechos. Cuando le preguntaron cuándo fue precisamente que creyó que Megan había dado su consentimiento para el coito, dijo: «Bueno, me hizo sexo oral y a eso yo le llamaría consentimiento». Escuchar eso enfureció a Megan:

–Le hice sexo oral para que se terminara, no para empezar otra cosa. Le dije que no quería acostarme con él. Le dije que no estaba usando ningún método anticonceptivo. Y él simplemente saltó de la cama, se puso un condón y me violó.

Megan sospecha que lo que finalmente confirmó su caso no fue tanto lo que ella o Tyler dijeron, sino que los propios compañeros de fraternidad de Tyler se volvieron en su contra, admitiendo que podía ser agresivo e incluso violento; ya había estado en periodo de prueba por una pelea. Al final suspendieron a Tyler durante un año y anularon sus créditos del semestre. Megan está bastante segura de que no regresará, aunque no puede saber si acaso él aprendió algo de la experiencia.

–Después de la audiencia dijo que lamentaba cómo me sentía, pero nunca se disculpó –me dijo Megan–. Nunca creyó que hubiera hecho algo malo –de hecho, me confesó, *ella* tuvo que controlarse para no disculparse con *él*–. Lo odié –dijo– pero fue una cosa muy rara. También quería darle un abrazo y decirle que lamentaba hacerle esto, arruinarle la vida.

Mi villano favorito se proyectaba en el televisor de una casa fuera del campus mientras Megan y sus amigos tomaban tragos, en vasos de colores brillantes, antes de ir a una fiesta. Había otras seis chicas y dos chicos de otra universidad que estaban de visita en la ciudad. Compartieron recuerdos de batalla de las crudas que habían sufrido, los peligros del Everclear* y las bebidas extrañas que habían probado: Jungle Juice, aguardiente de pay de manzana, vodka con infusión de mariguana o Skittles. En el curso de la siguiente hora, Megan y las otras chicas del grupo se empinarían cuatro o cinco *shots* cada una. Los hombres beberían seis.

–Tenemos un sistema –comentó uno de los hombres–. Te bebes tres *shots*, esperas tres minutos, te bebes otros dos *shots*, esperas cinco minutos, un *shot* más y terminaste –le pregunté para qué era la espera–. Para que

---

* Una marca estadounidense de alcohol rectificado de graño de 75° GL y 95° GL (N. de la T.).

podamos tener tiempo de ver si nos afectó mucho –respondió, aparentemente con gran seriedad.

Entre tragos el grupo charló, mensajeó con sus amigos y subió *selfies* a Instagram, siempre cuidándose de que no hubiera bebidas alcohólicas visibles en la toma (todos ellos eran menores de edad). «¡Las cosas no pasan a menos que pasen en Instagram!», comentó Megan en tono de broma, aunque no era del todo broma. Cada una tenía unas cuantas expresiones ensayadas que podía sacar a voluntad: sexi con la barbilla hacia abajo, cara de: «esta es mi amiga y la adoro», boca abierta con cara de: «¿no te parece que estamos locos y nos estamos divirtiendo?». Los hombres payaseaban adoptando la clásica pose de las fotos grupales de las fraternidades. Uno de ellos consultó su *feed*. «Solo tengo un "like"», dijo en tono de queja. «¡Para este momento debería tener 47!». Pasaron cuando menos media hora de su tiempo de convivencia absortos en sus pantallas individuales.

Dudo que se dieran cuenta de la frecuencia con la que se referían al género femenino, como cuando uno de los chicos comentó que una compañera de su preparatoria era «toda cristiana en el día y zorra en la noche» o como cuando, durante una amena discusión, comentaron sobre cuál de los dos sexos termina pagando más por una fiesta de fraternidad: los hombres, que compran todas las bebidas, o las chicas, que tienen que costear el «mantenimiento» de su cabello, uñas, ropa, zapatos y maquillaje. Las mujeres les recordaron a los hombres que para ellas el costo no era solamente monetario.

–Nosotras tenemos que quitarnos el vello *de todas partes*» –indicó una de ellas.

–Nada de navajas por debajo de mi cuello –respondió riendo uno de los chicos.

–Y nosotras también tenemos que caminar con tacones de más de 10 centímetros –señaló otra chica.

En ese punto los hombres reconocieron la derrota. Las chicas habían ganado, si eso puede concebirse como triunfo.

También conversaron sobre el daño colateral del ambiente de las fiestas: como el caso de una joven que sabían que se volvió bulímica; el de otra que estaba en rehabilitación; el de miembros de fraternidades que habían sido expulsados del campus; el del chico borracho que intentó, con trágicos resultados, hacer una maroma hacia atrás desde una barra.

La canción *Blurred Lines* (Límites difusos) empezó a sonar en la lista de reproducción, con su coro pegajoso y polémico: «Sé que lo quieres. Sé que lo quieres». Megan empezó a mover la cabeza siguiendo el ritmo, al parecer indiferente a la letra.

Megan dijo que, para su sorpresa, después de la violación su deseo sexual se volvió todavía más intenso. Como Holly, no quería que una experiencia negativa la definiera a ella y a sus años universitarios.

—Tuve montones de relaciones sexuales casuales durante un tiempo. Y eso estuvo bien. Me gustó volver a experimentar esa sensación vertiginosa en las mañanas, en lugar de la horrible sensación que sentí cuando me fui del cuarto de Tyler —pero ahora, en el segundo semestre de su segundo año de estudios, se estaba hartando de las aventuras de una noche—. En muchas ocasiones siento que me duele sentimentalmente —señaló—. Me pongo a mí misma en esa situación. Sé que al final no me mandará un mensaje. Eso ocurre todas las veces. Los chavos no te respetan después de tener sexo contigo. Me refiero a que por lo menos alguien me dijera que fue divertido y que deberíamos vernos de nuevo para andar juntos. Si alguien no se mensajea contigo luego de tres días, piensas: «que se vaya a la chingada», pero si de pronto manda un mensaje un sábado en la noche diciendo: «Oye, ¿quieres venir?» te sientes como obligada, porque quieres verlo y esa es la única manera.

Aunque la mayoría de las chicas y chicos afirma que en general se siente feliz acerca de su último ligue, la mayoría también expresa que en algún momento se ha arrepentido de tener sexo casual. Cuando lo hacen, algunos hombres tienden a sentir remordimientos por haber «usado» a alguien y las chicas se sienten mal por haber sido «usadas». A una estudiante de segundo año de una universidad privada de Nueva Inglaterra, le comenté que me parecía que un mensaje de texto era una manera poco decente de comunicarse con alguien con quien se pasó la noche.

—A los chicos incluso hacer *eso* les parece que es tener una concesión contigo —coincidió—. Mientras tanto, la mujer tiene que sentarse a esperar.

Y eso es una tortura. No puedes mensajearle primero, eso lo asustaría. En nuestra universidad solo tenemos un comedor, así que también está la cosa de que no te mensajeó y te lo encuentras y, ya sabes, piensas: «Mírame a los ojos. No me quiero casar contigo». O tal vez el chavo que se sienta junto a ti en la clase de biología te vio las tetas y ahora no quiere tener nada que ver contigo. Por eso es mejor no tener encuentros casuales con tus compañeros de clases. No salir con alguien que vive en tu mismo piso. Mantener separadas tu vida social y tu vida académica.

¿Víctimas o victoriosas?

Una semana después de su episodio de pérdida de la memoria, Holly volvió a ligar con Robert, el chico con el que estaba saliendo al final del semestre anterior, y finalmente tuvieron sexo. Fue asombroso.

–A la mañana siguiente me desperté feliz de haberme acostado con alguien con quien no estaba en una relación, al que conozco y me agrada como persona porque es un tipo dulce –me dijo–. Pudimos disfrutarlo, experimentar y los dos tuvimos orgasmos. Acordamos mantener esto a nivel casual. En todo caso, nuestra relación es de «amigos con beneficios». Definitivamente somos amigos. Si esto continúa, tal vez yo quiera llegar más allá. Pero eso está en veremos, porque apenas estamos empezando.

En retrospectiva, Holly no podía creer lo lejos que había llegado. Apenas hace un año era virgen. Apenas hace un año hubiera dicho que tenía que estar en una relación de compromiso por lo menos durante seis meses antes de tener coito.

–Es obvio que eso ya cambió –señaló–. Fui llevando los límites un paso más allá y un paso más allá y un paso más allá. Pero es interesante el lugar al que eso me llevó. No sé si es la cultura que me rodea la que me dice que mi comportamiento está bien y por ello me siento bien con eso, o si es porque crecí y me volví más madura, y también crecí como persona –sacudió la cabeza con incredulidad–. Ha sido un trayecto muy extraño.

Con frecuencia las chicas que conocí hablaban de «amigos con beneficios» como si fuera el Santo Grial de las relaciones amorosas: sexo regular con una pareja a la que le importas pero que no te pide involucrarte emocionalmente. Pero la verdad era que este podía ser un equilibrio difícil de lograr.

Ser «amigos con beneficios» es algo que dicen querer los estudiantes universitarios —me comentó la socióloga Lisa Wade— y quizá sea por una buena razón: podría ser una manera muy funcional de manejarse. Pero eso solo sucede en teoría. No veo que ocurra así en la realidad —entre los estudiantes a los que dio seguimiento, ni los «beneficios» ni las amistades podían conservarse—. El problema es que en la cultura del agarrón las amistades están fuera del guion. En el instante en que alguien dice «me agradas», el receptor piensa que quien lo dice desea tener una relación. Si no le puedes decir a alguien que te agrada como persona, entonces no pueden ser realmente amigos, ¿no lo crees? Así que la única forma de conservar una relación sexual continua es tratar mal a la otra persona, portarte como un desgraciado o desgraciada, para dejarle claro que no se trata de una relación romántica.

El miembro menos entusiasta de la pareja en esos encuentros de amigos con beneficios no necesariamente era el hombre.

—El año pasado tuve dos situaciones de amigos con beneficios —me dijo una estudiante del primer año de universidad a la que conocí—. En cada una de ellas le dije al chico que en ese momento no quería tener novio. Una de ellas terminó sin más ni más, pero en la otra él se encariñó mucho. Me dijo: «Como que me gustaría tener algo más», y yo —se encogió de hombros— le dije: «Pues como que yo no». Me caía bien. Era divertido y atractivo, pero al final no me gustaba *lo suficiente*. A eso es a lo que se reduce. Y ahora ya no somos amigos y eso es triste.

Holly y Robert continuaron con su… lo que fuera, durante el otoño e invierno del segundo año de estudios de ella. Pero en marzo él se comunicó con ella por última vez por Skype para romper la relación. Resulta que Holly se «contagió de sentimientos» hacia él e inició «la plática» para definir la relación. Él no estaba interesado. Se acostaron una última vez el día de San Patricio, cuando ella estaba «increíblemente ebria». Describió que se acostó arriba de él, desnuda de la cintura para abajo, y que se inclinó para darle un beso, pero entonces él volteó la cabeza y le dijo que no. Eso le dolió.

–Lo acepto –me dijo–. Definitivamente lo amaba y a veces él y yo pasamos algunos de los momentos más felices que tuve ese año. Para ser franca, en este momento me siento muy mal. Pero quiero dejarlo claro: no me arrepiento de nada de lo que pasó en esa no relación. Aunque nunca fuimos novios oficiales, sentíamos cosas y nos preocupábamos el uno por el otro, disfrutábamos pasarla juntos. Así que, aunque en muchos sentidos este es un clásico ejemplo de la manera en que la cultura de los agarrones «daña» las relaciones, quiero que sepas que no soy víctima de esa cultura, sino una participante en ella.

Regresemos con Megan. Para las 11 de la noche las calles alrededor del campus estaban atiborradas de chicas en faldas diminutas y chicos con cervezas en la mano. Era el primer fin de semana de primavera y todo el mundo estaba de fiesta. Mientras cruzábamos por un tranquilo patio interior, un par de chicos le dijeron a Megan: «¡Ven!». Cuando ella no respondió, gritaron «¡¿A dónde *vas*?!». Luego, cuando de nuevo fueron rechazados, dijeron en tono de burla: «¡Putas!».

–Odio eso –dijo Megan volteando la mirada al cielo.

Como Holly, Megan tendía a culparse a sí misma más que a la persistente doble moral cuando le faltaban al respeto.

–Los chicos no me toman en serio –me comentó–. Lo arruiné. Me saboteé. Traté de conocer gente nueva y de ir a fiestas donde me vieran de otro modo. Si averiguan de mí, se sienten en confianza para agarrarme las nalgas o tratar de fajar conmigo en la pista de baile. Nadie quiere salir con una zorra. Eso me preocupa, pero no tanto como para cambiar mi conducta.

Leslie Bell, la psicóloga y autora de *Hard to Get* (Difícil de conquistar), dice que las mujeres no son ni «principalmente víctimas ni victoriosas en la cultura de los agarrones, sino que con frecuencia están mal informadas». Según cree, necesitan entender claramente lo que pueden y no pueden obtener de los encuentros casuales; por ejemplo, los encuentros casuales

tienen pocas probabilidades de ayudarles a desarrollar las habilidades ne-
cesarias para obtener buen sexo o buenas relaciones. Ese es un consejo
sabio, pero no cambia los términos del debate. Algunas chicas me presu-
mieron que podían «tener sexo como los hombres», y con eso se referían a
que podían hacerlo sin emoción, cosificando a sus parejas de manera tan
amplia y reductiva como a menudo lo hacen los hombres con ellas. Eso
me pareció una manera triste e indigna de lograr la igualdad. ¿Qué tal si,
en lugar de eso, esperaran que los hombres fueran tan generosos, en un
sentido sexual, como lo son ellas? ¿Qué tal si se les enseñara que todas las
parejas sexuales, ya sean totales desconocidos o amigos íntimos, merecen
estima y generosidad, como la merecen todas las personas en cualquier
interacción humana? ¿Qué tal si se les enseñara a no aceptar nada que no
cumpla con ese criterio?

Había llegado el momento de regresar a la tierra de los adultos: Megan
iba a la fiesta de una fraternidad y ambas sabíamos que no me dejarían entrar. Megan estaba preocupada por mí, dudaba de si estaría bien y si podría
encontrar sola el camino para salir del campus, dónde podría encontrar un
taxi. Nos despedimos con un abrazo y yo empecé a alejarme.

–¡Cuídate! –gritó a mis espaldas.

Y para mis adentros, pensé: «¡Tú también!».

CAPÍTULO 5

Salir del clóset:
en línea y en la vida real

La nieve había estado cayendo con fuerza toda la mañana afuera de la ventana de mi cuarto de hotel: cinco centímetros, 10 centímetros. Quince. Para las dos de la tarde todo el pueblo donde está la universidad que estaba visitando se cerró por completo. Se cancelaron las clases. No había autos o autobuses que se aventuraran por las calles resbalosas. Los estudiantes de los clubes de ski y snowboard habían improvisado un sistema de sonido en la parte más alta de una colina que apenas tenía la altura suficiente como para que un niño se deslizara en un trineo, y alegremente, aunque un tanto bebidos, se deslizaban en estilo libre al ritmo de la música. Para las tres de la tarde ya estaba anocheciendo y habían cancelado todas mis citas.

Excepto una. En un punto lejano de la calle detecté una figura que caminaba con dificultad con unas botas Timberland y una chamarra de pluma de ganso, con las manos metidas en los bolsillos y los hombros inclinados contra el viento. Me dirigí al lobby, a donde llegué justo a tiempo para recibir la ráfaga de aire helado que se metió cuando se abrió la puerta giratoria. La chica sacudió sus botas cubiertas de nieve, se quitó una bufanda que reveló sus mejillas sonrosadas y se retiró los guantes. Extendió la mano para darme un apretón firme.

–Debes ser Peggy –dijo con una sonrisa y mirándome directo a los ojos–. Soy Amber McNeill.

La nueva esquina de la calle

No debió sorprenderme que Amber tuviera el valor de capotear una tormenta de nieve para reunirse conmigo. Las chicas gay que respondieron mis preguntas por correo electrónico fueron las que más insistieron en ser escuchadas. «Soy una mujer joven, gay y de color», escribió una de ellas. «*Tenemos* que hablar, ¡yo soy tu unicornio!». Recibí más respuestas de las que esperaba de las jóvenes *queer* de todo el espectro, tanto racial como de orientación. Una chica de 18 años, estadounidense de origen coreano, se identificó como asexual; lo cual significa que ni hombres ni mujeres le atraen físicamente. Debo admitir que me confundió: al entrevistarla, sentí como si le hablara a una vegana de un libro sobre el placer de comer carne. Pero ella quería dejar claro que su orientación sexual era legítima y que no provenía del abuso ni del rechazo.

–No recuerdo que alguna vez me haya sentido diferente –dijo–. Simplemente nunca me interesó el sexo. Me parece un poco… asqueroso –agregó que en internet incluso hay una creciente comunidad asexual, con grupos de apoyo, materiales educativos y sitios de reunión.

Al inicio de todas las entrevistas que llevé a cabo pregunté cuáles pronombres –o combinación de los mismos– debía usar para referirme a las parejas sexuales de una chica. Muchas se identificaron sin ambigüedades como heterosexuales o gay, y otras como bisexuales o bicuriosas. Varias veces la entrevista en sí se convirtió en un sitio que les dio la oportunidad de explorar sentimientos incipientes. Por ejemplo, Lizzy, una reservada joven de 18 años que estaba en el primer mes de su primer año en una universidad de la zona media de la costa atlántica, se veía intranquila y se sonrojaba durante gran parte de nuestra plática, mirando al piso o por encima de mi hombro cuando hablaba. Parecía que estaba pasando por una depresión leve y se mostró tan poco conversadora que empecé a preguntarme por qué había accedido a conversar conmigo. Me dijo que era del tipo de chicas a las que excluían y acosaban en el bachillerato, a las que «las jóvenes atléticas-bonitas-listas que lo tienen «todo», incluida la atención de los chicos», les decían «perra» y «gorda». Aun así, en su primer año de prepa tuvo un novio, un compañero clarinetista de la orquesta escolar que se llamaba Will.

–Sin embargo, nunca sentí deseo sexual por él –comentó–. Era más bien mi mejor amigo. La pasábamos juntos viendo televisión o yendo al cine. A veces nos besábamos un poco, pero no era faje completo.

Le pregunté cómo se sentía en esos momentos y se encogió de hombros.

–Estaba bien, supongo. En realidad no era lo mío. Siendo honesta, en verdad no entiendo qué tiene de maravilloso.

Luego de alrededor de cuatro meses, Will empezó a presionarla a llegar más lejos –mucho más lejos– a través de mensajes insistentes. «¡Deberíamos tener sexo!», le escribió: «¡Ándale! ¡Nos vamos a divertir! ¡Será maravilloso!», así como: «¿Por qué no? ¡No entiendo!».

–Le dije que me estaba incomodando –dijo Lizzy–. ¡Nunca habíamos hecho nada que pasara del cuello! Pero él seguía insistiendo, mensajeándome en relación con eso una y otra vez.

Aunque Lizzy no creía que tuviera que justificar su desinterés en tener relaciones sexuales con un chico al que apenas había besado, que evidentemente no tenía ningún respeto por sus límites y cuyas habilidades de conversación no iban más allá del teclado, de todos modos intentó hacerlo. Me dijo que su renuencia tal vez se debía a que sentía vergüenza de su cuerpo.

–Ves montones de modelos y superestrellas; todas son tan delgadas y hermosas –señaló, mirándose el vientre flácido–. Incluso cuando compras ropa ves que todo está diseñado para personas delgadas y yo simplemente no soy delgada –luego sacudió la cabeza–. Pero de verdad no sentía atracción suficiente hacia él como para siquiera querer intentarlo. Era simplemente: «¡Ay, no! Quiere que nos acostemos y yo no quiero».

Después de dos meses de esquivarlo, ella le sugirió que «se dieran un tiempo». Will, su supuesto «mejor amigo», no le volvió a dirigir la palabra.

Otros chicos, incluso hombres adultos, habían demostrado interés en ella desde entonces, pero nunca respondió a sus insinuaciones; la posibilidad de la intimidad física le resultaba desagradable. Le pedí que recordara alguna ocasión en que hubiera sentido placer físico. Se sonrojó y dijo: «No recuerdo ninguna». ¿Una en que sintieras excitación sexual? El color de sus mejillas subió de tono.

–No recuerdo explorar nada de eso. Simplemente quiero ir a mis clases y terminar mis tareas. Y es difícil abrirse con la gente. Se requiere mucho esfuerzo.

Pude ver que en su caso era así; nuestra conversación fue entrecortada. Tal vez haya sido la chica menos voluble que haya conocido. Luego le pregunté:

–Solo hemos hablado de los hombres. ¿Alguna vez sentiste atracción hacia otras chicas?

De nuevo, el rostro de Lizzy se sonrojó, pero esta vez pareció ser de placer.

–Conozco a una chava que es muy buena amiga mía –admitió, y luego, por primera vez en nuestra conversación, se rio–. Creo que me gusta en ambos sentidos, ¿me entiendes? Es como si estuviera en la orillita. Tiene algo que... es increíble. –Rio de nuevo y su sonrisa le iluminó la cara–. No sé cómo describirlo. Nunca había conocido a alguien que me hiciera sentir... *así*.

Lizzy nunca ha conocido personalmente a nadie que sea gay, pero sí ha leído sobre la homosexualidad en internet, de manera específica en *fan fiction*, que son historias originales escritas y difundidas en línea por los fanáticos de libros, programas de televisión, obras de teatro, películas o canciones populares. Es bien sabido que la novela erótica *Cincuenta sombras de Grey* inició como una *fan fiction* basada en *Crepúsculo*. Harry Potter tiene 80 000 historias de *fanfic* tan solo en un sitio web. Una historia de *fan fiction* basada en *Los juegos del hambre* tenía, hasta este momento, más de dos millones de visitas. Estas obras de ficción pueden «cruzar» mundos o géneros; por ejemplo, Harry Styles podría perder su Dirección y terminar en la Tierra Media. También incluyen escarceos eróticos, típicamente homosexuales, que (supuestamente) nunca imaginaron los creadores de los personajes: el señor Spock con el Capitán Kirk; Holmes con Watson; Batman con el Guasón; Hermione con Ginny. Las principales creadoras y consumidoras de *fan fiction* son mujeres y niñas. En consecuencia, es difícil saber por qué el abrumador porcentaje de encuentros sexuales ocurre entre hombres. Quizá es porque las mujeres siguen estando subrepresentadas en los medios establecidos y, por ende, son menos convincentes como personajes. O tal vez se deba a que escribir sobre los cuerpos masculinos libera a las mujeres de los juicios sobre la apariencia, el comportamiento o la asertividad que típicamente oprimen su exploración sexual. Sin importar la razón, la *fan fiction* proporciona una forma de libertad a las mujeres jóvenes: en general no tiene motivo o viabilidad comercial y es una esquina de los medios de la que, con pocas excepciones, nadie obtiene un beneficio económico.

Como ocurre con todo lo demás en la ilimitada mezcolanza de internet, ese abanico puede tener ventajas y desventajas: una chica de 18 años de Staten Island recuerda haberse encontrado con la *fan fiction* pornográfica en secundaria.

–Las niñas pequeñas y las grandes, y a veces los hombres, escriben un *montón* de porno con personajes que les gustan –comentó–. Yo lo leía todo. No sabía del sadomasoquismo y del *bondage* hasta que leí *fan fiction*; aparece en muchas escenas sexuales. Y por largo tiempo pensé que el tamaño promedio de un pene no erecto era de 20 centímetros y que *luego* se hacía más grande. Y pensé: «¡No quiero que nunca se me acerque ninguno de esos!».

Lizzy, una ávida fanática del programa de televisión *Dr. Who*, se expuso por primera vez al lesbianismo por casualidad, en un blog de Tumblr que convertía en pareja a dos personajes que, en el programa en sí, son heterosexuales.

–Al principio fue raro –me dijo Lizzy–, pero la historia en sí era muy buena. Funcionaba. Así que la seguí leyendo. Y eso amplió mi perspectiva del mundo. Me refiero a que nunca antes había pensado en esas cosas. Fue… bueno, no me dio vergüenza, pero era extraño. Ajeno. Excitante.

Con frecuencia los adultos, entre los que me incluyo, se preocupan de los peligros de internet para los chicos, en especial en lo que se refiere al sexo. Nuestros temores son comprensibles: el acceso fácil a la pornografía extrema, la distorsión del cuerpo femenino y los escándalos relacionados con el sexteo son motivos suficientes para que cualquiera que haya nacido antes de 1980 sienta que estamos cerca del Apocalipsis. Sin embargo, como ocurre con tantas cosas en la cultura contemporánea, difícilmente es así de simple. Mientras los adultos sigan evitando discutir abiertamente con los adolescentes el tema de la sexualidad, será inevitable que estos busquen información en los medios electrónicos actuales. Eso representa tanto un problema como una oportunidad. Sí, hay foros de discusión como Reddit, que rápidamente pueden convertirse en sitios de fotografías obscenas de los senos femeninos o de las nalgas de niñas adolescentes en pantaloncillos cortísimos, bikinis y cosas parecidas. (La política de la empresa contra la publicación de porno no consensuado, que se anunció a principios de 2015, no ha logrado hasta la fecha que se reduzcan tales «comunidades»). Pero también están Scarleteen, Go Ask Alice! y Sex, etc., cuyos consejos pueden ser explícitos, pero son escrupulosamente precisos en un sentido médico.

Como sucede con sus pares heterosexuales, internet puede tener un doble filo para los adolescentes de la comunidad LGBTTIQ. Según el informe *Out Online* de 2013, de la Gay, Lesbian, and Straight Education Network (Red de Educación para Personas Gay, Lesbianas y Heterosexuales), los adolescentes homosexuales experimentan el ciberacoso a una tasa tres veces mayor que los heterosexuales; las mujeres con más frecuencia que los hombres. Sin embargo, los chicos de la comunidad LGBTTIQ también acuden a internet para encontrar información y apoyo, ambos cruciales para una población cuya tasa de intentos de suicidio sigue siendo cinco veces mayor que la de otros adolescentes. Según el informe, más de la mitad de los jóvenes de la comunidad LGBTTIQ que no han salido del clóset en persona, usó internet para conectarse de manera virtual con otras personas afines a ellos. Más de uno de cada 10 reveló su identidad sexual a alguien en línea antes de decírselo a nadie en el mundo «real», y más de una cuarta parte de ellos eran más abiertos en su orientación sexual en internet que en sus vidas en el mundo fuera de línea.

Idealmente, los adolescentes homosexuales no deberían necesitar recurrir a salas de chat que trolean a los gays para obtener información o aceptación. Pero al mismo tiempo, internet les ha proporcionado una ruta sin precedente para normalizar y aceptar su identidad sexual. Lizzy me ofreció un atisbo de cómo podría iniciar eso, al igual que la joven que encontró en línea el apoyo para su asexualidad. Pero fue Amber, quien tiene 19 años y que estudia en una universidad a cientos de kilómetros de Lizzy, quien ilustró mejor el potencial (y un poco de las rarezas) de nuestro mundo interconectado.

Después de presentarnos en el helado lobby del hotel, fuimos a mi habitación; Amber se acomodó en un sillón de orejas bajo la luz de una lámpara y empezó a contarme cómo, a pesar de que trataba de aparentar ser la chica popular y heterosexual que sus padres esperaban que fuera, en secreto, en línea, se estaba dirigiendo a otra cosa, a algo que no siempre había entendido, a partir de lo cual se creó una segunda identidad que, al final, probó ser la más real de todas.

Haciéndola de buga

La primera vez que Amber presentó en internet una imagen falsa de sí misma fue cuando apenas tenía nueve años, haciendo exactamente lo que los padres temen: platicando con desconocidos en un sitio de videojuegos.

–La gente intentaba empezar conversaciones sexuales conmigo –dijo–. Ni siquiera sé si en realidad sabía lo que era el sexo. Era una niña inocente.

A la larga, sus padres se preguntaron por qué pasaba tanto tiempo en la computadora y vieron su historial. Cuando descubrieron lo que había estado haciendo, al instante le prohibieron que entrara en línea de manera indefinida. A Amber no le importó tanto el castigo como la reacción horrorizada de sus padres.

–Sentí que había estado haciendo algo muy malo –recuerda–. Estaba destrozada. No quise tocar de nuevo un teclado durante un año.

Pero cuando lo hizo, entró a *Second Life* y *The Sims*, que son mundos virtuales en los que los usuarios, representados por avatares, pueden interactuar de nuevo entre sí. Ya sea en internet o en un PlayStation, Amber siempre elegía un avatar hombre.

–No pensé que tuviera nada de malo –me explicó–. Era simplemente lo que me gustaba. Elegía mi avatar de niño y luego entraba en esos sitios web y hablaba con las niñas, les decía que eran bonitas o lo que fuera que alguien de quinto año diría. En realidad nunca lo cuestioné. Sinceramente, ni siquiera sabía el significado de la palabra *gay*. Nadie hablaba de eso: ni en casa, ni en la escuela. Lo cual es extraño, porque no es que haya crecido en medio de la nada. Vivíamos cerca de una gran universidad. Fui a un bachillerato con 3 000 alumnos. Pero nadie decía nada, así que nunca cuestioné mi sexualidad.

Por supuesto, esto sucedió años antes de que la Suprema Corte dictara que los matrimonios del mismo sexo eran legales en los 50 estados de Estados Unidos. Aun así, no era exactamente la era del Oscurantismo: celebridades como Melissa Etheridge y Ellen DeGeneres aceptaron públicamente su sexualidad en los años noventa. En televisión y también en el cine los personajes homosexuales eran cada vez más comunes (y no estereotipados). Quizá fue por eso que la edad promedio en que se sale del clóset en Estados Unidos empezó a disminuir notablemente: de 25 años en 1991 a entre 14 y 16 en la actualidad.

–Los niños informan tener conciencia de la atracción sexual aproximadamente a los diez años –me comentó Caitlin Ryan, directora del Family Acceptance Project (Proyecto de Aceptación Familiar) en la Universidad Estatal de San Francisco–. Esa es una edad anterior a la que creen la mayoría de los adultos, incluyendo los padres. Pero la orientación sexual no solo se trata del sexo. También se refiere a la afinidad social y emocional, las relaciones humanas y los sentimientos de conexión.

Me indicó como ejemplo el musical de Broadway *Fun Home*, que está basado en la memoria gráfica de la caricaturista Alison Bechdel. La «pequeña Alison», quien tiene nueve años, enfrenta por primera vez sus propias diferencias cuando ve a una mensajera masculina entrar a un restaurante. La impresionante canción, «Ring of Keys» (Llavero), que canta la pequeña Alison, no trata sobre el erotismo, sino sobre la identidad y el reconocimiento: un himno al «contoneo» y «comportamiento» de la mujer; su pelo cortado «como debe ser», sus jeans y botas con agujetas; su modo de ser y de presentarse ante el mundo.

Tal vez los avatares de Amber fueron su «llavero». En cualquier caso, eso no duró; sus padres volvieron a revisar el historial de su computadora y descubrieron en qué andaba. Para entonces se habían divorciado y su padre se había mudado fuera del estado. Amber me contó de una vez en que su madre la llevó al aeropuerto para que viajara con su padre. Recuerda que estaba sentada en el auto de su mamá mientras sus padres deliberaban en la acera y escuchó que su padre decía, sombríamente: «Volvió a pasar». Después su madre le preguntó por qué había elegido avatares masculinos, pero antes de que pudiera responder, ella misma respondió lo que quería oír.

–Me dijo: «Solo querías ver cómo se sentía, ¿verdad?» –recordó Amber–. Y yo le contesté algo como: «Sí, claro, tienes razón: quería ver cómo se sentía».

Si su madre albergaba alguna idea sobre la sexualidad de su hija, no se lo informó.

No se requiere mucho tiempo para que los jóvenes superen los conocimientos de sus padres sobre internet. Para el segundo de secundaria Amber tenía los suficientes conocimientos como para borrar su historial de búsqueda, crear cuentas gratuitas de correo electrónico ilocalizables y cubrir sus huellas. Haciéndose pasar como un chico llamado Jake, creó una página falsa en MySpace en la que publicó una foto de perfil que descargó de la página de un lindo chico de su escuela y afirmó que venía de Los Ángeles. Si en ese tiempo alguien le hubiera preguntado por qué lo hacía, no habría sabido qué responder; solo en retrospectiva puede conectar su comportamiento con su orientación sexual. Durante dos años usó la página como pantalla para coquetear con lo que describe como «montones y montones» de niñas. Ninguna de ellas se dio cuenta, aunque hablaron con ella por teléfono. (Amber me demostró su imitación bastante creíble de la voz de un joven adolescente). Pero cometió un error: les dio el número de su teléfono celular real, atribuyendo el código de área en el medio oeste a una reciente mudanza. Eso sucedió hace seis años y sigue recibiendo mensajes de texto de algunas de las chicas.

–El otro día de la nada me llegó un texto que decía: «te extraño» –me contó–. Fue un poco raro.

Se me ocurrió que quizás el novio imaginario ideal de una niña adolescente bien podría ser otra chica que finge ser hombre. ¿Quién podría saber mejor qué es lo que quiere que le digan? Amber coincidió conmigo:

–Creo que se acuerdan de cuando estaban en secundaria y piensan: «Recuerdo a aquel chavo: era muy agradable y siempre era muy *comprensivo*».

Sin embargo, el recuerdo de ese periodo es doloroso para Amber. Se siente avergonzada y culpable de engañar a las otras niñas.

–Eso me molestó durante largo tiempo –comenta–. Pero ahora siento que ya casi lo superé, solo que cuando de la nada me llegan esos mensajes me quedo pensando «¿qué demonios?». Después de ver suficientes episodios de *Catfish* creo que podrían darse cuenta de que no habían estado hablando con una persona real con el código de área incorrecto.

»Cuando piensas en ello –añadió– es un poco triste.

Mientras Amber fingía en línea que era hombre, en la vida real estaba aprendiendo, en cierto modo, a fingir que era una niña, o cuando menos cierto tipo de niña. Hasta la pubertad, Amber pasaba como una de esas chicas a las que les dicen «marimacha». Se ponía ropa amplia, se engominaba el pelo hacia atrás y a veces fingía rasurarse junto con su papá. Si en ocasiones la confundían con un niño, no le molestaba en absoluto. No es que alguien la *forzara* a cambiar, pero cuando llegó a la secundaria las expectativas eran evidentes. Su mamá había sido porrista y su papá es ortodoncista. A ambos les importaba la apariencia. Quizá sus padres hayan tenido sospechas sobre la orientación sexual de Amber; tal vez esperaban suprimirlas. Cuando menos estaban ansiosos de que se comportara como una chica convencionalmente femenina. La alentaron a ponerse faldas y su mamá le enseñó a maquillarse.

–No quería ser la niña «rara» –recuerda Amber–. Así que, ya sabes, tenía que seguirles la corriente. Me ponía rímel y decía cosas como «¡Claro que *me encanta* Zac Efron!» porque quería encajar con los demás. Pero siempre me estaba jalando la ropa, nunca me sentía cómoda. Simplemente estaba siguiendo la corriente; dejándome llevar.

Amber trató de participar de igual manera cuando sus amigas experimentaban con «relaciones» que duraban una o dos semanas, pero cada vez que un chico la rodeaba con el brazo, ella lo empujaba.

–A mis amigas les decía que era un raro o un molesto o un empalagoso –comenta–. Y luego les pedía que «rompieran» con él en mi nombre.

Sin embargo, a los 15 años Amber conoció a un chico que se llamaba Jake. De inmediato se sintió atraída hacia él.

–Éramos los mejores amigos. Mi mamá solía decir que éramos como la misma persona en cuerpos diferentes. Jugábamos videojuegos y veíamos películas. Me llevaba con su familia y él pasaba tiempo con la mía. –No alentó un noviazgo pero, como dice, al igual que ocurrió con las minifaldas y el brillo labial, simplemente estaba siguiendo la corriente, así que por qué no seguirla también con eso de tener novio.

Para alivio de Amber, Jake era un devoto cristiano que planeaba mantenerse virgen hasta el matrimonio, así que ella supuso que «no había nada de qué preocuparse». Durante unos cuantos meses, a lo largo del otoño de su segundo año de secundaria, la pareja apenas hizo algo más que besarse. Aunque Amber no lo disfrutaba, tampoco se resistía a hacerlo.

–En realidad no sentía nada cuando lo hacíamos –comenta–. No me excitaba. Simplemente… sucedía.

En enero Jake la invitó al baile formal de invierno de la escuela. Ella le dijo que sí, aunque la idea de perrear en la pista con una falda corta no le resultaba agradable. Encontró un vestido rojo que llegaba a la altura de las rodillas y que, como ella dice, «era atrevido, pero no mostraba nada de tetas» y se puso tacones de aguja («pero cerrados, no de tiritas»). En cuanto al baile, dice que lo toleró, aunque la verdad sea dicha, eso me dijeron también muchas de las jóvenes heterosexuales con las que hablé. Después del baile, Jake le sugirió que fueran por un refresco al McDonald's y que se sentaran a platicar un rato en el coche. Amber aceptó pensando: «Nada más somos Jake y yo, ya sabes. Así que me pareció bien». Se metieron al estacionamiento de una iglesia y Jake apagó el motor y se inclinó para darle un beso. En ese momento, y sin advertencia, deslizó la mano por debajo de su falda. Ella empezó a sudar frío y a sentir que el estómago se le contraía, pero se quedó callada. Cuando él le sugirió que se pasaran al asiento trasero, de nuevo Amber «le siguió la corriente».

Continuó dejándose llevar mientras Jake le tomaba la mano para meterla dentro de sus pantalones. Se dejó llevar mientras él le bajaba las pantaletas.

–Entonces –dice Amber–. Dios mío, era un chavito de 16 años y metió el dedo por el lado incorrecto. ¡Lo metió por detrás!

Jake estaba mortificado. «¡Lo siento mucho! ¡Lo siento mucho!», repetía una y otra vez. Amber lo tranquilizó diciéndole que todo estaba bien porque no quería que se sintiera mal, pero el ambiente se había roto por completo. Él se subió el cierre del pantalón y se pasó al asiento delantero.

–De hecho, eso fue lo mejor que pudo haber pasado –dice ahora Amber–. Porque ahí terminó el asunto. Simplemente me llevó a la casa y yo pensé: «¡Sí! ¡Se acabó!».

Aunque por supuesto no quedó allí. Como le había permitido que la tocara, Jake supuso que podría hacerlo de nuevo. Y Amber nunca le dijo que no. Tampoco dijo que sí y él interpretó su pasividad como consentimiento. Se quedaba sentada sin moverse, con las manos a los costados, mirando al techo mientras él la tocaba y se frotaba contra ella.

–Una vez me preguntó por qué yo no gemía como las chicas de los videos porno –comentó–. Él veía un *montón* de pornografía. Le dije que me mantenía callada porque estaba muy concentrada. Entonces pensó que me gustaba. Pensó que era normal y yo dejé que lo siguiera pensando. Porque yo era Amber, la que siempre seguía la corriente.

La mayoría de las chicas gay y bisexuales que conocí atravesaron por un periodo en el que trataron de aparentar que eran heterosexuales, experimentando a veces con el lesbianismo dando la apariencia de heterosexualidad. Por ejemplo, una chica bisexual que estudiaba el último año de prepa en San Francisco asistía a un club para todas las edades para poder besarse con otras chicas en la pista de baile. Recuerda que: «Ellas lo hacían principalmente para atraer la atención de los chicos, lo cual no era mi caso. Pero ellas no lo sabían, así que era fantástico». Posteriormente llegó más allá, llevando a una segunda chica a la cama con su novio; para su primer año de universidad ya estaba saliendo con una mujer. En general, en años recientes las jóvenes se están volviendo más abiertas en cuanto a la atracción por personas de su mismo sexo; aceptan más la fluidez sexual. Por ejemplo, a principios de la década de 1990 solo 3% de las mujeres que se identificaban como heterosexuales en la encuesta *The Sex Lives of College Students* (La vida sexual de los estudiantes universitarios) informó haber tenido alguna experiencia sexual con una persona de su mismo sexo; para 2008 cerca de un tercio la había tenido (aunque, de nuevo, no se estableció distinción entre las relaciones entre mujeres realizadas principalmente para excitar a los hombres y las relaciones lésbicas verdaderas).

Para Amber, dejarse llevar por la corriente heterosexual se volvió cada vez más difícil. Sabía que no sentía –ni *podía* sentir– por Jake, o por cualquier chico, lo mismo que sentían sus amigas.

–Sacaban fotos de hombres que habían conocido en las vacaciones o en Facebook y decían cosas como: «Uff, está buenísimo. Me encantaría acostarme con él» –comenta Amber–. Y yo comentaba «*Sí, claro*, a mí también». Eso era lo único que podía decir. O a veces decía algo como: «Es muy atractivo». Nunca decía que un chavo estuviera buenísimo o ni siquiera que estuviera guapo. Nunca pensé que ninguno de ellos lo fuera.

Igual que Lizzy, Amber nunca había conocido a una lesbiana en forma personal, aunque las había visto en programas de televisión como *The L Word*. Le preocupaba que sus sentimientos no se consideraran normales, que pudiera avergonzar a su madre, decepcionar a su padre y alejar a sus amigos. Para el otoño de su primer año de preparatoria, el esfuerzo por mantener las apariencias de ser buga la agotaba y deprimía. Así que se dirigió a la única salida que se le ocurrió: internet.

–Necesitaba encontrar con quien quejarme –dice Amber–. Pensé que bastaría con sacar todo lo que llevaba dentro de mí para poder volver a reprimir mis sentimientos durante unos cuantos años más–. Buscó blogs gays en Tumblr, algo que yo misma intenté y, cuando menos de inicio, la búsqueda le arrojó una variedad de fotografías de hombres: algunos besándose con dulzura; otros desnudos, frotándose enormes penes erectos; eyaculando en la cara de otro hombre; haciendo sexo oral o anal en parejas, tríos o grupos más grandes. Los resultados para «lesbianas» eran igualmente explícitos, aunque añadir el término «adolescentes» produjo, junto con todo el material xxx, unas cuantas frases de angustia adolescente, imágenes de gatos bailarines y *selfies* seleccionadas con mucho cuidado. En una página llamada «Chicas a las que les gustan las chicas», Amber encontró a Hannah, quien estaba evidentemente en la categoría de comentarios de angustia y no explícitos. Hannah había publicado sus propios escritos, al igual que fotos de sitios que soñaba visitar en París, Londres y Roma. No mostraba imágenes de su rostro. Amber recuerda: «Eso me hizo sentir que ella realmente quería hablar». También vivía muy lejos, en Ottawa, Canadá.

–Era perfecto. Podría contarle todas las chingaderas que había hecho y nunca tendría que volver a hablar con ella. –Amber calló un instante, sacudiendo la cabeza–. Estaba tan equivocada –continuó–. *Tan* equivocada. Hannah me movió el tapete.

Salir del clóset en el siglo XXI

En otra noche invernal, unos meses después de conocernos, Amber me presentó a Hannah. Estaban a casi 4 800 kilómetros de distancia, y al otro lado de una frontera internacional, pero gracias a Skype todas estábamos en la misma habitación. Hannah se levantaba a cada rato para ir a revisar el pan de plátano con chispas de chocolate que le estaba horneando a Amber. («Es su favorito», explicó). Me platicaron sobre la fiesta de Año Nuevo a la que fueron; sobre que, en Navidad, Amber llevó a Hannah a una pista de patinaje y le regaló un collar; sobre la última vez que estuvieron con sus familias. Se sentaron una al lado de la otra, abrazadas, tocándose constantemente como lo hacen los jóvenes amantes. Amber llevaba una sudadera de la universidad de Hannah y esta última llevaba una camiseta de la universidad de Amber, con su largo y oscuro pelo cubriendo el emblema de la escuela.

Cinco minutos después de que Amber envió el primer y trascendental mensaje, recibió una respuesta de Hannah sugiriéndole que se comunicaran por Skype. Así lo hicieron y terminaron hablando hasta las cuatro de la mañana.

–Le conté todo –dice ahora Amber, mirando con afecto a Hannah–. Sobre mi perfil falso en MySpace, sobre cuando me descubrieron mis padres, todo. Fue una locura. De inmediato supe que no quería hablar con nadie más por el resto de mi vida. Fue la primera persona que me dijo que mis sentimientos no tenían nada de malo. Y me di cuenta de que *así* era precisamente como debía sentirse una relación. Se supone que te reconozcan y acepten, y que te sientas cómoda y capaz de decirlo todo. –Los ojos de Hannah se humedecieron y Amber la atrajo hacia ella–. ¿Por qué lloras? –le preguntó.

–Porque estabas muy triste –respondió Hannah–. Necesitabas que alguien te escuchara. Recuerdo que pensé: «Esta niña sí que necesita que alguien le diga que está bien».

Luego de unas cuantas semanas la relación de Amber con Jake decayó y se separaron de mutuo acuerdo. Aunque ahora estaba libre, apenas tenía 16 años y el nuevo objeto de su amor vivía en Canadá. No había manera de que pudiera ver a Hannah en persona, por lo menos no sin sincerarse con sus padres.

YouTube está lleno de «videos para salir del clóset» –esa frase produce más de 21 millones de resultados. Son conmovedores y divertidos, y algunos incluso son desgarradores, cuando los padres aceptan o rechazan a sus hijos en vivo, en pantalla. Hay videos de gemelos que salen juntos del clóset. Hay un subgénero de videos de «cómo salir del clóset» y otro de canciones que escribe la gente al respecto. Amber miró docenas de ellos intentando reunir valor para hablar con su madre. Decidió hacerlo en las vacaciones de invierno, pero la Navidad se convirtió en Año Nuevo y ella siguió aplazando la conversación. Finalmente, justo antes de reiniciar las clases, invitó a su madre a comer, algo que no era común que hiciera. Fue una decisión estratégica: Amber supuso que su mamá no podría hacerle una escena en público. Acordaron reunirse en un restaurante delicatessen. Recuerda que esa mañana estaba tan nerviosa que sentía el cuerpo tembloroso: aún se pregunta cómo pudo manejar hasta allí sin chocar. Su madre ya estaba sentada, con cara de angustia.

–¿Estás embarazada? –le espetó incluso antes de que siquiera se sentara. Amber se rio y le respondió:

–No, mamá –pensando para sí misma–: «Nada más lejos de eso».

Amber desdobló la carta que había escrito un mes antes y que llevaba consigo desde entonces. «Te quiero mucho y no quiero decepcionarte, y siempre quiero que seas feliz», le leyó. Y luego venían dos palabras: *soy gay*. Pero cuando llegó a ellas se atragantó.

–No pude decirlas, creo que es porque yo misma no lo había aceptado. Finalmente, ni siquiera sé cómo, pero se lo dije.

Al principio su madre pareció aliviada. Su hija no estaba drogándose, no había robado, no estaba embarazada y no tenía una infección de transmisión sexual. Y tampoco quería mudarse con su papá. Su madre la abrazó y le dijo que estaba bien, que todo estaba muy bien. «Te amo», le dijo, y luego la conversación dio un giro. «¿Cómo *sabes* que eres gay?», le preguntó. «Tal vez solo sea una fase. Quizá, es por el divorcio, o porque te faltó una figura masculina».

–No había modo de que me creyera que nací así –me dijo Amber–. Simplemente no lo entendía.

A medida que la edad para salir del clóset ha disminuido, el apoyo parental se ha vuelto más crucial que nunca. Una cosa es que tu mamá y tu papá te corran de la casa cuando tienes 25 años y otra muy diferente es que lo hagan cuando tienes 12. En una encuesta con más de 10 000 adolescentes en la que se les preguntó sobre las cosas que más les gustaría cambiar en su vida, aquellos que se identificaban como miembros de la comunidad LGBT incluyeron la intolerancia y la situación familiar; otros chicos señalaron las finanzas y su peso o apariencia. Los jóvenes de la comunidad LGBT también citaron a la familia como su «problema más importante»; otros niños dijeron que eran las calificaciones. Según Caitlin Ryan, la aceptación familiar es el principal factor en el bienestar de los chicos de la comunidad LGBT. La organización de Ryan vincula el rechazo de los padres con un aumento en el riesgo de suicidio, depresión, abuso de drogas y adquisición del VIH/sida. En cierto grado, esto sería evidente en sí mismo. Pero lo que los adolescentes experimentan como «rechazo» es menos obvio. Por ejemplo, está el silencio de los padres: una chica me dijo muy enojada que mientras que la página de Facebook de su madre estaba llena de fotos de su hermano y de la novia de él, no había ninguna imagen de ella con *su* novia. Los adolescentes también consideraban que comentarios como el que hizo la mamá de Amber («¿Estás segura?» o «Quizá es una fase») pueden lastimarlos profundamente. Ignorar los comentarios insultantes de la familia extensa también se incluye en el mismo rubro. Dicho esto, Ryan encontró que la mayoría de esas respuestas negativas o ambivalentes provienen del amor de los padres por sus hijos.

–A menudo los padres están expresando temores y ansiedades exacerbados por la información incorrecta –comentó–. Se preguntan: «¿Qué le va a pasar a mi hijo en el mundo? ¿Cómo voy a lidiar con esto dentro de mi propia familia? ¿Cómo voy a reconciliar mis creencias contradictorias?». La buena noticia es que un pequeño cambio en la forma en que responden puede significar una enorme diferencia.

Pasarían meses de discusiones y tensión para que la madre de Amber cambiara de opinión; ciertamente, no parecía el momento correcto para contarle sobre Hannah. De modo que Amber decidió aplazar el tema un poco más. Mientras tanto, las dos chicas siguieron comunicándose por Skype a altas horas de la noche.

–¿Con quién te la pasas chateando? –le preguntaba su hermana menor.

Amber se encogía de hombros y solo le respondía: «Con una amiga».

Eso no satisfizo la curiosidad de la hermanita, quien empezó a sospechar y a mostrarse hostil. En una ocasión se deslizó detrás de Amber en el cuarto de lavado de la casa y le dijo: «Eres una marica, Amber. Eres una machorra». Otras veces le susurraba entre dientes: «Eres toda una *lesbiana*».

–Creo que mi hermana simplemente no conocía una manera sana de lograr que saliera del clóset ante ella y de verdad quería saberlo –me dijo Amber. Cuando demostré admiración por su espíritu generoso, añadió–: Bueno, sí hirió mis sentimientos. Incluso ahora eso se interpone en nuestra relación. Y es que ¿quién le hace eso a su hermana?

Por supuesto que salir del clóset no es un asunto de una vez. La persona tiene que hacerlo una y otra vez, no solo con quienes ya conoce, sino con todos los que llegue a conocer. Amber intentó decírselo a unas cuantas amigas en las que confiaba, y quizá no sea de sorprender que eligiera revelar la noticia a través de un chat o de mensajes por Facebook.

–Nunca podría haberlo hecho en persona –dijo–. Sus amigas siempre le aseguraron que eso no cambiaría en nada su amistad, pero no volvían a mencionar la conversación e invariablemente se distanciaban poco a poco–. Yo pensaba: «Muy bien, supongo que están muy ocupadas». Pero, en retrospectiva, me doy cuenta de que después de saber que soy gay ya no quisieron ser mis amigas.

Amber nunca reunió el valor para hablarle a su mamá sobre Hannah, por lo menos no de manera directa. Sin embargo, un día que estaba en su cuarto su madre entró intempestivamente, empujando la puerta con tal fuerza que la golpeó contra la pared. En una mano blandía el teléfono celular de Amber y le gritó: «¿Quién demonios es *esta*?».

Había leído todos los mensajes de texto entre Amber y Hannah, incluyendo aquellos en los que ambas se declaraban su amor. Amber simplemente se le quedó viendo.

–Fue la peor manera posible en que pudo haberse enterado –recuerda–. Fue tan angustiante. Porque si en realidad no aceptaba que yo fuera gay, seguramente no aceptaría una relación a larga distancia con cualquier chica.

–¿Qué crees que estás haciendo –continuó su madre–. ¿Cuántos años tiene esta persona? ¿Cómo sabes que no tiene 35?

La madre de Hannah –su padre ya había muerto– aceptó de mejor manera la sexualidad de su hija y la naciente relación: se ofreció a tratar de tranquilizar a la mamá de Amber y a hacer arreglos para que las chicas se encontraran en persona. Rechazó la oferta, de ninguna manera permitiría que su hija visitara a una desconocida en Canadá.

–Le *rogué* que me dejara ver a Hannah, aunque fuera por un día –recuerda Amber–. No tenía que ser en Canadá: su mamá la dejaría visitarnos. Pero mi mamá dijo que no. Al parecer pensaba que si nos mantenía separadas, yo dejaría de ser gay.

En el verano la madre de Amber se había calmado lo suficiente como para permitir que Hannah las visitara durante tres días. Se podría quedar en su casa, pero las chicas tendrían que dormir a dos pisos de distancia. Eso no le importó a Amber. Conocería a su novia en persona. Con muchos nervios, consultó en Google «qué hacen dos chicas cuando están juntas». No necesitaba preocuparse: al instante en que estuvieron solas empezaron a besarse y la sensación fue diferente a cualquier cosa que Amber hubiera experimentado antes.

–Lo disfruté muchísimo –recuerda–. Simplemente fue una cosa natural, normal, exactamente como se suponía que fuera. Es probable que el tipo de sensación que yo tuve es la misma que experimentan todos los demás cuando están en una relación íntima.

Las chicas que tienen una relación con otras mujeres hablan del sexo de manera muy diferente en comparación con quienes están involucradas con hombres. Una estudiante del último año de preparatoria de una escuela pública de California, que se identificaba como bisexual, me contó que disfrutaba de la reciprocidad que *únicamente* había encontrado en las relaciones con personas de su mismo sexo.

–Es tan diferente –me explicó–. Es como: ahora me toca a mí, luego a ti, luego a mí y luego a ti.

Otra joven bisexual que estudiaba el tercero de prepa dijo que tendía a ser más pasiva cuando sus parejas eran hombres.

–Con otra chava… bueno, no es posible que *las dos* seamos pasivas. No pasaría nada. Con un hombre, la sensación es que él te está haciendo algo *a ti*, pero las mujeres lo hacen una *con* la otra.

Una estudiante de primer año en una universidad del medio oeste me dijo que el sexo con su novia se sentía «no programado»: ya que no hay nada que se *suponga* que hagan, están en libertad de crear la vida sexual que les funcione.

Como nunca se había acostado con Jake, Amber se consideraba virgen cuando ella y Hannah se conocieron. Le pregunté si todavía pensaba que seguía siendo virgen ahora y ella negó con la cabeza.

–Pero estaba muy confundida; mi idea de lo que significaba ser «gay» era tan vaga que tuve que buscar en Google: «¿Cuándo deja de ser virgen una lesbiana?».

–¿Qué respuesta encontraste? –le pregunté.

–No había una respuesta –dijo Amber, y se detuvo a pensarlo por un largo rato–. Creo que es justo en el instante en que tienes intimidad, cuando ambas nos tocamos más allá de los simples besos. No necesariamente los senos, sino por debajo de la cintura. En el instante en que hay contacto allí, dejas de ser virgen.

»Pero francamente, no tengo una definición. Solo lo supe. Supongo que lo podrías definir más o menos como… ¿el momento en el que tienes un orgasmo con alguien? Cuando llegas al orgasmo con alguien definitivamente ya no eres virgen. Sí, así es como lo definiría.

¿Cuándo una chica no es una chica?

La relación de Amber y Hannah se profundizó durante su último año de preparatoria y, a medida que esto ocurría, Amber fue desarrollando más confianza en otras áreas de su vida. Descubrió que era sociable y que le gustaba hablar en público, por lo cual fungió como maestra de ceremonias para un programa de talentos en el que participó toda la escuela; y la eligieron para integrarse al comité de bienvenida de la escuela. Aunque permaneció en el clóset la mayor parte del tiempo, se deshizo de las faldas y del maquillaje y adoptó una apariencia más sencilla y andrógina.

–Simplemente adopté ese estilo –dice–. ¡Era divertido! Y nadie tenía problemas con eso.

La tarde que nos conocimos abrió una foto en su teléfono para mostrarme cómo solía verse. La chica de la fotografía –con el cabello teñido con rayos rubios y muy bien peinado cayendo suavemente sobre sus hombros, labial rosa, delineador azul y rímel– no se parecía en nada a la joven que tenía frente a mí. Al mismo tiempo, la versión actual de Amber no era muy diferente de la de cualquiera de las chicas heterosexuales que conocía, por lo menos cuando estaban vestidas para la escuela en lugar de para el ambiente de fiesta: llevaba jeans –que dijo que eran de hombre, pero yo no me habría dado cuenta de la diferencia– una sudadera con el emblema de su universidad y botas de montaña. No traía maquillaje, pero tampoco las demás jóvenes durante el día. Llevaba el pelo peinado en una colita de caballo corta atada con una liga negra. Aun así, durante nuestra primera conversación los planos y sombras de su rostro parecían cambiar constantemente: quizá era efecto de la luz o tal vez la veía así porque estaba cansada, pero por momentos parecía claramente una mujer y en otros, de pronto, fácilmente podría haber pasado por hombre.

Amber no siempre estaba segura de quién era. Al tratar de responder esa duda fue que descubrió que internet, que antes le había sido tan útil, finalmente le fallaba. Los videos de YouTube y los sitios web que exploraba le sugirieron que posiblemente fuera transgénero, un término que nunca había oído antes. (Eso pasó antes de que Laverne Cox y Caitlyn Jenner adornaran las portadas de las revistas de moda). Pasó los siguientes 12 meses, hasta justo antes de irse a la universidad, preocupándose por eso.

–Eso me asustó mucho –comenta–. Me sentí como: ¿y ahora qué voy a hacer? Tendría que pasar por todas esas cirugías y cambiarme el nombre. Pensé que era mi única opción.

Es obvio que internet puede ser toda una mina de desinformación, distorsión, comentarios sin fundamento y malos consejos. En Google, tener una cortada en la cutícula se convierte en una urgencia que pone en peligro la vida; lo mismo ocurre con hacer ejercicio o tomar una ducha (aunque, si dejas de ejercitarte, podrías bañarte menos y reducir ambos riesgos). De modo que una joven gay que nunca ha escuchado la palabra *machorra*, no digamos *transgénero*, fácilmente podría confundirse, en especial si, como Amber, creció en una comunidad con ideas convencionales sobre la masculinidad y la feminidad. Se estima que 0.3% de los estadounidenses se identifica como transgénero, lo cual es una cifra cercana a 700 000 individuos. (Aproximadamente 3.5% de los adultos se identifica como gay, lesbiana o bisexual, aunque las tasas son mayores entre personas que están entre los 18 y los 29 años). Sin embargo, la verdadera cifra es difícil de cuantificar, ya que puede incluir o no a aquellos que se identifican como de «género no binario»: que viven entre géneros, más allá de los géneros o que tienen una combinación de géneros. En su manifestación más completa (y algunos dirían que más amenazante), el género no binario modifica de manera drástica los conceptos de la naturaleza femenina y masculina, la masculinidad y femineidad, cambiándolas de una inevitabilidad biológica a una variedad personalizable y siempre cambiante de identidades, expresiones y preferencias. Por ejemplo, en 2013 se conoció la historia de Arin Andrews, quien comenzó su vida en un cuerpo de mujer, y Katie Hill, que comenzó la vida como hombre. Se enamoraron en un grupo de apoyo para adolescentes transgénero, atravesaron juntos por su transición y prosiguieron por la vida como pareja heterosexual. O la historia más trágica de Sasha Fleishman, que nació como hombre en Oakland, California, y es agénero, lo cual significa que no se identifica con ninguno de los sexos; por ello, prefiere que cuando hagan referencia a su persona utilicen el pronombre «ellos». Como estudiante del último año de preparatoria, Sasha sufrió graves quemaduras en las piernas cuando otro adolescente le incendió la falda en un autobús público. A consecuencia de este incidente consiguió una enorme cantidad de apoyo: se organizó una marcha de protesta con chicos vestidos con «faldas por Sasha», se reunieron miles de dólares en internet para pagar los gastos médicos y se logró cambiar las políticas de las escuelas locales para que permitan que los estudiantes que no se conforman con las normas de género elijan cuáles baños y casilleros quieren utilizar, y a cuáles deportes quieren integrarse.

Los campus universitarios modernos están repletos de guerreros del género, que especifican si son cisgénero (lo cual significa que sus géneros emocional, psicológico, fisiológico y genético coinciden), inconformistas o transgénero. Es posible que reemplacen los pronombres *él* y *ella* con pronombres neutros como *élle, éle, elles* o, incluso, *ello*. El rechazo radical del «binarismo de género» puede ser realmente liberador. Al mismo tiempo, apresurarse a etiquetar a una persona joven como «inconformista» conlleva el riesgo de endurecer, sin saberlo, las categorías tradicionales. Consideremos el caso de un chico transgénero que cambió de hombre a mujer, que estudiaba el primer grado de primaria y cuya familia demandó a su escuela en Colorado por prohibirle usar el baño de las niñas. Sus padres dijeron que la primera noción que tuvieron de que su hijo, que era el único hombre en un grupo de trillizos, era poco común, ocurrió cuando tenía cinco meses de edad y trató de jalar una cobijita rosa que pertenecía a una de sus hermanas. Después rechazó un carrito que le regalaron en Navidad, no mostró interés en la ropa con temas deportivos y cuando jugaba a disfrazarse prefería ponerse un vestido de princesa que un uniforme de bombero. Los niños de cinco meses no distinguen el rosa del azul. ¿Qué me dices de elegir el tul en lugar de las herramientas? Con el debido respeto para la familia y el niño, que quizá de hecho sea transgénero, difícilmente me pareció que lo que decían fuera una «prueba» de algo más que del prejuicio de los adultos. Sin embargo, casi cada informe de prensa que leí no solo reiteraba ese tipo de anécdotas, sino que las colocaba en primer término. Aunque admiraba a los padres por apoyar a su hija, esa definición inflexible de masculinidad –con base en la cual considerarían que un hombre que no se apega a ella es de hecho *mujer*, en lugar de darle al niño la oportunidad de demostrar su amor por los vestidos llenos de brillos– me preocupaba.

Algunas de las razones de Amber para cuestionar su identidad de género eran tan retrógradas como las de los padres del chico del que acabo de hablar: estas incluían ser más dominante en la cama, defender sus posturas, planear una carrera en los negocios y odiar la cocina. Amber tampoco fue la única lesbiana que conocí que se preguntaba si su ropa y actitudes implicaban que, de hecho, era hombre. Valentina, la chica de 18 años que dijo que sería mi «unicornio», también pasó su último año de preparatoria pensando que «seguramente» era transgénero. Luego de crecer en un barrio de bajos ingresos poblado sobre todo por personas mexicoamericanas en Chicago, rechazaba cualquier cosa que fuera convencionalmente femenina: las Barbies, el color rosa, las faldas y los vestidos con vuelo. Vestida con camisa de franela y pantalones amplios, me dijo que en secundaria otras niñas se sentaban en su regazo y se acurrucaban diciéndole «papasote» (era fornida) para pedirle consejos sobre los chicos. Para la preparatoria, estaba buscando indicios de su identidad por medio de internet.

–Quería saber –me dijo–. ¿Soy gay? ¿Soy transgénero?

–¿Sentías que tenías el cuerpo incorrecto? –le pregunté.

–No.

–¿Sentías que querías ser hombre?

–No –respondió de nuevo.

–Entonces ¿por qué pensabas que podrías ser transgénero?

–¡Exacto! –respondió–. Lo que al final me hizo darme cuenta de que no era trans fue leer de gente que decía: «Me sentía como si dentro de mí hubiera un hombre que trataba de salir». Nunca me sentí así. Nunca sentí que quería ser hombre. Me gusta mi vagina. No querría que nada le sucediera. Pero tampoco estaba segura de querer ser una mujer.

Tal confusión es comprensible, según Jack Halberstam, profesor de lengua inglesa y director del Center for Feminist Research (Centro de Investigación Feminista) de la Universidad del Sur de California, quien escribe sobre temas relacionados con las personas transgénero. Aunque algunas personas jóvenes pueden recibir ayuda –y a veces es posible salvarlas– a través de la reciente visibilidad de las mujeres transgénero, como Cox y Jenner, o por programas de televisión como *Transparent* de Amazon, las tensiones entre las mujeres «masculinas» y los hombres trans han estado creciendo.

–El concepto «*butch*» se considera ahora una especie de sala de espera en la que te quedas hasta cambiar físicamente tu género –señaló Halberstam–. No tenemos términos para definir a alguien que tiene una fuerte identificación con el otro género, pero que se siente bien con su cuerpo. La palabra *butch* se ha vuelto un anacronismo, pero *trans* implica transición, posiblemente con hormonas y cirugía. *Género no binario* es un buen término general, pero en realidad no es muy claro que digamos.

Ponderé la idea de la identificación con el otro género, lo cual también con frecuencia parece estar determinado por la cultura, en perjuicio de chicas como Valentina y Amber. Cuando nuestra definición de femineidad para su generación es tan estrecha, tan sexualizada, comercializada y heteroerotizada, ¿dónde queda el espacio, la visión y la celebración de las otras formas de ser mujer?

En cuanto a Amber, en nuestra primera reunión me dijo que estaba «analizando a fondo» el tema.

–Podría decirte todo lo que existe acerca del tema de ser transgénero. Revisé todas las listas que encontraba en línea donde hacían preguntas como: «¿Lloras cuando piensas en que tienes una vagina?». Y pensaba: «No, no realmente». Quizá si alguien me hubiera dicho que podía elegir un sexo o el otro, escogería el otro, pero en verdad eso no me preocupa. Tenía todos estos sentimientos conflictivos, pensando cosas como que en realidad no me importa tener senos. Es raro, ¿no crees? Y luego me quedo pensando si soy un *error* biológico.

Finalmente, Amber se dio cuenta de que no quería dejar de ser quien era y que no quería cambiar por completo.

–Digamos que te llamas Cheryl –explicó– y te conviertes en Sean. Tendrías que dejar de querer ser Cheryl y nunca más volver a hablar de ella.

–Bueno –añadió, inclinándose hacia adelante en su silla–. Me encanta ser quien soy. Ni siquiera puedo imaginar no ser Amber. *Soy Amber*. Y no sé si encajo a la perfección con el concepto de ser lesbiana, pero, en definitiva, no soy transgénero. Puedo seguir viviendo con este cuerpo sintiéndome confiada y feliz, y en una relación sana. –Se volvió a reclinar sobre el respaldo y dejó caer las manos en su regazo–. Y me llevó un año, todo un año, poder sentarme aquí y decirte eso.

Durante nuestra conversación por Skype, Amber y Hannah me dijeron que en las calles de Ottawa no tenían miedo de tomarse de la mano, abrazarse o besarse. Pero cuando Hannah visita a Amber son un poco más circunspectas. La mamá de Amber sigue sin aceptar del todo la situación. («Nunca aceptará a mi pareja como lo hubiera hecho si yo fuera heterosexual», comentó Amber). Y aunque en la mayoría de los casos la gente de su campus universitario ha sido más tolerante, en ocasiones la pareja ha sido acosada por los hombres jóvenes. Aun así, Amber ha estado experimentando con expresar de manera más pública quién es. Recientemente se prestó como voluntaria para participar en un panel de personas de la comunidad LGBTTIQ que visita a los grupos de su escuela para hablar de sus experiencias y responder preguntas. También se inscribió formalmente en dos especialidades en economía y políticas públicas, y está considerando asistir a la facultad de leyes para al final dedicarse a la política.

–Me gustaría tratar de conseguir un escaño en la Casa de Representantes –comentó y luego rio–. Las probabilidades de poder postularme para un puesto público están un poco en mi contra porque soy mujer y soy gay. Pero me las arreglaré.

–Bueno –respondí–, quizá sea tu momento de lograrlo.

Asintió sonriendo y señaló:

–Siempre me lo digo. Las posibilidades para las mujeres y para la gente gay se están abriendo. Supongo que ya veremos qué pasa.

CAPÍTULO 6

Límites difusos, toma 2

Conocí a Maddie Reed en una universidad comunitaria cuando se inscribió en un programa especial para estudiantes de bachillerato que preferían estudiar en casa o de manera «independiente». Maddie, quien es una chica pálida y curvilínea, con un montón de pecas en la nariz y cabello rojizo que le llega debajo de los hombros, me dio la mano y sonrió. Había asistido a clases en esa universidad durante un semestre y planeaba quedarse otro año, hasta la graduación. Eso significaba que no podría escribir para su periódico de preparatoria, como lo había soñado alguna vez, ni ingresar al equipo de softball o asistir a la graduación de bachillerato.

–No pienso en ello –me dijo mientras caminábamos por el campus buscando un rincón tranquilo donde pudiéramos conversar–. No me permito hacerlo. Sigue siendo muy doloroso. Y sé de otras chicas a las que les va peor. Cuando menos tengo una idea vaga de lo que me pasó. Cuando menos no hubo fotos que pasaran de mano en mano. Pero en realidad antes no estaba consciente de que este fuera un problema. Pensé que era simplemente algo que pasaba en… no sé… otras partes del mundo.

¿Quién se robó el consentimiento?

La atención que se ha dado a las agresiones sexuales en los últimos años no tiene precedente. Desde los dormitorios universitarios, pasando por las salas de prensa hasta llegar a la Casa Blanca, la lucha contra la violación, en especial en los campus universitarios, se ha convertido en uno de los temas más prominentes y polémicos de derechos civiles en nuestra época, junto con el matrimonio entre personas del mismo sexo, el aborto y la brutalidad policiaca. ¿Cuál es la definición de agresión sexual? ¿Qué constituye el consentimiento? ¿De qué manera podrían las escuelas manejar con justicia esas acusaciones? No obstante, esta no es la primera vez que la violación perpetrada por personas conocidas ha despertado el debate. A finales de la década de 1980 y principios de los noventa se presentaron muchos casos de alto perfil que causaron controversias. El primero, y quizá el más espantoso, sucedió en 1989 en Glen Ridge, Nueva Jersey, donde un grupo de muchachos de una preparatoria atacó a una chica con discapacidad mental (una joven a la que conocían desde la infancia) utilizando un palo de escoba y un bate de beisbol. El caso mostró varios elementos que resurgirían en la turbulencia nacional actual: los chicos eran estrellas deportivas en un pueblo idílico donde impera el fanatismo por el futbol; aunque inicialmente se dijo que sus actos no eran característicos de sus personalidades –que había sido un «estúpido error» de chicos que siempre habían sido «decentes»–, en realidad habían estado abusando de su estatus casi divino desde que estaban en secundaria: acosando a compañeros, destruyendo la propiedad privada y alterando el orden. Eran desdeñosos con las chicas y con sus profesoras mujeres (uno de ellos acostumbraba exponer sus genitales en la escuela y con frecuencia se masturbaba en clase); consideraban al sexo principalmente como una forma de vincularse con otros hombres (viendo porno juntos, convenciendo a chicas más jóvenes de que les hicieran sexo oral en grupo y viendo en secreto las correrías de otros miembros de su grupo con parejas que no estaban conscientes de que estaban siendo observadas). La niña a la que agredieron estaba incapacitada –aunque, en ese caso, se trataba de discapacidad mental y no por uso de drogas o alcohol– y los testigos de la agresión no hicieron nada para evitarlo. Después de que fueron arrestados, muchos de los residentes adultos del pueblo los defendieron, declarando que la chica era una «agresora sexual» que «se lo había buscado».

Más o menos en esa misma época se hicieron imputaciones contra William Kennedy Smith, quien entonces tenía 30 años, y que asombraron de otro modo al público: después de todo, era un pulcro estudiante de medicina, rico y privilegiado: un *Kennedy*. Conoció a su supuesta víctima mientras tomaba una copa en un bar de Florida con su tío, el senador Edward Kennedy, y con su primo Patrick, un futuro congresista. Posteriormente la mujer declaró que, caminaba con Smith en la arena cerca de la propiedad de la familia Kennedy en Palm Beach, en las primeras horas de la madrugada, cuando este la tiró al suelo, la sujetó y la violó. Smith insistió en que el sexo había sido consensuado. Finalmente lo declararon inocente, pero muchos creen que el veredicto podría haber sido diferente si el juez hubiera admitido el testimonio de otras tres mujeres (una doctora, una estudiante de leyes y una estudiante de medicina) que, en declaraciones juradas, dijeron que Smith también las había agredido sexualmente, aunque no habían denunciado los incidentes a la policía. Antes de que los medios informativos terminaran de hacer la disección de este caso, el excampeón de peso completo Mike Tyson fue acusado y condenado en Indiana por violar a una chica de 18 años, concursante de Miss Black America, durante una cita nocturna; Tyson cumplió tres años de una condena de seis. Ninguno de estos agresores encaja en la imagen generalizada del violador como un tipo desquiciado con máscara que salta de un callejón oscuro. Las acusadoras conocían a sus atacantes y, hasta cierto punto, habían salido con ellos de forma voluntaria. Por supuesto, los abogados de la defensa utilizaron esto como prueba de consentimiento o, cuando menos, de complicidad parcial; es decir, las mujeres «debían saber» lo que les iba a pasar. De cualquier modo, argumentaban los partidarios de los acusados, ¿por qué estos hombres con un estatus tan destacado y sobresaliente «necesitarían» violar a alguien? Podían conseguir a todas las mujeres que quisieran. No fue sino hasta 2015 que el exmanager de Tyson admitiría que tales acusaciones eran «inevitables» para el boxeador, añadiendo que lo único que le sorprendía era que Tyson no hubiera sido denunciado en más ocasiones. Varios de los jóvenes de Glen Ridge fueron a la cárcel eventualmente por el delito; otro, a quien se le retiraron los cargos, ingresó al ejército. En 2005 entró a la casa de su esposa, de quien estaba separado, le disparó a ella y a un compañero soldado, hiriéndolos a ambos, y luego se mató, todo ello mientras su hija pequeña estaba acostada en el cuarto contiguo. ¿Qué pasó con Smith? En 2004 una empleada lo denunció por agresión, pero la denuncia fue desestimada en un tribunal civil; en 2005 enfrentó la demanda de otra empleada que lo acusó de acoso sexual, con la cual llegó a un arreglo.

Menos de un mes después de que Tyson fuera condenado, la Suprema Corte concedió a los estudiantes el derecho de demandar a sus universidades y centros de educación superior, y de pedir compensación económica de acuerdo con el Título IX, que prohíbe la discriminación sexual en la educación. Eso proporcionó a las mujeres jóvenes de todo el país que habían empezado a hablar públicamente sobre las agresiones sexuales en los campus –de la Universidad del Sur de California, la Universidad Stanford, la Universidad de California en Berkeley, la Universidad de Wisconsin, la Universidad de Míchigan, Tufts, Cornell, Yale y Columbia– un apalancamiento inmediato. En el hecho más conocido, las jóvenes de la Universidad Brown, frustradas ante la indiferencia de las autoridades administrativas, escribieron una lista de presuntos violadores en una de las paredes del baño de mujeres en la biblioteca de la escuela. (Los hombres se vengaron haciendo su propia lista: «Mujeres que necesitan que las violen»). Incluso después de que las paredes se pintaran de negro para disuadirlas de continuar anotando nombres, las chicas usaron plumas con tinta blanca para completar la lista, que en algún momento llegó a incluir 30 nombres.

Asimismo, durante este periodo los medios empezaron a informar sobre lo que se percibía como una tendencia aguda y estremecedora de «casos de violación por parte de un conocido» en los campus. Tan solo en 1990 el *Washington Post* reveló «La estadística que la gente se resiste a creer»; *People* presentó en su portada una historia sobre «un delito que demasiadas universidades han ignorado», y Fox TV produjo un documental: *Campus Rape: When No Means No* (Violación en el campus: cuando no significa no). Como evidencia, muchos señalaron un estudio de 1987, financiado por el National Institute of Mental Health (Instituto Nacional de

Salud Mental) realizado por Mary P. Koss, quien entonces era catedrática de psicología en la universidad estatal de Kent. Koss entrevistó a 6 000 estudiantes de 32 universidades y encontró que 27.5% de las mujeres –más de una de cada cuatro– había experimentado desde la edad de 14 años algún encuentro sexual que encajaba en la definición legal de violación. 84% de esos ataques había sido cometido por personas que la chica conocía; 57% había ocurrido durante una cita romántica. Eso condujo a Koss a acuñar el término *violación en cita*. Cuando incluyó otras formas de actividad sexual a las que las chicas no habían accedido (manoseo, besos o caricias, pero sin llegar al coito), la tasa de victimización aumentó notablemente, a casi 54%. Solo una cuarta parte de los hombres entrevistados admitió haber participado en alguna forma de agresión sexual; uno de cada 10 dijo que había presionado verbalmente a alguna chica para que tuvieran relaciones sexuales; 3.3% intentó utilizar la fuerza física y 4.4% había violado a alguien. Ninguno de los que se encontraba en las últimas dos categorías consideraba que sus actos hubieran sido un delito, principalmente porque no enfrentaron consecuencias. Koss le contó a NPR lo siguiente: «Decían: "Sí, sujeté a una mujer para tener sexo con ella sin su consentimiento, pero definitivamente no fue una violación"». Koss concluyó que la violencia sexual estaba tan generalizada que formaba parte de lo que la cultura definía como una interacción «normal» entre mujeres y hombres.

Luego llegó el contragolpe. En su polémico libro *The Morning After* (La mañana siguiente) de 1993, Katie Roiphe, una telegénica estudiante de posgrado en literatura inglesa en Princeton, descartó la «crisis de violaciones» en los campus diciendo que era una reacción exagerada. Su razonamiento era: «Si realmente 25% de mis amigas hubiera sido violada, ¿acaso no lo sabría?». Quizá no, considerando su principal queja: el hecho de que Koss haya incluido en sus cifras de violación a las mujeres que respondieron afirmativamente a la pregunta: «¿Alguna vez tuviste relaciones sexuales cuando no querías porque un hombre te dio bebidas alcohólicas o drogas?». Para Roiphe, la «verdadera» violación implicaba el uso de fuerza bruta. El silencio por sí solo no indica falta de consentimiento; tampoco el hecho de estar incapacitado. Roiphe estaba utilizando el clásico argumento conservador que perdura hasta la fecha, pero dándole un giro contrario, «feminista», regañando a las activistas de las universidades por socavar el mismo principio de agencialidad que el movimiento les proporcionaba. «Es posible que un hombre le dé drogas [a una mujer]», escribió, «pero ella es la que decide tomarlas. Si suponemos que las mujeres no están indefensas ni son ingenuas, entonces deberían responsabilizarse de su decisión de beber o usar drogas». En otras palabras, las feministas de la «crisis de violaciones» necesitaban fajarse los pantalones como adultas y lidiar con unas cuantas noches vergonzosas. Roiphe rechazó lo que consideraba un intento de ampliar la definición de violación diciendo que era «una manera de interpretar», «una manera de ver las cosas», en lugar de un «hecho físico». Como si la reinterpretación –de la ciudadanía, el sufragio, las personas que pueden detentar una propiedad e incluso quienes en sí mismos son propiedad de otros– no fuera parte medular de los derechos de la mujer; por ejemplo, apenas dos meses antes de que se publicara el libro de Roiphe, los 50 estados de Estados Unidos reconocieron finalmente la violación marital como un delito.

El libro de Roiphe se derivó de un editorial en *The New York Times*, del cual también se hizo una reseña en la primera página de su *Magazine* dominical. Al poco tiempo otros medios informativos (*Newsweek*, *The Atlantic*, ABC, NBC, PBS) empezaron a producir gran cantidad de historias y programas sobre el tema, que de pronto bajó de categoría a «la controversia de la violación en las citas». Pocos mencionaron que incluso al recalcular los datos de Koss, eliminando la pregunta sobre el alcohol, una de cada seis mujeres seguía siendo víctima de violación de acuerdo con los estándares legales. (Siendo justos, los activistas a menudo han cometido el error de exponer solo las cifras de chicas que podrían haber sido violadas *mientras están en la universidad*, en lugar de las cifras de las que podrían haber sido violadas *desde los 14 años*, que con toda seguridad deben ser apabullantes). Cuando Roiphe dejó de ser novedad, los reporteros acudieron con Camille Paglia, quien proclamó: «La violación en las citas es una estupidez», y con Christina Hoff Sommers, quien actualmente es académica residente del derechista American Enterprise Institute (Instituto Empresarial Estadounidense), y quien en su libro *Who Stole Feminism* (Quién se robó el feminismo) acusó a Koss de «[abrir] la puerta a considerar como víctima de violación a cualquiera que lamente haberse enredado con alguien la noche anterior». (Por supuesto, al *excluir* la violación facilitada por el alcohol, la misma Sommers cerraría de golpe la puerta a «considerar como víctima de violación» a cualquiera que haya sufrido una penetración mientras estaba inconsciente por una borrachera).

Para octubre de 1993 el activismo en contra de las violaciones en los campus estaba tan viciado que se convirtió en material para un infame *sketch* de *Saturday Night Live*, que presentaba un supuesto programa de concursos llamado «¿Es violación en cita?». Escenificado supuestamente en la Universidad Antioch, satirizaba el hecho de que esa universidad era pionera en exigir que las parejas obtuvieran un «sí» claro, enunciado verbalmente, antes de involucrarse en una actividad sexual. Chris Farley representaba a un joven de fraternidad que se enfrentaba con la actriz Shannen Doherty como la desaliñada estudiante de la especialidad de «estudios de la victimización» –sí, eso fue gracioso– para concursar en categorías como «Halter top», «Ella estaba borracha», «Yo estaba borracho», «Reventón con alcohol», «Reventón con alcohol fuera del campus» y «Reventón desenfrenado». Otros miembros del elenco del programa, que vestían camisetas con la leyenda «Actores de violación en cita», representaban interacciones permisibles que incluían peticiones forzadas como «¿Puedo elevar el nivel de intimidad sexual tocando tus glúteos?» y «Claro que me divertí en ese reventón desenfrenado. ¿Puedo darte un beso en la boca?». Lo que eso implicaba era que la cuestión de la violación en citas había llegado demasiado lejos; un montón de feministas adustas y poco atractivas intentaban clausurar el «Colegio de Animales» y echar a perder el sexo heterosexual. Días después, y citando el *sketch*, *The New York Times* entró al quite con un editorial en el que sermoneaba a la Universidad Antioch por «legislar los besos» de manera inapropiada. Aunque el director del programa de prevención de delitos sexuales de la escuela respondió en una carta al editor «No estamos tratando de reducir el romance, la pasión o la espontaneidad del sexo; tratamos de reducir la espontaneidad de la *violación*»; el daño ya estaba hecho. El «consentimiento afirmativo» (junto con la Universidad Antioch) se volvió un chiste y la violación en citas rápidamente se degradó de «epidemia» a «controversia» y luego a «moda» y, en esencia, se invalidaron las protestas subsecuentes de los defensores. Para noviembre de ese año, 17.8 millones de personas, en su mayoría adolescentes, sintonizaron *Beverly Hills 90210* para ver un episodio en el que Steve, el bobalicón de la serie, violaba «por accidente» a una chica que nunca enunció verbalmente la palabra *no*. Ella terminó disculpándose con *él* frente a una multitud en un *rally* llamado Recuperemos la Noche. ¿Cuál fue la lección? El «mal entendido» en realidad fue culpa de la joven, porque, como ella misma señala: «Nunca dije que sí, pero tampoco dije que no».

Amor y guerra

Maddie amaba a Kyle. En verdad lo amaba. Lo había conocido en una fiesta justo antes de cumplir 15 años; él estaba un año por delante de ella en un bachillerato diferente. Ligaron: nada serio, tan solo se besaron un poco. Desde el inicio él le dijo abiertamente que le gustaba otra niña, aunque estaba dispuesto a que fueran «amigos con beneficios». Unas cuantas semanas después ella lo vio en otra fiesta, y luego de haber estado bebiendo, ligaron de nuevo. Se volvieron a besar un poco, pero ahora él le dijo que si no le hacía sexo oral no podía continuar porque si no, «se le pondrían morados los huevos». (Padres, tomen nota: varias chicas con las que hablé seguían creyéndose ese cuento). Maddie accedió: nunca se lo había hecho a ningún niño, pero sentía que ya se estaba enamorando de Kyle y quería hacerlo feliz.

Nada cambió entre ellos después de eso. Más bien, desarrollaron un patrón: cuando se veían en una fiesta, fajaban, él le metía «el dedo», (aunque ella nunca alcanzaba el orgasmo) y ella le hacía sexo oral. Nunca salieron en una cita. Nunca conocieron a sus respectivos padres. Ella nunca fue a casa de él, hasta que decidieron tener coito. Para ese momento Maddie tenía 16 años y quiso que su primera vez fuera con Kyle. Incluso fueron juntos a comprar los condones, «como si fuéramos novios». Ella recuerda que el suceso en sí fue dulce, pero incómodo y un poco aburrido: «Al principio me dolió mucho por un par de minutos y luego me dediqué a mirarme las uñas», me comentó. Pero se sintió orgullosa de haber tenido sexo sin haber bebido, durante el día, en una recámara y con alguien a quien amaba. Así fue hasta que, unos días después, se enteró de que Kyle se estaba acostando también con alguien más.

Maddie estaba furiosa e ideó un plan para vengarse que parecía sacado de un guion de *Gossip Girl:* ese fin de semana iría a una fiesta, en donde sabía que él también estaría, «viéndose buenísima». ¿Y después? Después ligaría con uno de sus amigos. «¡Voy a *ganar*!», recuerda haber pensado. Pero, de algún modo y por una serie de retorcidos equívocos que no tendrían sentido para nadie mayor de 17 años, terminó en el sitio incorrecto: una casa en un pueblo vecino llena de estudiantes del último año de prepa, principalmente hombres, a ninguno de los cuales conocía bien y que habían estado bebiendo. Uno era un jugador de americano llamado Josh, quien había sido una especie de novio de una chica a la que Maddie conocía («era un arreglo parecido al que teníamos Kyle y yo»), con la que había sido «superabusivo». Cuando le dijo a Josh que la chica le había contado «muchas cosas de él», se burló. «No le hagas caso a nada de lo que *ella* te diga. ¡Está *loca*!». Maddie siguió siendo amable con él, pero distante, dejándole en claro (por lo menos, así lo creía) que no estaba interesada. Sin embargo, de algún modo se corrió la noticia en la fiesta de que los dos iban a tener un encuentro casual.

—¿Cómo es que lo interpretó *así*? —le comentó Maddie a otro joven cuando le preguntó sobre el rumor—. No voy a enredarme con él. Es un desgraciado.

El joven se rio de forma burlona y le respondió.

—Bueno, ya veremos después de un par de tragos.

—¿A *qué* te refieres? —replicó Maddie—. ¡No puedes decirle ese tipo de cosas a una chica!

El chico se volvió a reír levantando las manos al frente.

—¡Es broma! —fue su única respuesta.

La violación en cifras

A lo largo de los años noventa y principios de los 2000, la investigación sobre las agresiones en los campus se siguió acumulando discretamente, al igual que el escepticismo sobre sus resultados. Utilizando la definición más estrecha de violación –como aquella que incluye la fuerza física–, la mayoría de los estudios encontró una incidencia anual de entre 3 y 5%. No equivale a una de cada cuatro o a una de cada cinco personas, como se ha señalado en fechas recientes. Aun así, en vista de que, según la Oficina del Censo, en 2013 había 4.6 millones de mujeres que estudiaban el pregrado a tiempo completo en instituciones con estudios a cuatro años, eso representaría que entre 138 000 y 230 000 sufren una violación cada año, una cifra nada reconfortante. Es más, los grupos de feministas radicales ya no emplean esa definición conservadora; el FBI, por ejemplo, en 2013 definía la violación como la «penetración, sin importar lo leve que sea, de la vagina o el ano con cualquier parte del cuerpo u objeto, o la penetración oral con el órgano sexual de otra persona sin consentimiento de la víctima». (Por cierto, esa definición revisada no supone que la víctima sea mujer).

En 2015 surgieron dos informes importantes que deberían poner fin a todas las discusiones (aunque probablemente no lo hagan). La Encuesta del Ambiente Prevaleciente en los Campus Universitarios de la Association of American Universities (Asociación de Universidades Estadounidenses), que incluyó a más de 150 000 alumnos, encontró que una tercera parte de las mujeres entrevistadas, estudiantes de licenciatura, había sido víctima de contacto sexual no consensuado. Mientras tanto, las sociólogas Jessie Ford y Paula England analizaron las tasas de agresión sexual entre estudiantes de último año que participaron en la Encuesta en Línea de Vida Social Universitaria. A diferencia del informe de la AAU, Ford y England se enfocaron solamente en los actos de coito o intento de coito; no incluyeron incidentes de caricias indeseadas, sexo oral o coacción psicológica, los cuales, según los críticos, inflan injustamente las cifras. El 10% de las mujeres dijo que se le había forzado físicamente a tener relaciones sexuales desde el inicio de la universidad; 15% dijo que alguien había intentado forzarla en un sentido físico, pero que había escapado sin que hubiera coito (la encuesta no preguntaba si se le había forzado a realizar algún otro acto); 11% informó que alguien había tenido coito con ellas, sin su consentimiento, mientras estaban «borrachas, desmayadas, dormidas, drogadas o incapacitadas de alguna otra manera», y 25% informó que cuando menos una de esas cosas le había sucedido. Incluir algunos tipos de agresiones cuando la víctima está en estado de ebriedad, lo cual rechazan Roiphe, Paglia, Sommers y sus seguidores (si no es que el propio sistema de justicia criminal), nos regresa a la cifra de una de cada cuatro mujeres.

Desde 1990 las universidades e instituciones de educación superior están obligadas legalmente a denunciar todos los delitos que ocurran dentro o cerca del campus al Departamento de Educación. Las que no lo hagan pueden perder el financiamiento federal, algo que pocas escuelas se pueden permitir, sin importar cuántos donativos reciban. El impulso para esto provino de la violación y feminicidio de Jeanne Clery, una chica de 19 años, ocurridos en su dormitorio de la Universidad Lehigh. Posteriormente los padres de Clery se enteraron de que en la escuela habían ocurrido múltiples actos violentos en los últimos tres años, pero que no se había impuesto una política consistente de seguimiento y ni había informado a los alumnos, quienes sobreestimaban su seguridad en el campus. El agresor de Clery, que no era alumno, había cruzado por tres entradas equipadas con cerraduras automáticas, todas las cuales permanecían abiertas con cajas que habían colocado los residentes del dormitorio. A pesar de eso, las sanciones por amañar las estadísticas delictivas siguieron siendo poco comunes y, en vista de que las elevadas tasas de violación no son precisamente un gancho comercial para atraer a los posibles estudiantes, es probable que en el futuro nos llevemos la sorpresa de que 77% de los campus informe que en sus instalaciones la cifra de agresiones sexuales es un inverosímil cero.

Sin embargo, eso ya no es tolerable. En 2011 Russlyn Ali, la nueva secretaria asistente de derechos civiles del gobierno de Obama, envió a los funcionarios de los campus universitarios una carta de 19 páginas titulada «Estimado colega», en la que les recordaba que tenían la responsabilidad de poner en práctica todos los aspectos del Título IX, incluyendo aquellos que implicaran acoso y violencia sexuales. Junto con la obligación de resolver los casos con prontitud y garantizar la seguridad física y psicológica de las denunciantes (reorganizando los horarios de clase de los acusados o retirándolos del edificio dormitorio de la supuesta víctima), la carta establecía un nuevo y reducido peso de la prueba: «una preponderancia de la evidencia», que es la que típicamente se utiliza en los casos civiles, en lugar de la más demandante «evidencia clara y convincente» que usaban entonces muchas de las universidades. Como consecuencia, surgieron más controversias en las que los activistas conservadores denunciaban que el estándar era demasiado bajo, en vista de la seriedad del delito y la potencial estigmatización de los acusados. Sin embargo, como escribe el bloguero de temas legales Michael Dorf, el asunto es que el menor peso de la prueba en los tribunales civiles no se basa en la brutalidad de un delito o su potencial para difamar al perpetrador, sino en la naturaleza del *castigo*: de modo que alguien como O. J. Simpson pudiera resultar inocente de homicidio según las normas de un tribunal penal, que podría condenarlo a prisión, pero pudiera resultar culpable en un tribunal civil, donde la condena solamente afectaría a su bolsillo. Entonces, dado que las universidades expulsan o suspenden a los violadores en lugar de encarcelarlos, la norma de «preponderancia de la evidencia» sería, de hecho, razonable.

La advertencia del Departamento de Educación agitó al mundo académico. Igual que como ocurrió con el derecho a demandar por una compensación económica en los noventa, esto también incitó a la acción a las estudiantes, quienes ya no necesitaban de los medios tradicionales para defender su causa: ahora podían usar internet. En 2012 Angie Epifano, exestudiante en Amherst, publicó en el periódico escolar un editorial firmado acerca de la insensible respuesta de los administradores de la universidad hacia sus acusaciones de violación. La descripción detallada de un escéptico orientador que atendía las agresiones sexuales, la posterior depresión suicida que experimentó, su breve estancia en un pabellón psiquiátrico y el hecho de que finalmente se saliera de la escuela se volvió viral, generando más de 750 000 visitas. «El silencio tiene el amargo sabor de la vergüenza», declaró: «No me quedaré callada». Al poco tiempo empezó a formarse un movimiento nacional –integrado por activistas y, a menudo, por las mismas sobrevivientes de las agresiones en Amherst, la Universidad de Carolina del Norte, Tufts, Yale, Berkeley– que se pudo conectar a través de las redes sociales. El movimiento llamó la atención de la prensa establecida. Esta vez *The New York Times* parecía estar a favor: lo demostró con artículos de primera plana sobre las estudiantes activistas y sobre las iniciativas de la Casa Blanca; publicando en su sección Sunday Review un relato escrito por una sobreviviente de violación de la Universidad de Virginia en el que hablaba del laxo castigo que recibió su atacante; y diversos artículos de opinión y debates en línea sobre la responsabilidad de las instituciones, el abuso del alcohol, la baja tasa de denuncias de agresiones, y la dudosa cultura de las fraternidades y equipos deportivos. El periódico también publicó un reportaje sobre Emma Sulkowicz, una estudiante del último año en la Universidad de Columbia, quien juró llevar a cuestas el colchón de 25 kilos de su dormitorio a donde fuera durante el año escolar 2014/15 hasta que se expulsara al joven a quien acusó de violarla, y que fue declarado como «no responsable». (El joven demandó a la universidad acusando a los administradores de no protegerlo de las acusaciones de Sulkowicz, quien, según dijo, destruyó su experiencia universitaria y su reputación). Algunos la aclamaban como heroína, otros la consideraban una desquiciada. Sin importar cuál fuera la postura, es evidente que dar testimonio público –rechazando el anonimato tradicional con su consecuente suposición de vergüenza– se había convertido en la mejor arma de las chicas en la lucha contra la violación.

Para la primavera de 2015 más de 100 universidades estaban siendo investigadas por un posible manejo incorrecto de los casos de agresión sexual. Entre ellas estaban las más prestigiosas del país: Amherst, Brandeis, Dartmouth, Emerson, Emory, Hampshire, Harvard (la universidad y la facultad de leyes), Princeton, Sarah Lawrence, Stanford, Swarthmore, la Universidad de California-Berkeley, la Universidad de Chicago, la Universidad de Míchigan-Ann Arbor, la Universidad de Carolina del Norte en Chapel Hill, la Universidad del Sur de California, la Universidad de

Virginia y Vanderbilt. ¿Esas investigaciones harán una diferencia? Es difícil saberlo. La cifra de agresiones sexuales informadas en los campus casi se duplicó entre 2009 y 2013, de 3 264 a 6 016. Aunque esa no parecería ser una buena noticia, sí lo es: en lugar de un incremento en la incidencia de violaciones, el aumento parece reflejar una nueva disposición de las víctimas a presentar denuncias, una nueva creencia de que se les escuchará. La clave parece estar en destacar esa situación ante la mirada pública. Según un estudio de la American Psychological Association (Asociación Psicológica Estadounidense), las cifras informadas de agresiones aumentan en promedio de 44% cuando se somete a los campus a un escrutinio formal. Sin embargo, después vuelven a disminuir drásticamente a sus niveles originales, lo cual indica que algunas instituciones educativas solo proporcionan una imagen más precisa de las agresiones sexuales cuando se les obliga a hacerlo.

En cualquier caso, argumentaría que no se tendría que esperar hasta la universidad para abordar el asunto de la violación. La agresión sexual es incluso más común entre estudiantes de bachillerato; la diferencia es que sus escuelas no tienen la misma obligación de informarlas. En una encuesta de 2015 llevada a cabo por una enorme universidad privada en el norte del estado de Nueva York, 28% de las estudiantes universitarias de primer ingreso dijo haber sido víctima de intento de violación o de una violación con uso de la fuerza o por estar incapacitadas, *antes* de la universidad: entre los 14 y los 18 años. Como ocurrió a principios de los años noventa, muchos de los casos recientes que indignaron al país también ocurrieron entre chicos menores. En el otoño de 2012, Steubenville, Ohio, se convirtió en el Glen Ridge de su época después de que dos jugadores de futbol americano arrastraron de fiesta en fiesta a una joven de 16 años, borracha e inconsciente, turnándose para violarla, escupirle e incluso orinar sobre ella, mientras algunos de sus compañeros de clase los veían e incluso los aclamaban. Vale recordar a los atletas de Glen Ridge, quienes sin pedir permiso a sus parejas pegaban fotografías en la vitrina de trofeos de la preparatoria en las que se les veía *in fraganti*. Estos chicos de Ohio no se conformaron con atacar a su víctima, sino que necesitaron documentar sus «logros». Un miembro de la «cuadrilla de violadores» de Steubenville tuiteó joyas como: «Algunas personas merecen que les meen encima», «No te quedas dormida con una vergota metida por el culo» y «La canción de la noche definitivamente es "Rape me" de Nirvana». Otro joven posteó en Instagram una fotografía de la víctima, con la cabeza echada hacia atrás mientras los chicos la cargaban de las muñecas y los tobillos. En un video en YouTube un risueño joven dice que: «Está más muerta que Nicole Simpson, John F. Kennedy, Trayvon Martin y la pequeña Caylee Anthony». ¿Fanfarronear en línea acerca de una violación es parte de una tendencia nueva y ominosa? Un año antes un par de chicos de Louisville, Kentucky (buenos estudiantes y atletas de una prestigiosa escuela católica), llegó a los titulares cuando difundieron por teléfono celular fotografías de ellos mismos atacando a una chica de 16 años que estaba borracha y semiconsciente en su propia cocina. Audrie Pott, una chica de 15 años de Saratoga, California, se suicidó después de que se difundieran en internet fotos de una agresión sexual que se cometió contra ella mientras estaba desmayada por embriaguez. Lo mismo ocurrió con Rehtaeh Parsons, una joven de 17 años de Nueva Escocia, Canadá, quien sufrió una violación tumultuaria mientras estaba incapacitada.

Al darle seguimiento a esos incidentes me llamó la atención la frecuencia con la que los hombres mencionaban las palabras *chistoso* o, más comúnmente, *chistosísimo*, al narrar sucesos que implicaban la degradación sexual de las mujeres. Cuando en el video de Steubenville se escucha una voz fuera de cuadro diciendo que la violación no es chistosa, Michael Nodianos, quien entonces era un jugador de beisbol de la escuela, responde: «No es chistosa. ¡Es *chistosísima*!». Uno de los chicos de Louisville le dijo a la policía que pensó que sería «chistoso» tomarse fotografías atacando a su víctima. Una joven que conocí en una universidad de California me contó que, durante su primer año en la universidad, un residente de su dormitorio la invitó a ver un video que tomó con su teléfono de un amigo teniendo sexo con una chica que estaba totalmente desmayada. «Ven a ver esto», le dijo. «Es *chistosísimo*». Un chico que estaba en un campus del medio oeste que visité, recordó que la primera vez que vio pornografía *hard core* también pensó que era «chistosísima»; un compañero suyo usó la palabra mientras describía que las «chicas feas» eran las más activas sexualmente en su preparatoria. «Chistosísimo» parecía ser la palabra preferida para algunos hombres jóvenes –como parecía ser la palabra «incómodo» para las mujeres– cuando no estaban seguros de cómo referirse a algo, en particular a algo que era tanto explícito como deshumanizante en un sentido sexual; a algo que quizá les perturbaba, ofendía, desconcertaba, confundía o desafiaba su ética. Decir que es «Chistosísimo» les permite distanciarse, ver sin sentir, evitar reaccionar de una forma más compasiva que podría interpretarse como muestra de debilidad, de exceso de sensibilidad o de falta de masculinidad. La palabra «chistosísimo» es particularmente perturbadora cuando los testigos la usan como defensa; si la agresión es «chistosísima», no tienen que tomarla en serio, no tienen que responder: no hay ningún problema.

Las fotos que compartieron los atacantes en Steubenville, Louisville, Nueva Escocia y Saratoga revictimizaron a las chicas –quizá para siempre, ya que las imágenes pueden copiarse, descargarse y pasarse de mano en mano de manera indefinida–. También proporcionaron una evidencia única de que sí se habían cometido los delitos, aunque esto no hizo que la condena fuera inevitable ni que el castigo fuera necesariamente más severo. Uno de los violadores de Steubenville recibió una condena de un año en un centro para menores infractores; el otro recibió dos años, incluyendo crédito por el tiempo ya cumplido. A los chicos de Louisville se les impusieron 50 horas de servicio comunitario que consistía en guardar el equipo de lacrosse después de las prácticas, hasta que un periódico local intervino. Dos de los agresores de Audrie Pott recibieron sentencias de 30 días de detención en un centro para menores, que debían cumplir en los fines de semana; un tercer agresor fue sentenciado a 45 días consecutivos. Los atacantes de Rehtaeh Parsons quedaron en libertad condicional. Como en Glen Ridge, en estos casos hubo a menudo una oleada de compasión para los jóvenes: declaraciones de que sus actos eran inusuales, un error de una sola vez; de angustia por el daño que las condenas causarían a sus brillantes futuros; de denuncias contra la chica implicada. Uno de los atacantes de

Louisville llevó sus peticiones directamente a su víctima, pidiéndole en un mensaje de texto que se desistiera del caso en su contra. «Hay otra forma de lidiar con esto aparte de poner nuestras vidas en riesgo para siempre... No soy una mala persona, solo soy un tonto».

«¿No crees que arruinaste mi vida para siempre?», le respondió ella.

Mala onda

Después de otra serie de sucesos abigarrados y, para ese momento, un tanto teñidos por el alcohol, Maddie terminó en el asiento trasero de un auto con Josh, yendo a una fiesta a la que, para empezar, no se suponía que fuera. Un chico llamado Anthony, otro estudiante del último año, era el conductor, y su novia Page iba en el asiento del copiloto. Maddie los ignoró, enfocándose en los mensajes que había empezado a intercambiar con Kyle y ocasionalmente gritándole a su teléfono. Josh, que parecía genuinamente preocupado, le preguntó qué pasaba.

–Es este tipo del que he estado enamorada desde hace año y medio –le respondió Maddie con la voz entrecortada por el llanto–. Perdí mi virginidad con él y ahora está acostándose con otra niña.

–¿No te has acostado con nadie más? –le preguntó Anthony desde el asiento delantero.

–No –contestó Maddie, todavía llorosa–. Solo tengo sexo con alguien a quien amo.

–Bueno, ¡ese es tu problema! –señaló Anthony–. ¡Si te acuestas con alguien más, lo superarás!

Es posible que Maddie haya estado enojada con Kyle, pero no era estúpida e ignoró el «consejo» de Anthony. El grupo se paseó por las calles durante un rato, pero no pudo encontrar la fiesta. Anthony dijo que tal vez la policía había dispersado a los asistentes. Los chicos sugirieron que se dirigieran mejor a un parque familiar, y las chicas estuvieron de acuerdo. Entonces se dirigieron a un área boscosa que Maddie no reconocía, pero no dijo nada, porque no quería parecer mala onda frente a los chicos mayores, aunque subrepticiamente tomó una captura de pantalla con su teléfono. Al día siguiente, la geolocalización mostró que los chicos habían mentido: no estaban ni remotamente cerca del sitio que declararon. Anthony y Paige salieron del auto y caminaron entre los árboles, dejando sola a Maddie con Josh. Él la empujó contra la puerta y empezó a besarla. Maddie no quería estar allí, no quería besarlo. Se sintió enojada, confundida y, tal vez, un poco asustada. «Maldita sea», pensó, «¿y ahora qué hago?». Intentó decirse a sí misma que todo terminaría pronto: Anthony y Paige regresarían e irían a una fiesta real, donde podría deshacerse de Josh. Sin embargo, cuando describió lo que en realidad le dijo a él, se dio cuenta de que había utilizado esa vocecita indefensa que acostumbran las adolescentes cuando se sienten incómodas pero no quieren ofender al otro.

–Le dije algo así como: «Está bien, no tenemos que hacer esto, ¡quítate de encima de mí!» –me contó.

Josh la tomó de la muñeca y la arrastró dentro del bosque. La puso contra un árbol y de nuevo empezó a besarla.

–Me di cuenta de que estaba en peligro y que debía irme –dijo Maddie.

Pero ¿a dónde iría? Cuando Josh empezó a empujarla de los hombros para que le hiciera sexo oral, ella lo alejó. Él insistió. Ella le retiró las manos. Después de unos cuantos intentos más, él le dijo:

–¿Qué, es muy difícil para ti? ¿No quieres hacerlo?

–No es que sea demasiado difícil –replicó Maddie–. Es que no quiero hacer *nada* contigo –para no herir sus sentimientos le dijo que era por respeto a su amiga, a la que él le decía «loca».

–No tiene que enterarse –señaló Josh.

Maddie negó con la cabeza.

–No, es que simplemente no quiero hacerlo –dice que en ese momento Josh empezó a hacer pucheros, actuando como si se sintiera ofendido y rechazado. Justo entonces, Anthony empezó a tocar el claxon del auto.

Se metieron rápidamente en el asiento trasero y Josh sacó una botella de ron.

–No sé dónde está la tapa –dijo– y no podemos ir en el coche con una botella abierta –se la pasó a Maddie, añadiendo: tendrás que bebértela.

Maddie negó con la cabeza. Ya no quería beber más.

–No pasa nada –le explicó Anthony–. El ron hace que suban los niveles de alcohol en la sangre, pero no emborracha.

Quizá simplemente estaba tratando de terminar con una noche peligrosa, intentando evitar cualquier disgusto con dos chicos más grandes y más corpulentos que ella; aparte, Anthony no quiso encender el auto hasta que se vaciara la botella. «No te pongas pesada», pensó mientras se pasaban la botella. «Simplemente tienes que llegar a casa y acostarte en tu cama». Intentó fingir que tomaba unos cuantos sorbos, pero al final cree haberse empinado unos seis *shots*. Después de eso, su memoria se fragmentó. Recuerda haber llorado un poco más por la traición de Kyle y que fueron a un restaurante de comida rápida, donde ordenaron desde el auto. También recuerda que Josh la subió a su regazo. Y luego perdió la consciencia.

No les digas a las chicas que no beban; diles a los violadores que no violen

En el núcleo de la discusión sobre el consentimiento está otra discusión con respecto al alcohol. ¿Cuándo se está demasiado borracho como para decir que sí? ¿Cuándo se está demasiado borracho como para ser incapaz de decir que no? ¿Quién tiene la responsabilidad de tomar esa decisión? Se estima que 80% de las agresiones en los campus implica el uso de alcohol, que típicamente se consume en forma voluntaria; con frecuencia tanto la víctima como el agresor (o agresores) estuvieron bebiendo. Como señalé antes, la cultura de las fiestas en los campus universitarios (al igual que en muchas comunidades de educación media) puede funcionar como excusa para los violadores, en especial los reincidentes. Sin embargo, en 2013, cuando Emily Yoffe escribió en *Slate DoubleX* que debería advertírseles a las jóvenes que el uso excesivo de alcohol las hace más vulnerables a ser víctimas de violencia sexual, se le ridiculizó por culpar a las víctimas.

The Atlantic, New York Magazine, Jezebel, Salon, Huffington Post, el *Daily Mail, Feministing* e incluso sus colegas en *Slate DoubleX* la acusaron de hacer una «apología de la violación». Durante el furor que se desató en consecuencia emergió una brecha generacional. Las mujeres mayores –es decir, aquellas de la misma edad de Yoffe (una categoría que me incluye)– pensaban que su consejo sonaba sensato. Después de todo, no estaba diciendo que una chica borracha *mereciera* que la violaran o que fuera su culpa si eso le sucedía. Tampoco decía que la sobriedad garantizara una protección contra las agresiones sexuales. Simplemente estaba enunciando lo que la mayoría les decimos a nuestras hijas: el alcohol reduce tu capacidad para reconocer y escapar de una situación peligrosa. También, las mujeres metabolizan el alcohol de modo diferente que los *hombres*, de tal manera que en ellas cada trago de alcohol alcanza una concentración en la sangre mayor que la que alcanza en un hombre de la misma estatura y peso, por lo que con cada trago van quedando progresivamente más incapacitadas que ellos. En vista de la generalización de las borracheras en los campus, ¿no deberían estar enteradas de ello?

Sin embargo, muchas jóvenes adoptaron una postura similar a la que tenían en cuanto a las normas de vestimenta: no nos digan que no bebamos, díganles a los violadores que no violen. Dijeron que, si en realidad se quisieran reducir las agresiones, ¿no sería igual o más lógico decirles a los hombres que no abusen del alcohol, en especial dado que los perpetradores tienen las mismas probabilidades de estar bebiendo que las víctimas? El alcohol ha probado tener una profunda influencia en el comportamiento de los violadores en potencia. Reduce sus inhibiciones, permite que no tomen en cuenta las señales sociales o dudas de una pareja, les da el valor para utilizar la fuerza física que en otras circunstancias no tendrían, y les ofrece una fácil justificación para su mala conducta. Cuanto más beben los violadores en potencia, son más agresivos durante la agresión y menos conscientes de la angustia de sus víctimas. En contraste, los jóvenes que están sobrios no solo son menos coercitivos en un sentido sexual, sino que es más fácil que intervengan si creen que está a punto de ocurrir una agresión debida al alcohol.

Los activistas están en lo cierto al decir que lo único que 100% de las violaciones tiene en común es a un violador. Podrías cubrir de pies a cabeza a las mujeres, prohibirles que beban, encerrarlas en sus casas y de todos modos habría violaciones. Incluso podrías vivir en Afganistán. Para mí, esta parece otra de esas situaciones en las que ambas posturas son correctas. Se me dificulta defender el derecho inalienable de *cualquiera*, sea hombre o mujer, de ponerse hasta las manitas, en especial si son menores de edad. ¿Qué dijiste? ¿Un inofensivo rito de iniciación en la universidad? Cada año 600 000 estudiantes de entre 18 y 24 años de edad se lesionan en accidentes relacionados con el consumo de alcohol; 1 825 de ellos mueren. Los adolescentes que beben mientras están en el bachillerato y que confían en su mayor tolerancia al alcohol están en particular riesgo de sufrir lesiones en la universidad.

Casualmente vivo en Berkeley, California, el pueblo donde los mejores y más inteligentes individuos de mi estado vienen a obtener una educación (el promedio de calificaciones de preparatoria para los estudiantes de primer ingreso aquí es superior a nueve). Sin embargo, en los primeros dos meses del año escolar 2013/14 los paramédicos transportaron a 107 de estos inteligentes estudiantes, todos peligrosamente borrachos, al hospital. En ese año tan solo en el «fin de semana de la mudanza» el volumen de llamadas al 911 por intoxicación alcohólica fue tan elevado que la ciudad tuvo que solicitar ambulancias de los pueblos vecinos: el servicio local de urgencias se vio rebasado por los estudiantes borrachos, lo cual requirió traer vehículos de otras partes. (Dios guarde al «poblador» que sufra una embolia o un infarto en una de esas noches). A propósito, en el mismo periodo de dos meses la policía del campus detuvo a dos chicos por no tener edad suficiente para beber. Y, sin embargo, cuando las borracheras aumentan, también lo hacen las agresiones sexuales. Como parte de un reportaje de investigación de la televisora local afiliada a la ABC, un paramédico que respondió a algunos de los llamados de la Universidad de California en Berkeley, con el rostro oculto y la voz distorsionada para evitar represalias, le contó al reportero que él personalmente detuvo a un grupo de estos chicos, estudiantes de altísimo nivel, mientras sacaban a rastras de una fiesta a una chica inconsciente; uno de ellos admitió que ni siquiera la conocía. «Quién sabe cuáles eran sus intenciones», reflexionó el paramédico. En los primeros tres meses del año escolar 2013/14 se denunciaron nueve violaciones; cinco de ellas una noche en que los miembros de una fraternidad sin reconocimiento oficial supuestamente pusieron Rohypnol* en las bebidas de sus compañeras, lo cual las dejó indefensas.

Como madre, estoy a favor de la reducción del riesgo. Así que definitivamente le explicaré a mi hija cuáles son los efectos particulares del alcohol sobre el cuerpo de la mujer. Le explicaré que los depredadores aprovechan esa diferencia utilizando la bebida misma como droga para perpetrar una violación, y que el consumo excesivo de bebidas aumenta la vulnerabilidad de cualquier persona a diversos problemas de salud y seguridad. Sé que emborracharse puede parecer una manera sencilla de reducir la ansiedad social, que te puede ayudar a sentir que perteneces y acallar esa molesta voz en tu cabeza que te llena de paralizantes dudas en relación contigo misma. Aun así, tomarse seis *shots* en una noche para divertirte –o, en todo caso, para probar que *eres* divertida– quizá sea una exageración. Tampoco es ideal que necesites beber alcohol para reunir valor para tener sexo porque de otra manera sería «incómodo»: aunque los resultados sean consensuados, es probable que el sexo sea pésimo. Dos personas que están borrachas quizá se comporten, *ambas*, de una forma que después lamentarán, o que olviden por completo lo que hicieron, lo cual dificulta determinar si hubo consentimiento o no. ¿Eso debería constituir agresión sexual? Los estudiantes mismos no coinciden entre sí. Casi todos los que respondieron una encuesta que el *Washington Post* y la Kaiser Family Foundation hicieron en 2015 con universitarios actuales y pasados coincidieron en que el sexo con una persona incapacitada o desmayada es violación (un enorme y bienvenido cambio cultural). Pero, ¿qué pasa si *los dos* están incapacitados? Solo alrededor de uno de cada cinco coincidieron; aproximadamente el mismo porcentaje dijo que *no* es agresión, y alrededor de 60% de ellos dijo no estar

---

* Es un medicamento hipnótico de la familia de las benzodiacepinas, como el Xanax y el Valium, aunque el Rohypnol (flunitrazepam) es mucho más fuerte. Su potente efecto sedante puede provocar somnolencia y amnesia.

seguro. Eso es comprensible en vista de la paradoja que prevalece en la vida sexual de los estudiantes: la embriaguez es obligatoria para los encuentros; sin embargo, la bebida invalida el consentimiento. Hay líneas claras –montones de ellas– que se cruzan con demasiada frecuencia. Pero también existen situaciones que resultan confusas y complicadas para todos. ¿Recuerdan a Holly, que combinó Red Bull con *shots* (una mezcla que hace que la persona parezca engañosamente sobria) antes de perder la conciencia? Quizá haya parecido coherente y dispuesta a tener relaciones; quizá su compañero estaba igualmente perdido de borracho; tal vez estaba sobrio por completo y puso su mira de manera consciente sobre ella. Holly nunca lo sabrá.

Entonces, le diré a mi hija que es posible cometer errores, que no todas las circunstancias son tan obvias como quisiéramos. Dicho esto, si, por cualquier razón, se emborracha –porque es parte de la cultura en la que vive o porque quiere ver qué se siente o porque la bebida no le supo fuerte– y, Dios no quiera, alguien se propone agredirla sexualmente, de ninguna manera y en ninguna circunstancia será su culpa. Le diré que nada, absolutamente *nada*, justifica la violación. Las víctimas *nunca* son responsables de los actos de un agresor y no deben sentir culpa ni quedarse calladas. ¿Y si tuviera un hijo? De igual manera se lo dejaría claro: las chicas embriagadas no son «presa fácil»; sus malas decisiones no son un cheque en blanco para tener sexo. Le diría que beber en exceso, además de que puede causar un daño físico a largo plazo, altera la capacidad de los hombres para detectar o respetar la falta de consentimiento. Le diría que si tiene *cualquier* duda sobre si una chica está en condiciones de decir que sí –si esa idea le cruza por la mente siquiera por un instante– debe retirarse, por la propia seguridad de él y la de ella. Habrá otras oportunidades de tener relaciones sexuales (de verdad, ya las habrá). Así que aunque entiendo por qué tanto a los padres como a los funcionarios que determinan las políticas les resulta tentador enfocarse en el hecho de que las mujeres beban, eso simplemente no basta.

«Maddie, te violaron»

Después, Paige le informó a Maddie lo que había sucedido. Los chicos las retaron a besarse entre ellas, cosa que hicieron. Luego, Maddie besó a Josh, alardeando que: «¡Soy la reina del coche porque soy la preferida de todos ustedes!».

–Si realmente quieres ser la reina del coche –le dijo Anthony– necesitas tener sexo en él.

–Va –respondió Maddie, volviéndose hacia Josh–. ¡Hagámoslo!

Maddie le insistió en que se pusiera condón, lo cual hizo que Paige creyera que estaba lúcida. Anthony, que tenía uno, se lo pasó a Josh. Maddie recordaba más o menos haberle dicho a Josh, mientras perdía y recuperaba la conciencia, que le quitara los pantalones porque estaba demasiado ebria como para quitárselos ella. Recuerda haber despertado en algún momento cuando el coche aceleró por las calles secundarias de su pueblo; estaba montada encima de alguien, pero no sabía quién era o cómo había llegado allí, y entonces empezó a llorar.

–Pero no podía hablar y en realidad no podía moverme –comenta–. Y no creo que él se diera cuenta de que yo estaba llorando porque estaba muy concentrado en lo que estaba haciendo.

Luego le vienen más recuerdos fragmentados, pero todos son muy parecidos: confusión, lágrimas, sensación de estar incapacitada. Finalmente, Josh terminó y Maddie se rodó a una esquina del auto, subiéndose los pantalones como pudo.

–Quiero irme a mi casa –les dijo, pero los otros tres estaban buscando otra fiesta–. ¡No! ¡Llévenme a mi casa!

–¿Cuál es tu problema? –le preguntó Paige molesta–. ¿Por qué estás llorando?

Eso hizo que Maddie llorara más y repitiera que quería irse a casa. En ese momento los otros tres se pusieron nerviosos.

–Sácala de aquí –dijo uno de ellos–, y la bajaron del coche, sola y en un pequeño centro comercial cercano a su casa.

A la mañana siguiente, durante su turno de trabajo matutino en una cafetería de su vecindario, Maddie lloraba esporádicamente, aunque no sabía bien por qué.

–Sabía que algo malo me había pasado –me dijo– pero no podía determinar con exactitud por qué estaba tan angustiada por ello. –Cuando salió del trabajo le pidió a una amiga que se reuniera con ella y le contó lo que recordaba.

–Maddie –le dijo la chica–, te violaron.

Maddie lo negó, pero su amiga conocía a Anthony, el chico que iba conduciendo el coche, y le llamó en ese instante.

–¡Permitiste que violaran a esta niña en el asiento trasero de tu coche! –le dijo. Él lo negó también, pidiéndole hablar directamente con Maddie.

Ella recuerda que le habló con una voz amable y tranquilizadora.

–Mira –le dijo–. Sé que tuviste una mala noche y que estás angustiada, pero no te violaron. Deja de decirle eso a la gente.

–*No* estoy diciéndoselo a la gente –respondió y le colgó. Cuando llegó a su casa con su amiga, ella le dijo que iba a informarle lo sucedido a su mamá.

–Lo siento –le dijo– pero no sé qué hacer y alguien tiene que ocuparse de esto.

Maddie se metió en su cuarto para no tener que ver la reacción de sus padres. Un poco más tarde su padre tocó a la puerta llevando una libreta en la mano. Ella le contó la historia con tantos detalles como pudo recordar.

–¿Por qué no te negaste? –le preguntó.

–¡Sí lo hice! –respondió ella–. Pero entonces me puse más borracha y… ya no supe qué pasó. No puedo explicarlo.

Ese lunes Maddie no fue a la escuela, ni tampoco al día siguiente, ni al tercer día. Apenas pudo salir de la cama durante una semana. Mientras tanto, Paige empezó a difundir rumores afirmando que Maddie estaba diciendo que la habían violado porque estaba avergonzada por haber perdido la virginidad en el asiento trasero de un coche en movimiento. Personas desconocidas publicaron en Facebook que Maddie era una «puta mentirosa». Pocos compañeros de clase, tanto hombres como mujeres, se pusieron de su lado.

–Ninguno de ellos sabía lo que pasó realmente –comenta Maddie–. *Yo* no sabía lo que había pasado realmente. Sigo sin saberlo. Todavía hay partes que no recuerdo bien.

Ni siquiera sus amigos (ahora examigos) la defendieron.

–Decían cosas como: «No estuve allí, así que no puedo juzgar si es cierto o falso». Y yo pensaba: «¿Por qué simplemente no me apoyan? ¡Pensé que éramos amigos!

Como era de esperarse, Josh también la llamó mentirosa. Sí se comunicó directamente con ella una vez, en un mensaje de texto, poco después de sucedido el hecho. «¿Le estás diciendo a la gente que te violé?». Ella le respondió en otro mensaje que no lo estaba haciendo. Nunca más se volvió a poner en contacto con ella.

–Obviamente ningún tipo va a admitirlo –dice Maddie–. No espero que lo haga. Ni siquiera espero que se disculpe. ¿Por qué lo haría? Según él, no hizo nada malo. No me llevó a un callejón oscuro para violarme. En realidad lo único que él quería era tener sexo y yo le dije que no, y eso hirió su orgullo.

Una de las pocas personas que apoyó a Maddie fue la exnovia de Josh –o amiga con beneficios o lo que fuera–, aquella que le había contado a Maddie que Josh la trataba mal.

–Ella me creyó sin cuestionarlo –me dijo Maddie–. ¿Esa cosa de que él me empujó de los hombros hacia abajo? También se lo hacía a ella. Y hay otras dos chicas que me contaron que les hizo lo mismo. Pero conmigo fue la única vez que se volvió un problema enorme. –Maddie sacudió la cabeza y suspiró–. Sin embargo, yo creo que en algún momento se meterá en problemas.

Llegaron las vacaciones de Navidad y Maddie esperaba que eso hiciera que el incidente se olvidara, pero no fue así. Cuando llegó enero y se reanudaron las clases, los chismes se salieron de control: ¡Maddie estaba embarazada! ¡Maddie se había hecho un aborto! Abandonó la escuela y dejó de estar en línea y de ver sus mensajes. A la larga se inscribió en la universidad comunitaria. Luego descubrió que una de sus compañeras también estaba allí por la misma razón.

¿Qué significa el sí?

Según los conservadores en la década de 1990, uno de los grandes aspectos negativos de incluir las agresiones sexuales inducidas por el alcohol en la definición de violación, era que los administradores de las universidades se verían abrumados por las denuncias de chicas vengativas que estaban arrepentidas de sus encuentros de la noche anterior. Como si fuera fácil que una víctima de agresión sexual denunciara. Como si a las chicas se les creyera fácilmente. Como si denunciar no fuera un suicidio social. Como si no tuvieran que enfrentar el ostracismo al hacerlo, como si no se les llamara putas, se les culpara, se les acosara y se les amenazara por hacerlo. Consideremos la reacción que en 2014 se tuvo dentro del Collegiateacb, un foro donde los estudiantes discutían de manera anónima los problemas que se presentaban en el campus, después de que las acusaciones de violación de una estudiante de la Universidad Vanderbilt condujeran a la suspensión de una fraternidad. Los usuarios del foro demandaron conocer la identidad de «la niña que rajó» –de hecho se publicó su nombre– y le llamaron, entre otras cosas, «maniacodepresiva», «perra loca», «psicótica», «CANALLA DE MIERDA», «RAMERA buena para nada» y, una y otra vez, «soplona». «El uso repetido de la palabra "soplona" en la cadena de comentarios», escribió André Rouillard, editor del periódico de la escuela, «implica que la víctima reveló un secreto que debería haberse mantenido oculto tras puertas cerradas: bajo la alfombra y sobre pisos pegajosos como papel matamoscas y apestosos a cerveza rancia… El PO [póster original] lanzaba una convocatoria: "Necesitamos mantenernos unidos y prevenir que chingaderas como estas se consideren correctas"». Pero con «chingaderas como estas» no se refería a la violación; se refería a que las chicas denuncien.

Aquellos que intentan probar que las universidades están plagadas de jóvenes mujeres psicóticas, que arden en deseos de arruinarles la vida a sus compañeros, recibieron sin querer una oportunidad en la primavera de 2015, cuando la revista *Rolling Stone* se retractó de un artículo sobre un caso de violación tumultuaria en la Universidad de Virginia que se había desestimado al analizarlo. No sé si ese escándalo se convertirá en piedra angular de una nueva represión del activismo –estos son tiempos diferentes a la década de los noventa–, pero como concluyó una investigación de la Escuela de Posgrado en periodismo de la Universidad de Columbia, los editores de *Rolling Stone* «esperaban que su investigación diera la señal de alarma sobre las agresiones sexuales en las universidades y que desafiara a la Universidad de Virginia y a otros centros de educación superior a dar mejores resultados. En lugar de ello, es posible que al retractarse la revista haya propagado la idea de que muchas mujeres mienten cuando denuncian haber sido violadas».

Definitivamente, existen acusaciones falsas de violación. Decir lo contrario sería absurdo, pero son menos comunes de lo que les gustaría creer a los alarmistas. En un sentido legal, una «denuncia falsa» es aquella en la que se puede probar *de manera demostrable* que no se cometió una violación. Cuando los investigadores averiguan que no ocurrió una agresión, eso es otra cosa: un informe no concluyente o no corroborado. Los comentaristas conservadores, como Hoff Sommers, Cathy Young y Wendy McElroy– además de todos los troles en internet– afirman que de 40 a 50% de las acusaciones de agresión sexual son *falsas*. (Aunque, extrañamente —como señaló la criminóloga Jan Jordan— estos críticos que insisten en que la mitad de las acusaciones es falsa, sí creen que las mujeres que se retractan indudablemente están diciendo la verdad). En su libro *Rape is Rape* (La violación es violación), Jody Raphael explica que esta estadística proviene de un informe de 1994 en el que Eugene J. Kanin, un sociólogo de la Universidad de Purdue, compiló las evaluaciones de una agencia policiaca de 45 acusaciones de agresión sexual durante nueve años en un pequeño pueblo del medio oeste, las cuales no necesariamente se basaron en evidencias o investigaciones. Kanin mismo advirtió que sus hallazgos no debían generalizarse y admitió que: «Las retractaciones de acusaciones de violación pueden provenir del deseo de las quejosas de evitar una "segunda agresión" a manos de la policía». Raphael señala que siete estudios rigurosos llevados a cabo en Estados Unidos y el Reino Unido a lo largo de tres décadas son más creíbles. Estos encuentran que las tasas de acusaciones falsas van del 2 al 8%, una cifra que, según estadísticas del FBI, empezó a disminuir de manera constante desde 1990, cuando surgió la controversia acerca de la violación a manos de un conocido. Sin duda es importante tener en la mente la posibilidad de que algunas acusaciones sean falsas, pero los temores hacia ellas parecen extrañamente desproporcionados, en especial porque a la mayoría de las víctimas no se les cree, porque 80% de las violaciones en los campus jamás se denuncia, y porque de por sí pocos atacantes identificados son encontrados culpables, apenas de 13 a 30%.

Emily Yoffe, quien también alerta sobre el espectro de la «sobrecorrección» en cuanto al número de violaciones en las universidades, rebate que agrupar el sexo por coacción o presión psicológica dentro de las estadísticas representa el riesgo de «trivializar» las agresiones. También teme que cualquier chica que «se arrepiente de fajar con un chico que la "persuadió"» se sienta tentada a presentar una denuncia que conduzca a que lo expulsen. «Es posible que le estemos enseñando a una generación de hombres jóvenes que presionar a una mujer a tener actividad sexual nunca es una buena idea», reconoce Yoffe, «pero también le enseñamos a una generación de jóvenes mujeres que son maleables, débiles, "abrumadas" e indefensas frente a la persuasión masculina».

Ahí es donde ella y yo discrepamos. Es obvio que la mayoría de los encuentros sexuales entre estudiantes de preparatoria o universidad no es violento: es consensuado y deseado, aunque no siempre recíproco. Dicho esto, un porcentaje considerable ocurre bajo coacción; en lugar de «trivializar» la violación Yoffe se arriesga a «trivializar» el hecho de que se considera que los hombres tienen derecho a ejercer tal presión y la forma en que eso moldea nuestra comprensión del consentimiento, e, incluso, del sexo mismo. A pesar del cambio de roles en otros ámbitos, se sigue pensando que lo correcto es que sean los hombres quienes inicien el contacto sexual (si no me creen, nada más escuchen la indignación de las madres de hombres adolescentes cuando comentan sobre lo «agresivas» que son las chicas de hoy). El impulso sexual masculino se considera natural y su derecho al placer se da por hecho. Se supone que sean sexualmente confiados, seguros y conocedores. Como ya dije, las jóvenes mujeres siguen siendo las guardianas del sexo, la inercia que frena la velocidad de la libido masculina.

Esa dinámica crea un refugio para delitos que pasan desapercibidos y que vuelve aceptable y normal cierto nivel de manipulación e incluso de violencia. No sé si tales actos merecen una expulsión, pero sí ameritan una discusión seria.

Lorelei Simpson Rowe, una psicóloga clínica que trabaja con las jóvenes en el tema de sus habilidades para negarse al contacto sexual en la Universidad Metodista del Sur, me lo explicó así:

–Gran parte de la violencia y la coacción sexuales ocurre en situaciones que no son obviamente peligrosas... de modo que el hecho de salir nueve veces con un chico y participar en actividad consensuada, y sentirte a gusto y emocionada por estar desarrollando una relación, no te prepara para esa única vez en que la situación es diferente.

Aunque esos cambios pueden ser repentinos, Simpson Rowe indica que con frecuencia no es así.

–Los chicos empezarán a decir cosas como: «Ándale, vamos a llegar un poco más lejos», o «¿por qué no?», o «de verdad me gustas. ¿Qué, yo no te gusto?». Hay muchas formas de persuasión, ruegos y tácticas que inducen culpa, junto con muchos elogios y adulación. Y como es sutil, las chicas empiezan a dudar y a preguntarse: «¿Estoy interpretando bien la situación?», «¿de verdad me dijo eso?», «¿realmente se refería a eso?».

Simpson Rowe y sus colaboradores desarrollaron un programa de capacitación que utiliza simulaciones en realidad virtual para ayudar a las jóvenes a reconocer y resistirse a esas señales. En pruebas piloto con estudiantes de bachillerato y universidad las participantes generalmente se calificaban como confiadas en que podrían rechazar las insinuaciones no deseadas o escapar de las situaciones amenazantes. Sin embargo, al participar en un *role-play* dentro de una diversidad de escenarios progresivamente riesgosos –desde un avatar masculino que fastidia a las chicas para obtener su número telefónico hasta uno que amenaza con ejercer violencia si no se someten a tener relaciones– se quedaban petrificadas. Simpson Rowe se apresuró a decir que solo los perpetradores son responsables de la agresión, pero que la asertividad y la defensa propia son habilidades cruciales para la autoprotección.

–Lo que encontramos es la importancia de que las mujeres puedan ejecutar cambios cognitivos rápidos entre la interacción sexual normal y la protección de su seguridad –me comentó–. Y parte de eso implica que puedan darse cuenta de cuándo algo deja de ser una interacción normal y se convierte en presión.

Las jóvenes en el programa se preocupaban de que un rechazo hiriera los sentimientos de los chicos; se sentían culpables e incómodas por decir que no.

–Las chicas han sido modeladas para ser agradables y educadas, así como cariñosas y compasivas en relación con los sentimientos ajenos –explicó Simpson Rowe–. Estas son cosas maravillosas: buenas características. Pero como las tienen tan interiorizadas, muchas piensan que aun cuando están en una situación insegura no deben ser groseras, porque se supone que no deben serlo en ningún caso. En muchas ocasiones en el transcurso de la coacción surge la palabra *perra*, lo que para ellas debe ser una especie de momento *Eureka*, pues es entonces cuando pueden darse cuenta de que un tipo que las presiona y persuade, y que no deja de insistir cuando le dicen que no quieren hacer algo, no las está respetando ni a ellas ni a sus límites, así que pueden dejar de *preocuparse por herir sus sentimientos*. Enfatizamos lo pronto que empieza el proceso coercitivo y las ayudamos a responder a ello antes de que llegue a la violencia.

Los datos preliminares mostraron que tres meses después de terminar la capacitación de 90 minutos, las participantes habían experimentado la mitad de la tasa de victimización sexual en comparación con un grupo de control. Otro programa de reducción de riesgos que se sometió a un estudio piloto, en el que participaron más de 450 estudiantes universitarias de primer ingreso en Canadá, mostró resultados similares: un año después las tasas de *violación* entre las participantes se redujeron a la mitad, en comparación con las chicas que no participaron en el programa.

–Queremos enviar el mensaje de que nadie tiene el derecho de presionarte u obligarte a hacer algo que no quieres hacer –señaló Simpson Rowe–. Tienes el derecho a defenderte con tanta intensidad y fuerza física como puedas y desees.

Al escuchar a Simpson Rowe pensé en Megan, quien le dijo a su violador: «Gracias, me divertí». Recordé a otra chica que conocí, una estudiante de primer año de universidad que me contó que su novio de prepa la había violado en dos ocasiones: una mientras seguían siendo pareja y otra vez después de que habían terminado, en una fiesta en la cual la engañó diciéndole que quería platicar para que saliera y se subiera a su coche. Ambas veces estaba borracha. Ambas veces se negó y ambas veces él la ignoró.

–Es probable que lo hubiera podido empujar para quitármelo de encima o rodarme a un lado o gritar con la suficiente fuerza para que alguien pudiera oírme –me dijo–, pero algo me impidió hacerlo en esas dos ocasiones. Soy una persona muy fuerte. Tengo altos valores morales. No me avergüenza hablar de cualquier cosa. Pero no hice nada. Era como si estuviera paralizada.

En el verano de 2015 recordé de nuevo las palabras de Simpson Rowe cuando leí un testimonio de la corte acerca de una exalumna de la escuela preparatoria de St. Paul, en New Hampshire. La chica narró que un joven popular del último grado la atacó en la primavera de su primer año, durante el rito de fin del ciclo escolar conocido como «homenaje a los próximos egresados», en el que los estudiantes que están a punto de graduarse compiten para tener la mayor cantidad de encuentros sexuales con tantas estudiantes lo más jóvenes posible. La joven testificó que, de inicio, se sintió halagada por sus atenciones y que lo acompañó a un cuarto de mantenimiento oscuro, pero que se sintió confundida en cuanto a cómo debía responder a su comportamiento cada vez más agresivo. «¡No, no, no! Solamente acá arriba», le contó al jurado, señalando el área por encima de su cintura. «Traté de ser tan agradable como me fuera posible». Aunque él la manoseó, mordió y penetró, ella dijo que «no quería causar un conflicto».

Cada una de estas mujeres pudo haberse beneficiado de una sesión con el simulador de realidad virtual de Simpson Rowe. Al mismo tiempo, también pensé en un estudio de 2014 en el que casi un tercio de los hombres universitarios aceptó que violaría a una mujer si se pudiera salir con la suya, aunque el porcentaje disminuyó a 13.6% cuando en la pregunta se utilizó el término violación (en vez de «forzar a una mujer a tener relaciones sexuales»). Enseñarles a las chicas a defender sus derechos, a nombrar y expresar sus sentimientos en las relaciones amorosas, es importante por todo tipo de razones, y es posible que de hecho ayude a algunas de ellas a detener una agresión o a escapar de ella. Sin embargo, igual que al enfocarse solamente en el uso de alcohol de las jóvenes se pasa por alto la conducta de los violadores, dejarles a las víctimas la responsabilidad de repeler las insinuaciones de los hombres mantiene vigente la prerrogativa de que estos pueden presionarlas; también permite que se siga dando por hecho que la chica está disponible sexualmente, a pesar de que, como escribió la especialista feminista Katha Pollit, «se quede tirada allí como un pescado, con lágrimas corriendo por sus mejillas y demasiado paralizada, atemorizada o atrapada por los perpetuos hábitos de recato como para enunciar la palabra mágica». Aun si la chica enunciara de manera fuerte y clara ese «no», podría pasar que el hombre no la escuchara.

Las políticas sobre el «consentimiento afirmativo» –otras versiones de aquellas de las que la Universidad Antioch fue la pionera– se han convertido de nuevo en motivo de esperanza para un cambio. En 2014 California fue el primer estado en aprobar una ley llamada «sí significa sí» dirigida a las universidades e instituciones superiores que reciben financiamiento estatal. En lugar de exigirle a la acusadora probar que se negó, demanda al agresor probar que fue «una decisión afirmativa, sin ambigüedades y con ambos participantes conscientes de que desean realizar una actividad sexual a la que los dos accedieron». En otras palabras, que se otorgó un entusiasta y claro «seguro que sí», ya sea en forma verbal o por medio de lenguaje corporal. Establece que es posible que ese consentimiento se revoque en cualquier momento y que una persona incapacitada, ya sea por drogas o alcohol, no tiene la capacidad legal para otorgarlo. Eso representa un cambio fundamental en las relaciones de poder: 12e años después del *sketch* «¿Es violación en cita?» de *SNL*, menos personas se están riendo. Nueva York aprobó la legislación del consentimiento afirmativo en 2015. New Hampshire, Maryland y Colorado están considerando leyes similares. Todas las universidades prestigiosas de Estados Unidos, excepto Harvard, tienen establecida para este momento una versión de «sí significa sí».

Como era de esperarse, los conservadores advierten que en poco tiempo miles de chicos serán expulsados de las universidades por tratar de despedirse con un beso. Pero las políticas también causan intranquilidad entre los liberales. Ezra Klein, editor en jefe de *Vox*, escribió que apoyaba la ley, aunque creía que se «instalaría una especie de crudo invierno en los campus universitarios al poner en duda todas las prácticas sexuales y crear una niebla de temor y confusión acerca de qué se puede considerar como consentimiento». La ansiedad de ambas partes me recordó los temores de 1993 acerca de la entonces innovadora ley de California contra el acoso sexual entre compañeros en las escuelas, la cual permitía que los distritos escolares expulsaran a infractores desde la edad de nueve años. Pero ¿saben qué? Han pasado veintitantos años desde entonces y ningún chico de cuarto de primaria ha sido enviado a San Quintín por arriesgarse a dar un besito en el patio de recreo. Tampoco ha habido distritos escolares que hayan quebrado por un diluvio de demandas frívolas. Al mismo tiempo, la legislación no detuvo el acoso sexual. Sin embargo, sí proporcionó una estructura en la que las estudiantes pueden entender y discutir el tema, y la posibilidad de ejercer un recurso, a varios niveles, cuando las agresiones llegan a suceder. ¿Recuerdan a Camila Ortiz, la chica que le gritó al vicedirector cuando este les dijo a las jóvenes que debían cubrirse y respetarse a sí mismas? Después, ella y una amiga organizaron un grupo de chicas *y* chicos para luchar contra el acoso sexual en su escuela. En el invierno de 2015 el grupo se dirigió a una junta escolar, presentando una petición firmada por más de 750 alumnos, tanto mujeres como hombres, en la cual expresaban sus preocupaciones porque la preparatoria no cumplía con las leyes estatales y federales. La política del distrito escolar se está redactando de nuevo. Nadie fue expulsado, nadie demandó, nadie fue a la cárcel. Además, los estudiantes recibieron una gran lección sobre responsabilidad cívica, liderazgo y creación de un cambio social. La mayor concientización también ha reducido la tolerancia hacia la secreta aceptación del acoso y la agresión sexual. Anheuser-Busch lo descubrió en 2015, cuando la compañía desveló el nuevo eslogan para Bud Light: «La cerveza perfecta para eliminar el "no" de tu vocabulario nocturno». La sensibilidad estadounidense ha cambiado desde los años noventa, al igual que el público de los comediantes influyentes. De este modo, en lugar de burlarse de las mujeres demasiado sensibles, John Oliver obtuvo aclamaciones de su público universitario al ridiculizar la mentalidad de los chicos de fraternidad que permitieron que se aprobara el eslogan, imaginando a los ejecutivos de Bud celebrando y gritando: «¡Tremenda idea, carnal!». «Exacto, a eso me refiero, *súper*». «¡*No, no, no, no!* ¡Es justo lo que *yo* digo, hijo!». «¡*Baaaaaaaaaaaaaaaaa!*». (La empresa cervecera se había visto forzada días antes a emitir una disculpa pública después de que la noticia de su lema se difundiera por todas partes en Twitter).

¿Las leyes sobre el consentimiento afirmativo reducirán las agresiones en los campus? ¿Los casos se resolverán con mayor facilidad? No puedo saberlo. Como señaló Pollit, en muchos casos la adjudicación seguirá basándose en una cuestión de quién dice la verdad, donde los agresores acusados reemplazarán el «Ella no dijo que no» con «¡Me dijo que sí!». Entre los estudiantes que respondieron a la encuesta del *Washington Post*/Kaiser Family Foundation, solo 20% dijo que la norma de que sí significa sí era «muy realista» en la práctica, en tanto que otro 40% la consideró «poco realista». Sin embargo, lo que sí puede lograr esa política, en especial si los estados dirigen esfuerzos curriculares sólidos a los estudiantes más jóvenes como planea hacerlo California, es que se cree una urgente y necesaria reformulación de la conversación pública, que se aleje de los aspectos negativos –lejos de la perspectiva de que los hombres son exclusivamente agresivos y las chicas son exclusivamente vulnerables, y lejos del asedio y el resentimiento–, y que en vez de eso se cree uno que deje claro cómo tendrían que ser los encuentros mutuos entre los jóvenes para ser sanos y consensuados. Quizá permita que las mujeres jóvenes consideren sus propios deseos –los verdaderos– en un sentido sexual y puedan comunicarlo; tal vez permita que los hombres escuchen con mayor facilidad.

Esa era la esperanza de la organización sin fines de lucro del área de la Bahía de San Francisco, que me invitó a observar grupos de enfoque con estudiantes de bachillerato reunidos en una tarde de noviembre para discutir el consentimiento.

Los chicos –dos hombres afroestadounidenses, dos hombres blancos, dos jóvenes blancas, una latina y otra de origen asiático– se sentaron en los sofás de una sala prestada mientras un facilitador de veintitantos años guiaba la conversación. En el curso de varias horas lidiaron con temáticas como la manera en que los encuentros impulsados por el alcohol provocaban que el «sí» fuera poco claro; los costos sociales de negarse sin más ni más; la incomodidad que provocaba intervenir cuando un amigo o amiga borracha estaba a punto de hacer algo de lo que se arrepentiría; las formas en que resolvían o no el asunto del consentimiento en sus relaciones a largo plazo. Hablaron también de las agresiones sexuales. Dos de las chicas habían sufrido algún tipo de violación; otra intentaba asimilar las perturbadoras acusaciones de una amiga cercana contra otro amigo. De igual manera, uno de los hombres había cedido a las insinuaciones sexuales de una compañera mayor cuando estaba demasiado borracho como para negarse. Quería saber si eso se podía considerar como violación.

Sin embargo, con más frecuencia hablaron de la complejidad de marcar límites claros, tanto para sus parejas como para sí mismos, en una cultura de contradicciones en la que se han dado algunos cambios, aunque no suficientes, en las expectativas, consecuencias y significado del sexo tanto para los hombres como para las mujeres.

–Entiendo eso de «sí significa sí» –señaló Michael, quien llevaba su despeinada melena al estilo de Mark Sanchez atada con una liga–. ¿Pero cómo cambia ese «sí» con cada una de las situaciones en las que estás? Cuando estás borracho, ¿qué significa ese «sí»? ¿O un sí solo es real cuando estás sobrio?

–¿Y qué pasa con la gente que se emborracha *para* poder decir que sí? –añadió Annika, adelantándose en su asiento con gran interés, mientras descansaba los codos sobre sus rodillas–. Sé de un caso en donde dos personas estaban interesadas la una por la otra y le pidieron a un amigo que hiciera una fiesta para que pudieran beber y ligar.

Caleb, quien llevaba un corte de pelo «desvanecido» y anteojos rojos de plástico, intervino en la conversación.

–Todo el problema es que ligar cuando estás sobrio no es tan divertido.

Annika asintió y prosiguió:

–Y *sí* puede significar diferentes cosas, *en especial* si estoy borracha. Como, ¿dije que sí porque quiero ligar con *esta* persona o porque quería ligar con *alguien* o porque mis amigos pensaban que estaría bien que ligara con esa persona?

Nicole contó que cuando tenía la «corazonada» de que era momento de terminar un agarrón, de inmediato empezaba a contar mentalmente todo lo que había hecho hasta ese momento: un chico y ella intercambiaron miradas, se coquetearon, ella le tocó el hombro, lo besó, se quitó la blusa; eso podría haber hecho que él creyera que ella accedería a más.

–Y en ese momento ya me estoy sintiendo culpable y preocupándome de qué pasará en el momento de confrontación cuando le diga que ese es mi límite.

–Es tan complejo –comentó Gabriel, quien llevaba una gorra y una camiseta de los infantes de marina–. Como hombre, tienes que hacer lo mejor posible para prevenir tener problemas en el futuro. Tienes que entrenarte a mirar a la persona y decirle: «¿Estás de acuerdo con esto? ¿Estás completamente segura? ¿Es esto definitivamente un "sí"?».

Lauren, quien recientemente había roto con su novio, dijo en voz muy tenue que incluso en las relaciones a largo plazo el consentimiento podía ser un poco confuso.

–Es como si, porque ya tuviste relaciones una vez, vas a tener que aceptarlas siempre –señaló y otras dos chicas asintieron–. Y siempre terminará así sin importar lo que hayas dicho verbalmente o lo que quieras en ese momento, porque cuando ya llegaste hasta ese punto con alguien, eso es lo que siempre sucede.

Las «buenas novias» dicen que sí, sin importar nada. Consienten –o cuando menos acceden– libremente, aunque no deseen tener relaciones. Se aguantan para mantener estable la relación y felices a sus parejas. Estas jóvenes se preguntaban cómo se le podría llamar a eso.

–¿Saben qué? –dijo Michael–. Al escuchar todo esto… Yo estuve en una relación por cerca de un año y creo que… quizá yo haya estado en el otro lado de la ecuación. Pienso que… No era mi intención, pero es probable que inconscientemente haya presionado a mi novia –se quedó en silencio por un momento, ponderando esa idea–. No creo que quiera ser un líder en la igualdad de género –continuó–, pero sin importar qué termine haciendo, o a dónde termine yendo, esto será algo que incorporaré. Creo que solo con hacerlo con la gente que conoces en la escuela o en tu trabajo puedes influir considerablemente en cambiar una cultura, una comunidad. Lo creo sinceramente.

«Sé lo que se siente que te digan: "eso no fue una violación"»

–¿Crees que fuiste violada? –le pregunté a Maddie.

Se miró los dedos y se encogió de hombros. Consideré las décadas de discusiones acerca de esa pregunta: no hace mucho tiempo, la respuesta, quizá mi propia respuesta, hubiera sido un no definitivo. Pero han cambiado tantas cosas y tantas otras no han cambiado.

–¿En un sentido legal? –preguntó Maddie–. Sí, me violaron. Pedir un condón no implica consentimiento. Pero el modo en que todos me trataron después… –Volvió a encogerse de hombros–. La gente te dice: «¿tuviste que cambiar de escuela por *eso*? Eso *no es nada*». Y los chicos dicen que eso no es violación. Así que no sé. –Maddie se quedó callada un momento–. Últimamente he estado publicando en un blog y escribiendo artículos sobre cambiar la «cultura de la violación», porque sé lo que se siente que te digan: «eso no fue una violación». Y sé lo horrible que fue después. Si puedo prevenir que eso, o algo peor, le pase a alguien más, es lo único que quiero lograr.

Durante nuestra conversación Maddie tuvo mucho cuidado de no mencionar el nombre real de su agresor. Pero en algún momento se le salió y, cuando llegué a casa, casi de inmediato lo encontré en línea. Había estado en los equipos de baloncesto y de pista y campo en su preparatoria, y parecía un buen estudiante. Este año ingresó a una fraternidad universitaria como estudiante de primer año. Nada de eso significaba que atacaría sexualmente a alguien, aunque tanto sus antecedentes como sus intereses

lo ponen en riesgo: los hermanos de las fraternidades y los atletas constituyen una cifra desproporcionada de agresores reincidentes. En ese momento vi el nombre de la universidad a la que asistía. En esa época, tenía ocho
sobrinas que también eran estudiantes universitarias y se me heló la sangre
al darme cuenta de que él estaba en la misma escuela que una de ellas.

CAPÍTULO 7

¿Qué pasaría si les dijéramos la verdad?

Charis Denison se paró frente a 70 estudiantes de primero de preparatoria en un salón de usos múltiples de un bachillerato en el norte de California. Denison, una rubia que apenas superaba los 50 años y que está bronceada de manera permanente por haber trabajado durante años como guardabosques, se había quedado descalza después de lanzar a un lado sus sandalias de cuña estilo bohemio, pero se veía elegante, vestida con su túnica habitual y jeans. Una cadena de plata rodeaba uno de sus tobillos y en su muñeca izquierda llevaba una pulsera de malla con cuentas. En la mano derecha, arriba de una hilera de pulseras tintineantes, mostraba una marioneta afelpada y anatómicamente correcta de una vulva. En ese momento acariciaba con el dedo el clítoris de la marioneta mientras comentaba: «He hablado con muchas jóvenes que dicen que la primera persona que tocó su clítoris fue alguien más». En las últimas dos horas los estudiantes, tanto hombres como mujeres que estaban despatarrados sobre el piso alfombrado, se veían un poco nerviosos e incluso distraídos. Sin embargo, ahora estaban absortos. «Es difícil cuando tratas de tener una experiencia sexual con alguien y no sabes qué te gusta a *ti*», les dijo Denison. «Es difícil darle a alguien más el poder de decidir. Así que si alguien elige volverse sexualmente activo con alguien más, es realmente bueno que primero sea sexual consigo mismo. Es bueno para averiguar qué te gusta».

Así es. Denison acababa de alentar a las adolescentes a masturbarse, y lo había hecho frente a los hombres. No solo le dijo a todo el grupo que las chicas tienen clítoris, sino que ese órgano tiene el *único* propósito de hacerlas sentir bien. Y eso, en los anales de la educación sexual estadounidense, es casi inaudito. Sin embargo, Denison no se considera una educadora en sexualidad. Más bien, se ve como una «defensora de los jóvenes» al proveerles información precisa y en un foro carente de crítica, en el que los chicos pueden discutir el tema del sexo y el uso de sustancias, junto con ideas más elevadas como la ética y la justicia social. Viaja a las comunidades preparatorianas de todo California –en vista de su abordaje franco, la mayoría son privadas, como aquella en la que estábamos, aunque un número cada vez mayor son públicas–, visitando a cada generación varias veces por año y edificando de manera acumulativa sobre la información que expuso anteriormente. Su plan de estudios incorpora la toma de decisiones, las habilidades de asertividad, el consentimiento sexual, la responsabilidad personal, los roles de género y la diversidad de orientaciones sexuales e identidades de género. Pero «mi labor», como en esa ocasión les dijo a los chicos de primero de prepa, «*toda* mi labor consiste en ayudarles tanto como sea posible a tomar decisiones que terminen en alegría e integridad, en lugar de arrepentimiento, culpa o vergüenza».

Denison habla de los riesgos y peligros en sus clases (aunque no necesariamente utiliza ese lenguaje). Se ocupa de la anatomía y de los anticonceptivos, si eso no forma parte del plan de estudios regular de los alumnos. Para cuando se gradúan, incluso si sus estudiantes tienen el plan de mantener la abstinencia hasta el matrimonio («¡lo cual es *maravilloso*!») o de nunca tener sexo con un hombre, Denison espera que, de todos modos, puedan poner un condón «borrachos, mareados y en la oscuridad». También habla de algo que en general se omite en las «charlas» parentales y por los entrenadores de futbol, quienes, inexplicablemente, son los que enseñan «salud»: la actividad sexual debería ser una fuente de placer para los adolescentes. No solo su perspectiva es más honesta, sino que cree (y la investigación lo confirma), que en última instancia esa es la estrategia más eficaz para reducir el riesgo.

–Para algunos padres en las comunidades escolares eso no suena correcto –me comentó Denison– pero *sí lo es*. [Los adolescentes] se abstienen cuando tienen más información porque tienen opciones, porque tienen conocimiento, porque tienen alternativas. Me queda muy claro que, en esta área, cuanto menos específicos y menos abiertos seamos, mayor será el riesgo en que pondremos a estos chicos, en especial a las mujeres.

El abordaje de Denison es polémico, tanto así que tuve dificultades para encontrar una escuela que me permitiera observarla en acción. Su filosofía no checa precisamente con el pensamiento de «solo di que no» que dominó la educación sexual en las últimas tres décadas, pero es una postura que lenta y gradualmente va ganando credibilidad. En 2011 la *New York Times Magazine* publicó un perfil de Al Vernacchio, un revoluciona-rio educador de Filadelfia que es famoso por comparar el sexo con comer pizza: los dos inician con un deseo interno: hambre, apetito. En ambos casos puedes decidir, por diversas razones, que no es momento de darte el gusto. Si decides proseguir, debería haber cierta discusión, cierta negocia-ción –quizá a ti te guste el pepperoni pero a tu compañero de comida no, de modo que piden mitad y mitad o acceden a que el otro escoja esta vez, o eligen un sabor totalmente diferente– y un esfuerzo de buena fe para que todos los involucrados queden satisfechos. Esta metáfora no significa que se tiene que llegar a las últimas consecuencias o simplemente no hacer nada. Solo se pone el énfasis en cosas como el deseo, el consentimiento mu-tuo, la comunicación, la colaboración, el proceso y el disfrute compartido.

De manera similar, en 2009 el Consejo de Población publicó *Un solo currículo*, que se puede descargar gratuitamente en línea y que se creó en colaboración con, entre otras, la Asamblea General de las Naciones Unidas, la Organización Mundial de la Salud, la UNAIDS y la UNESCO. Al integrar ideas sobre derechos humanos y sensibilidad de género, estas pautas pre-tenden ayudar a los educadores y a otras personas a «desarrollar la capacidad de los jóvenes para disfrutar –y defender sus propios derechos– en cuanto a la dignidad, la igualdad y una vida sexual responsable, satisfactoria y sana». Ese plan de estudios, como los de Denison y Vernacchio, presenta la exploración sexual (ya sea en solitario o con otras personas) como una parte normal de la adolescencia. Claro, existen peligros, pero también hay gozos, y nuestro papel como adultos empáticos es ayudar a nuestros hijos a lograr un equilibrio entre ambos. Admito que, como mamá, la idea de que mi hija se vuelva sexualmente activa es apenas un poco menos mortificante que pensar en que mis padres hayan hecho cualquier otra cosa más que los tres actos reproductivos necesarios para concebirnos a mis hermanos y a mí. Pero las consecuencias del silencio de los padres, del moralismo en las aulas y de la distorsión de los medios son peores. Tiene que haber una mejor manera.

Extraños amantes: el sexo y la política

En 1959 el aborto seguía siendo un delito. Las mujeres solteras no podían conseguir métodos anticonceptivos por medios legales y, según la socióloga Kristin Luker, autora de *When Sex Goes to School* (Cuando el sexo va a la escuela), los farmacéuticos se negaban a vender condones a los hombres que consideraban que eran solteros. Aunque incluso entonces más de la mitad de las mujeres y tres cuartas partes de los hombres tenían relaciones sexuales antes de su noche de bodas, el público concordaba en general con la idea de que el sexo debía reservarse para el matrimonio. Eso estaba a punto de cambiar de manera radical y rápida. La introducción de la pastilla anticonceptiva en 1960 fue el primer disparo de la revolución sexual. Tres años después la publicación de *La Mística de la Feminidad* lanzó una nueva ola de feminismo. Una década después la Suprema Corte garantizó el derecho de las mujeres al aborto. A medida que el sexo se separó de la reproducción, el concepto de «esperar hasta casarse» o incluso hasta llegar a la adultez se volvió cada vez más obsoleto: entre 1965 y 1980 se duplicó el porcentaje de chicas adolescentes que habían tenido relaciones sexuales. Un grupo de activistas, conducido por Mary Calderone, la médico que fundó el Sex Information and Education Council of the United States (SIECUS: Consejo de Información y Educación Sexual de los Estados Unidos), esperaba que esos cambios anunciaran una era de educación sexual positiva, neutral con respecto a valores morales y precisa en sentido médico.

Pero no sucedió así. En lugar de ello, dice Jeffrey Moran, autor de *Teaching Sex* (La enseñanza de la sexualidad), para garantizar el acceso continuo de los menores de edad a la anticoncepción, los liberales del congreso distorsionaron los aspectos negativos, popularizando la idea de que el sexo entre adolescentes tal vez fuera inevitable, pero que tenía riesgos inherentes y era una «crisis» que exigía un control de daños. Arguían que la «epidemia» de madres adolescentes desatada por la nueva libertad sexual era, en particular entre los afroamericanos, la responsable de la espiral de pobreza. (En realidad, aunque la tasa de natalidad entre jóvenes negras era tres veces más alta que entre las blancas, la tasa de natalidad general de madres adolescentes disminuyó de manera constante a lo largo de las décadas de 1960 y 1970). La única respuesta pragmática era enseñarles a los chicos a protegerse. Así, en 1978 surgió la Adolescent Health Services and Pregnancy Prevention and Care Act (Ley de Servicios de Salud para Adolescentes, y de Prevención y Cuidados del Embarazo) –presentada por el senador Edward Kennedy– en la que, a pesar de nunca contar con los recursos suficientes, se defendían los programas educativos enfocados en manejo de riesgos, anticoncepción, educación sobre aborto, orientación psicológica y «aclaración de valores». También estableció una idea poco clara e inespecífica de «aptitud», en sustitución del parámetro del matrimonio, como la norma esperada para el comportamiento sexual. Moran escribió que eso enfureció a los conservadores. Como despotricó (por cierto, de manera imprecisa) la consultora educativa y activista Diane Ravitz: «¿Es correcto que el gobierno les enseñe a sus ciudadanos a masturbarse? ¿Que les explique cómo hacer cunnilingus? ¿Que les asegure que la infidelidad es un fenómeno generalizado?».

Al ocurrir esto, la educación sexual, que anteriormente se relegaba a las inocuas clases de «Vida familiar», donde se inscribía en las lecciones sobre el matrimonio exitoso, se convirtió en un campo de batalla: un vector para la agitación derechista sobre la debacle del matrimonio tradicional, el aumento en los derechos de las mujeres, la creciente aceptación de la homosexualidad e incluso la posibilidad de eliminar al género mismo. En 1981, en parte como recompensa por el apoyo de la Nueva Derecha a su aspiración a la presidencia, Ronald Reagan firmó lo que se llegó a conocer con el apodo de la «ley de la castidad», la primera legislación que demandaba que la educación sexual financiada por el Estado tuviera como único propósito la enseñanza de «los beneficios sociales, psicológicos y de salud de abstenerse de la actividad sexual». Sin embargo, Reagan destinó solo cuatro millones de dólares al año a esa propuesta de ley; no fue sino hasta la administración de Clinton –¡la ironía es increíble!– que el financiamiento anual para la educación sobre abstinencia se elevó hasta 60 millones de dólares, una buena tajada oculta dentro de la Welfare Reform Act (Ley de Reforma del Bienestar) de 1996. Al aumentar la cantidad de dinero, el mensaje que promovía se volvió todavía más restrictivo: ahora, para conseguir dinero, las escuelas públicas tenían que enseñar que el matrimonio era el *único* ámbito aceptable para las relaciones físicas, y que el sexo fuera del matrimonio, a cualquier edad (incluyendo después del divorcio o la viudez) conduciría a un daño físico y emocional irreparable.

Durante la presidencia de George W. Bush siguió aumentando el financiamiento para los programas enfocados en promover la abstinencia hasta el matrimonio, llegando a un máximo de 176 millones de dólares al año. Así fue que, mientras que en 1988 –cuando la epidemia del sida estaba en pleno auge– solo 2% de los profesores de educación sexual enseñaba que la abstinencia era la mejor forma de prevenir el embarazo o las enfermedades, en 1999, 40% de quienes supuestamente enseñaban educación sexual amplia consideraban que ese era el mensaje más importante que estaban tratando de transmitir. Para 2003, 30% de las clases de educación sexual en las escuelas públicas *no proporcionaba ninguna información en absoluto* acerca de los condones u otros anticonceptivos (más que para señalar sus tasas de fracaso), y para 2005, un informe del Congreso de Estados Unidos encontró que más de 80% de los programas financiados con fondos federales que se dedicaban solo a la enseñanza de la abstinencia estaba enseñando información descaradamente imprecisa, incluyendo «datos» tales como que la pastilla anticonceptiva solo tiene un 20% de efectividad en prevenir el embarazo, que los condones de látex causan cáncer, que el VIH se puede transmitir por el sudor o las lágrimas, y que la mitad de los adolescentes homosexuales ya está contagiada.

En conjunto, desde 1982 el gobierno federal gastó más de 1 700 millones de dólares en programas enfocados solo en la abstinencia; ese dinero bien se pudo haber quemado. Como mencioné antes, aunque quienes se comprometieron a conservar su virginidad demoraron el coito por unos cuantos meses más que sus compañeros que no lo hicieron, en el momento en que empezaron a tener actividad sexual tuvieron menos probabilidades de protegerse a sí mismos o a sus parejas contra el embarazo o las enfermedades. Lo mismo se aplica a los participantes en las clases enfocadas solo en la abstinencia. Estudios que abarcan más de 10 años han encontrado que, en el mejor de los casos, los participantes no se abstienen por completo del sexo ni demoran el coito en comparación con un grupo de control; tampoco tienen menos parejas sexuales. Sin embargo, sí tienen hasta 60% más probabilidades de enfrentar un embarazo no planeado. Eso podría conducirnos a sospechar que los defensores de la abstinencia están más preocupados por la ideología que por la salud pública o, incluso, por el autocontrol sexual; de otro modo, hubieran abandonado desde hace mucho su postura para sustituirla por la educación sexual amplia, que ha probado en forma repetida mejorar sus relaciones, reducir la actividad sexual de los adolescentes, y aumentar su uso de anticonceptivos y de protección contra enfermedades.

En el mandato de Barack Obama, la educación sexual amplia obtuvo por primera vez una muestra de amor del gobierno federal, aunque el enfoque permaneció firme en la reducción de las consecuencias negativas: se destinaron 185 millones de dólares a la investigación y los programas que han mostrado, a través de evaluaciones rigurosas, reducir los embarazos en adolescentes. Por supuesto que ese dinero bien podría desaparecer con otro presidente menos progresista y probablemente así sucederá: por ejemplo, una cláusula oculta dentro de la Student Success Act (Ley de Éxito Estudiantil), una revisión republicana de la ley No Child Left Behind (Que Ningún Niño Se Quede Atrás) aprobada en el Congreso en el verano de 2015, eliminó el financiamiento para los programas que «normalicen la actividad sexual adolescente como el comportamiento esperado, ya sea de manera implícita o explícita, sea homosexual o heterosexual». Mientras tanto, el gobierno siguió destinando también 75 millones de dólares cada año al financiamiento de la abstinencia a través de la Affordable Care Act (Ley de Atención Asequible). Aunque esta cantidad es sustancialmente menor a la otorgada en la presidencia de Bush, sigue siendo mucho dinero para desperdiciar en una educación sexual equivalente a ponerse un gorro de papel aluminio.

Lo que esto significa para los padres es que nunca sabrás qué puede implicar la clase de «educación sexual» de tus hijos. Solo 14 estados exigen que la educación sexual sea precisa en sentido médico. Sin embargo, no hay garantías. Se supone que mi estado es uno de ellos. Pero no fue sino hasta la primavera de 2015 que un juez emitió por primera vez un fallo contra un sistema de escuelas públicas que estaba enseñando activamente información incorrecta: durante años, a los estudiantes en la ciudad de Clovis, California, se les mostraban videos que comparaban con un «zapato sucio» a cualquier mujer soltera que tuviera relaciones sexuales y se les instaba a corear el eslogan antigay «Un hombre, una mujer, una vida». Más o menos al mismo tiempo, Alice Dreger, profesora de humanidades y bioética de la Facultad Feinberg de Medicina en la Universidad Northwestern, transmitió en vivo por Twitter la clase de educación sexual de su hijo, enfocada solo en la abstinencia, impartida en una escuela pública en East Lansing, Míchigan, que se decía políticamente progresista. Los instructores advertían sobre las posibilidades de fallo de los anticonceptivos, lo cual ejemplificaban con una caja de condones en la que ¡*todos tenían un hoyo!* También aconsejaban a los hombres que buscaran «niñas buenas» que se negaran a tener relaciones sexuales. Según tuiteó Dreger, en algún momento les dijeron a los alumnos: «Vamos a lanzar este dado ocho veces. Ustedes van a elegir una de sus caras y cada vez que caiga la cara que eligieron imaginen que el condón falló y tendrán un bebé de papel». A continuación escribió: «Les están entregando bebés de papel a TODOS. TODOS TUVIERON UNA FALLA EN EL CONDÓN Y TODOS EN EL GRUPO ESTÁN EMBARAZADOS». Cuando la clase terminó, Dreger tuiteó: «Lo único que quiero es agarrar a todos esos niños cuando salgan de la escuela y decirles: ESTA ES LA VERDAD. EL SEXO ES MARAVILLOSO. ESA ES LA RAZÓN POR LA QUE LO BUSCAN. CUÍDENSE Y DIVIÉRTANSE».

La vida es como un ensayo sobre literatura

Hace 25 años, mientras enseñaba literatura inglesa y conducía programas al aire libre en una escuela privada solo para mujeres, Charis Denison tuvo una revelación. Muchas lecciones cruciales en secundaria y preparatoria ocurrían fuera del salón de clases. Sus alumnas querían (necesitaban) hablar de su experiencia, pero no sabían cómo y, de todas formas, no había ningún lugar donde pudieran hacerlo. «Empecé a sentir que les estábamos fallando a estas chicas», me dijo. ¿Qué pasaría si creara un espacio formal para esas conversaciones? ¿Qué pasaría si alentara a las estudiantes a aplicar las habilidades de pensamiento crítico que utilizaban en el aula a la vida fuera de la escuela?

–No llegarías a un examen sobre tu ensayo escolar sin saber de qué libro se trata la prueba –señaló–. Sin embargo, la gente va a una fiesta sin pensar absolutamente nada, ni siquiera qué es lo que *no* quieren que suceda.

En lugar de culparse cuando las cosas salen mal, las estudiantes necesitaban recordar, como empezó a insistir Denison, la estrategia de «reflexionar-revisar-reescribir» que usaban cuando corregían un ensayo.

–En lugar de solo pensar: «¡Dios mío, esa noche fue espantosa, eso fue horrible!», yo quería que fundamentaran esa idea pensando: «¿Por qué fue desagradable?» y «¿Hasta qué grado participé en eso y qué parte estuvo fuera de mi control?», de la misma manera que lo harían con una mala calificación o con cualquier otra cosa que sale mal. Hay que evitar el juego de la culpa y simplemente fundamentar, descifrar, reflexionar en ello, revisar tu plan, perdonarte y seguir adelante.

En sus clases, Denison evita conscientemente utilizar etiquetas como «bueno» y «malo», «responsable» e «irresponsable» e, incluso, «sano» e «insano».

–Eso tiene que ver con las creencias personales –explica–. La idea de «arrepentimiento» funciona de todos modos.

Dice que eso es importante porque ella enseña en comunidades que abarcan una amplia gama de antecedentes y valores. Durante el tiempo que dedica a preguntas anónimas, una estudiante podría querer saber: «¿Está bien que tenga encuentros casuales con regularidad?». Otra podría preguntar, en la misma clase: «¿Está bien si espero hasta casarme para tener sexo?».

–En ese contexto, la idea de las «buenas» decisiones no tiene sentido –señaló–. La clave está en poder hablar del sexo en una forma que sea cómoda tanto para una como para la otra estudiante. Así que si el lunes en la mañana, después de ligar con un par de tipos, te sientes feliz, entonces es la decisión correcta. Y a partir de allí podemos analizarlo y preguntar: ¿Eso también es adecuado para tu pareja? ¿Es evidente que ambos piensan lo mismo? Y si no crees que es así, ¿es adecuado para ti? Después, en el caso de la chica que percibe el sexo como algo que debe reservar y mantener para compartirlo con la pareja con la que establezca el compromiso de permanecer juntos el resto de su vida, le preguntas: ¿Cómo te hace sentir? Si no te sientes culpable, si no te sientes avergonzada, si te sientes feliz y honrada, entonces ya la hiciste. Pero si sientes vergüenza y culpa, entonces hay que hablar de ello. ¿De dónde provienen esos sentimientos? A partir de allí se desarrolla la idea de: «¿Cómo mis decisiones me afectan a mí *y* a la gente que me rodea? ¿Son adecuadas para mí y son adecuadas para mi pareja?».

Gran parte del plan de estudios de Denison, quizá la mayoría, no se refiere específicamente al sexo. Trata sobre la toma de decisiones y la comunicación, habilidades que son útiles en cualquier ámbito. Otra tarde la observé con un grupo de estudiantes de tercero de secundaria con el que se reunía por primera vez. Estaba explicándoles lo que llama «tácticas recurrentes», que son comportamientos inconscientes y reflejos a los que acudimos cuando nos sentimos incómodos.

–Muchas tácticas recurrentes provienen de los roles de género –les dijo–. Otras tantas provienen de la manera en la que lidiamos con las situaciones en nuestra familia. Como cuando tú quieres hacer una cosa después de la escuela y tus amigos quieren hacer otra. O cuando estás en una situación y de pronto te sientes súper incómodo y no sabes qué hacer.

Los conocimientos académicos no necesariamente sirven en esos momentos en que necesitas decidir si vas a pelear o a huir, tal vez en especial para las mujeres.

–Cada mes hablo con cientos de chicas que son súper asertivas, feministas, que pueden corregir a sus profesores sobre el simbolismo de una novela cuando están en clase –dijo–. Luego van a una fiesta y cuando un tipo les pone la mano en la pierna –o entre sus piernas– se sienten como si les hubieran cosido la boca. Literalmente no pueden decirle que quite la mano. Son súper asertivas, pero no en esa situación, porque están usando una parte diferente de sí mismas. Y luego sienten arrepentimiento y vergüenza. Y eso se debe únicamente a que necesitan practicar.

De nuevo, la habitación quedó en silencio, con esa especie de murmullo que ocurre cuando una maestra tocó un punto realmente importante.

Denison pidió un voluntario, y Jackson, un chico desgarbado que llevaba una camiseta de los Toros de Chicago, se puso de pie.

–La gente habla todo el tiempo de «ser asertivos» –señaló Denison–. Y «agresivo» y «pasivo agresivo». Esas son las formas en que pensamos que reaccionamos en el mundo real, especialmente cuando nos sentimos incómodos. –Saca su celular–. Digamos que le pedí prestado su teléfono a Jackson y le dije que se lo regresaría al día siguiente. Pero eso pasó hace tres días. También le rompí la pantalla. Ahora se lo voy a regresar y él nos mostrará cómo sería una respuesta pasiva.

Caminó hacia él y dejó caer el teléfono en su mano.

–Gracias por el teléfono, Jackson. Está padrísimo. –Hace un ademán como señalando la rotura imaginaria y añade–. Solo que… le pasó esto.

–No hay problema –respondió Jackson.

–¿De veras? –Denison se acercó a él–. ¿Entonces me lo prestas de nuevo?

–No, es que…

Denison avanza otro paso.

–Ah. Bueno, ¿tienes coche?

–Sí, está allá.

–¿Me das tus llaves? –Jackson finge lanzárselas y la escena termina.

Denison se volvió hacia la clase.

–Su táctica recurrente fue: «Me siento incómodo, esto es desagradable. Quiero que se acabe y la manera más fácil para que esto suceda es acceder a sus peticiones». Pero vieron que cuando avancé y él se echó para atrás, yo actúe como: «Ya entendí. No me vas a reclamar nada. Puedo aprovecharme». Así que al reaccionar de esta manera provocó lo peor. ¿Creen que volveré a pedirle algo?». Por supuesto que sí. El tipo lleva pegado en la frente un letrero con un blanco de tiro. Pero quizá valdría la pena que se tomara 30 segundos para pensar: «¿Cómo me siento en este momento? ¿Qué pienso? ¿Y qué quiero que suceda?», con lo cual encontraría la forma de responder de manera que esta chica odiosa no lo vuelva a molestar.

Un chico delgado con una camiseta con rayas rojas y blancas levantó la mano.

–Entonces, ¿qué es exactamente una táctica agresiva?

–Enfrentarte a alguien antes de que él se te vaya encima –dijo otro chico–. O decirle a alguien que es un cabrón.

–O gritarles a tus papás si ellos empiezan a gritarte –comentó una de las niñas.

Denison había invitado a un pequeño grupo de estudiantes de último año de preparatoria, a quienes sus compañeros menores respetaban, para que la acompañaran como asistentes de enseñanza. Una de las estudiantes, una joven que llevaba un sombrero de fieltro y una camiseta *vintage* de Violent Femmes, levantó la mano.

–Mi táctica recurrente para cuando alguien me preguntaba: «¿Qué quieres comer?» era decir: «Lo que quieras». Y nunca jamás decía lo que yo quería hacer. Estoy tratando de cambiarlo, por lo menos con las personas con las que me siento cómoda.

–Así que probablemente no te estaba funcionando… –instó Denison y la chica asintió.

–Lo sigo haciendo con frecuencia. Pero no me gustaba no tener nunca la fuerza dentro de mí misma para decir lo que yo quería. Siempre estaba muy preocupada por que los demás no me quisieran si decía lo que quería.

–Si aplicamos eso a las situaciones de las que hablamos –señaló Denison–: en particular en el ambiente de los agarrones y especialmente en las ciudades, donde hay mucho mayor acceso a salones de baile para menores de edad, si esta es su táctica recurrente, también es potencialmente un campo minado de arrepentimientos. Porque hay muchos estudiantes de tercero de secundaria que van a esos salones de baile y que dicen que no van a beber, que solo van a bailar, pero no meditan en las situaciones que podrían llegar a hacerlos sentir incómodos ni tampoco elaboran un plan.

»En esos clubes se da mucho el sexo oral, en los pasillos de la parte de atrás –continuó–. A veces es porque las chicas no quieren tener relaciones sexuales pero no han practicado la habilidad de decir "No. No te voy a hacer sexo oral". Eso simplemente les parece imposible. Y luego se dan muchas conductas sexuales de las que se arrepienten. Y lo mismo ocurre con la bebida. Porque te cansas de decir que no o de que tu mamá te envíe mensajes diciéndote que ya te tienes que regresar a casa. Así pues, es muy útil tratar de desarrollar algunas herramientas reales y funcionales, en especial trabajando con sus compañeros mayores que están aquí y que ya lo han experimentado. Vamos a tratar de que, de inicio, ustedes identifiquen dos o tres de sus tácticas recurrentes, aunque sea para el final de este semestre, y después hablaremos de ello a lo largo de los siguientes años. Vamos a ejercitar esa habilidad. Evitar el arrepentimiento y practicar esa asertividad es muy importante. Y lo que es estupendo es que cuanto más practiquen, más fácil les resultará.

Actuaron unos cuantos ejemplos pasivos, agresivos y asertivos, mientras Denison alentaba a los voluntarios a declarar con firmeza: «¿Cómo te sientes en este preciso momento, qué piensas, qué quieres que suceda?». Los pocos minutos de tiempo que le quedaban a la clase los dedicó a responder varias preguntas anónimas que los estudiantes habían escrito en tarjetas; luego les proporcionó un número celular que dedica específicamente a las llamadas y mensajes de sus alumnos. A lo largo de los años algunos de sus colegas han cuestionado el hecho de que Denison esté dispuesta a permitir que los jóvenes entorpezcan su vida a cualquier hora del día o de la noche.

–Dicen que es un asunto de límites –me comentó después–, pero no estoy de acuerdo. Vengo aquí a alentar a los estudiantes a cuestionarse, a nombrar las situaciones donde las cosas no están bien, a que reconozcan lo que no está yendo bien y reflexionen en ello. Les juro que abogaré por ellos. Si después desapareciera y simplemente me largara, no estaría haciendo mi trabajo.

La mayoría de los mensajes que recibe son preguntas sobre cosas básicas que implican sexo y drogas; a veces se refieren a dilemas vinculados con relaciones amorosas o a la elección entre visiones contradictorias de lo que es el «arrepentimiento»; a veces simplemente son mensajes de agradecimiento. Es típico que sean anónimos, en ocasiones de amigos de amigos de los estudiantes a los que les ha dado clases, chicos a los que nunca conocerá. Entre los mensajes que ha recibido recientemente están:

«Mi novio ya no me toca después de venirse. ¿Es válido?».

«Mi novia y yo tuvimos un accidente con el condón y nos estamos preguntando si deberíamos conseguir la pastilla del día siguiente, pero ella está tomando un anticonceptivo hormonal. ¿Sería mala idea combinar medicamentos?».

«He estado hablando con un chavo y él me dijo (en un mensaje de texto): "Actúas como si nunca fueras a comer verga. Pero eso es lo que hacen las chavas". Hemos andado por cerca de dos meses y no sé qué hacer, porque quiero tomar una decisión sobre cómo manejar esto para no arrepentirme».

«Acabo de tomar cuatro camiones y un tren para seguir a un niño que hace un mes me dijo perra, y necesito saber por qué estoy aquí».

«Charis: Te agradezco todo lo que haces. ¡Fuiste una gran ayuda cuando estaba en prepa y me motivaste a empezar un programa de radio/podcast sobre sexualidad en mi universidad!».

Mientras se desplaza por la pantalla de los mensajes, Denison sacude con asombro la cabeza.

—Si los adultos pensaran sobre su mundo y sus opciones con tanta profundidad como los adolescentes que recurren a mí... —me dijo—. Son tan reflexivos. Reflexionan antes de hacer algo. Reflexionan en ello después de hacerlo. Reflexionan mientras lo hacen. Es inspirador.

A la holandesa

Esta es una solución para los padres preocupados: múdense a los Países Bajos. Está bien, quizá este no sea el consejo más práctico. Sin embargo, tal vez podríamos traernos un poco de los Países Bajos para acá, porque los holandeses parecen haber encontrado la solución. Mientras que en

Estados Unidos tenemos la mayor tasa de embarazo en adolescentes en el mundo industrializado, ellos tienen la más baja. ¿Cuál es nuestra tasa de adolescentes que dan a luz? Es ocho veces mayor que la suya, y nuestra tasa de aborto es 1.7 veces mayor. Sí, existen algunas diferencias demográficas importantes que influyen en estas cifras: Estados Unidos es una nación más diversa que Holanda, con mayores tasas de pobreza infantil, menos garantías de prestaciones sociales y población más conservadora; sin embargo, incluso si eliminamos del cálculo esos datos, la diferencia persiste. Consideremos un estudio que comparó las primeras experiencias sexuales de 400 mujeres estadounidenses y holandesas elegidas en forma aleatoria, provenientes de dos universidades similares: casi todas ellas blancas, de clase media y con antecedentes religiosos parecidos. Es decir, una comparación de manzanas con manzanas. Las chicas estadounidenses se volvieron sexualmente activas a edades más tempranas que las holandesas, habían tenido más encuentros sexuales con más parejas, y tenían menos probabilidades de utilizar métodos de control natal. Era más probable que dijeran que su primera relación sexual sucedió por «oportunidad» o por presión de amigos o parejas. En entrevistas posteriores con algunas de las participantes, las estadounidenses, de manera muy parecida a las chicas que yo conocí, describieron interacciones «impulsadas por las hormonas», en las que los hombres determinaban las relaciones, se priorizaba el placer masculino y la reciprocidad era poco frecuente. ¿Qué pasó con las jóvenes holandesas? Su primera actividad sexual ocurrió dentro de relaciones amorosas y respetuosas en las que se comunicaban abiertamente con su pareja (a quien dijeron que conocían «muy bien») acerca de lo que les gustaba y no les gustaba, sobre qué tan «lejos» querían llegar y sobre el tipo de protección que requerirían. Informaron sentirse más cómodas con su cuerpo y sus deseos que las estadounidenses, y estar más en contacto con su propio placer.

Eso debería bastar para que quieras salir corriendo a comprarte un par de zuecos.

¿Cuál es su secreto? Las chicas holandesas dijeron que sus profesores y médicos les habían hablado con franqueza sobre el sexo, el placer y la importancia de una relación de amor. Pero, más que eso, se observó una extrema diferencia en la manera en que los padres abordaban esos temas. Las mamás estadounidenses se habían enfocado en los riesgos y peligros potenciales del sexo, en tanto que los papás, si acaso decían algo, se restringían a chistes tontos. En contraste, los padres y madres holandeses hablaban con sus hijas desde que eran pequeñas sobre los gozos y las responsabilidades de la intimidad. Como resultado, una chica holandesa dijo que le informó de inmediato a su madre después de tener su primera relación sexual, «porque hablamos de manera muy abierta sobre esto. La mamá de mi amigo también me preguntó cómo me fue, si tuve un orgasmo y si él también lo tuvo».

Las actitudes en ambos países no siempre fueron tan diferentes. Según Amy Schalet, profesora asociada de sociología en la Universidad de Massachusetts y autora de *Not Under My Roof* (En mi casa no), a finales de la década de 1960 los holandeses, al igual que los estadounidenses, desaprobaban en general el sexo premarital. La revolución sexual transformó las actitudes en ambos países, pero mientras que los padres y legisladores en Estados Unidos reaccionaron considerando al sexo entre adolescentes como una crisis de salud, los holandeses tomaron otra ruta: lo aceptaron conscientemente como algo natural que, sin embargo, requería la orientación adecuada. Su gobierno empezó a proporcionar exámenes pélvicos, control natal y abortos de manera gratuita a cualquier persona menor de 22 años, sin que se requiriera el permiso de los padres. Para los años noventa, cuando los estadounidenses lanzaban carretadas de dinero a las fauces de los programas centrados únicamente en la abstinencia, los profesores (y padres) holandeses estaban ocupados discutiendo los aspectos positivos del sexo y de las relaciones, al igual que la anatomía, la reproducción, la prevención de enfermedades, la anticoncepción y el aborto. Enfatizaron el respeto a uno mismo y a los demás en los encuentros íntimos, y se ocuparon abiertamente de tocar los temas de masturbación, sexo oral, homosexualidad y orgasmo. Cuando una encuesta nacional en Holanda encontró que la mayoría de los adolescentes seguía creyendo que los hombres deberían ser los participantes más activos durante el sexo, el gobierno añadió habilidades de «interacción» a su plan de estudios de educación sexual, por ejemplo, la manera de «hacerle saber a la otra persona exactamente qué te gusta» y cómo establecer límites. Para 2005 cuatro de cada cinco jóvenes holandeses dijeron que sus primeras experiencias sexuales ocurrieron en el momento adecuado, que estuvieron bajo su control y que fueron divertidas. 86% de las mujeres y 93% de los hombres coincidió en que «ambos deseábamos hacerlo». Comparemos esto con lo que ocurre en Estados Unidos, donde dos terceras partes de los adolescentes que han tenido experiencias sexuales dijeron que desearían haber esperado más tiempo para tener relaciones por primera vez.

Sin embargo, no solo se trata del sexo; según Schalet, existe una diferencia fundamental en las ideas de ambos países acerca de la manera en que los adolescentes se convierten en adultos. Los padres estadounidenses consideran que los adolescentes son innatamente rebeldes, esclavos de sus «hormonas desenfrenadas». Como respuesta, les jalamos las riendas, marcando límites inflexibles, prohibiendo o restringiendo cualquier comportamiento que pueda llevarlos a tener relaciones sexuales o a consumir sustancias. Terminamos con una profecía autocumplida: los adolescentes afirman su independencia rompiendo las reglas, fracturando sus relaciones con sus padres y separándose de la familia. El sexo, que típicamente implica esconderse o mentir, se convierte en un vehículo para alcanzar esa independencia. Por ejemplo, Charis Denison me contó que aproximadamente la mitad de las preguntas que los estudiantes le hacen acerca de sus padres tiene que ver con cómo conseguir anticonceptivos o análisis de enfermedades de transmisión sexual sin que mamá o papá se enteren; la otra mitad trata sobre cómo presentarles temas delicados de modo que realmente los escuchen. Ambos casos demuestran una brecha entre los adolescentes y aquellos que más los aman, y que nosotros, los padres, prácticamente creamos. Como indica Schalet, las que más sufren son las chicas, ya que deben lidiar con la incompatibilidad de seguir siendo «buenas hijas» e iniciar una vida sexual. Terminan mintiéndoles a sus padres o admitiendo su conducta, pero manteniéndola invisible, lejos de casa. De cualquier manera, la cercanía se ve comprometida. Recordemos a Sam, la joven que dijo que sus padres políticamente progresistas se comportaban «más como conservadores» en lo que al sexo se refería; Megan, quien entre risas me dijo: «Mi papá piensa que soy virgen»; Holly, cuya madre le dijo: «No deberías tener sexo» cuando, a los 19 años, le preguntó si podía usar anticonceptivos. Cada chica se vio forzada a fingir ante sus padres, a actuar como niña inocente. Eso no cambió su comportamiento; simplemente se quedó sin apoyo y vulnerable.

Por otro lado, los adolescentes holandeses mantienen una estrecha conexión con sus padres, creciendo en una atmósfera de *gezelligheid*, una palabra que la mayoría de los estadounidenses no podría siquiera pronunciar, pero que Schalet traduce más o menos como «unión acogedora». La expectativa es que padres y adolescentes discutan el desarrollo psicológico y emocional de sus hijos, incluyendo sus florecientes impulsos sexuales. Como parte de eso, los padres holandeses permiten –y esperan– que sus hijos inviten a sus parejas a dormir, lo cual es raro en Estados Unidos, excepto en los círculos más progresistas. Dos tercios de los adolescentes holandeses de entre 15 y 17 años que tienen un novio o novia oficiales dicen que su pareja es bien recibida para pasar la noche en su habitación. Eso no quiere decir que puedan llevar a todo el que se les antoje. Muy por el contrario: los holandeses desalientan activamente la promiscuidad en sus hijos, enseñándoles que el sexo debería surgir de una relación de amor. Aunque no siempre es fácil negociar las reglas para las invitaciones a dormir (los padres admiten que hay un periodo de «adaptación» y un poco de vergüenza), eso les proporciona otra oportunidad para ejercer influencia, reforzar la ética y enfatizar la necesidad de protección. Schalet dice que es una especie de «control blando». Y no es posible rebatir los resultados.

Holanda no es perfecta. Las chicas siguen teniendo más probabilidades que los hombres de informar haber sido forzadas a hacer algo en un sentido sexual. Es más probable que experimenten dolor durante el coito o que tengan dificultad para llegar al orgasmo. Aunque expresan el mismo interés que los hombres en buscar tanto el deseo como el amor, y pueden admitir libremente su deseo sexual, las jóvenes holandesas que han tenido múltiples parejas casuales o aventuras de una noche siguen arriesgándose a que las etiqueten como «zorras». Sin embargo, Schalet encontró que la palabra no conlleva el mismo nivel de daño o estigma que en Estados Unidos. Mientras tanto, los hombres jóvenes a los que entrevistó en Holanda esperaban combinar el sexo con el amor. Dijeron que sus padres les habían enseñado expresamente que sus parejas deben tener el mismo interés que ellos en la actividad sexual, y que las chicas pueden (y deberían) disfrutar tanto como los hombres, además de que, indicó un chico, «por supuesto, no deberías ser tan estúpido como para [tener sexo] con una chica que está completamente borracha». Aunque Schalet encontró que los hombres jóvenes en Estados Unidos también anhelan el amor, tendían a considerarlo como una peculiaridad personal, un rasgo que sus compañeros, que siempre estaban interesados únicamente en «el acostón», no compartían.

Sin pelos en la lengua… y hablemos de ética

—Me siento cómodo hablando de sexo con mis padres.

Charis Denison observaba mientras los estudiantes de tercero de secundaria empezaban a moverse. Aquellos que estaban de acuerdo con la afirmación que acababa de hacer se dirigían al extremo norte de la habitación; quienes no lo estaban se movían al lado sur. Denison había dejado claro que quedarse en medio no era una opción: la esencia del ejercicio era obligar a los estudiantes a tomar una postura, a defender o quizá incluso a cambiar sus creencias profundamente arraigadas. Sin embargo, en este caso, casi todos eligieron «en desacuerdo».

—Mis papás son raros —explicó una chica, expresando al parecer lo que pensaba todo el grupo.

Algunas de las afirmaciones que Denison le lanzó al grupo durante esta lección parecían enunciadas para provocar. Cuando preguntó: «Si un adolescente tiene relaciones sexuales, debería usar condón en cada ocasión», todo el mundo coincidió. Entonces Denison dijo: «El sexo oral no es realmente sexo». Unos cuantos chicos intentaron quedarse al centro de la habitación, pero Denison no se los permitió.

–A veces en la vida –les dijo– tienes que tomar una decisión difícil. No te puedes quedar en medio. A veces simplemente tienes que lanzarte.

Al final, la clase quedó dividida.

–Bueno –dijo una de las chicas que renuentemente había estado en desacuerdo–, *en realidad* no es sexo. Pero tampoco deja de ser sexo. Es como… –Se encogió de hombros, sin saber cómo proseguir–. No sé.

Un chico que estaba parado junto a ella añadió:

–Creo que tienes que poder embarazarte para que se considere como sexo real.

Denison levantó una ceja.

–¿Entonces, mi amiga de 35 años que es lesbiana y que nunca ha estado con un hombre sigue siendo virgen? –preguntó. Ante eso, el muchacho pareció confundido.

–No –respondió lentamente–, pero…

Una chica que se encontraba en el lado de los que estaban de acuerdo interrumpió:

–Creo que el sexo consiste en tener un momento de intimidad con alguien –señaló–. No tiene que significar que alguien meta algo dentro de otra persona. –Recibió varias muestras de aprobación por esa respuesta.

Las afirmaciones de Denison se volvieron todavía más provocadoras después, cuando repitió este ejercicio con jóvenes de primero de prepa. Se desató el caos cuando se trató el tema de si «el que un hombre le haga sexo oral a una chica es básicamente igual que cuando ella se lo hace a él». Varios estudiantes le preguntaron a Denison: «¿*Es* lo mismo o *debería* ser lo mismo?», pero ella guardó silencio. Unos cuantos se negaron a moverse del centro de la habitación, lo cual reflejaba su negativa a comprometerse. No obstante, a la larga casi todos terminaron en el lado al que se movían los que estaban «de acuerdo».

–Es un grupo grande –les dijo Denison mientras pasaba la vista sobre ellos–. ¿Creen que eso es lo que se piensa en la realidad? Levanten la mano si piensan que las mujeres están recibiendo tanto sexo oral como los hombres –ni una sola mano se levantó–. Entonces, supongo que necesitamos hablar de lo que está pasando –concluyó Denison.

A continuación dijo:

–Conozco a alguien que ha tenido sexo no deseado. –De nuevo, casi todos se pasaron al lado de «de acuerdo».

Un chico con una camiseta de Matchbox Twenty levantó la mano.

–¿Qué es «no deseado»? –preguntó–. ¿Es cuando estás borracho y tienes relaciones y luego al día siguiente dices: «¡Qué asco! Yo no quería hacerlo»?

–¿A eso tú le llamarías sexo no deseado? –respondió Denison.

–Sí –contestó.

Una chica con un maxivestido a rayas intervino.

–Pero creo que es un poco injusto decir que el tipo es un desgraciado por hacértelo –señaló–. Si tú estabas diciendo –puso voz de borracha–: «¡Hagámoslo, suena divertido!» y luego dices: «Oye, amigo, no debiste hacerme eso», esa no es su bronca.

–¿Tiene que ser bronca de alguien para que se sienta como algo no deseado? –le preguntó Denison.

La chica se encogió de hombros.

–No, supongo que no.

Denison señaló el lado de «de acuerdo».

–Los que están de ese lado: levanten la mano si conocen a más de una persona que haya tenido sexo sin desearlo. –La mayoría lo hizo–. Mantengan la mano en alto si conocen a más de dos personas que hayan tenido sexo sin desearlo. –La mayoría dejó la mano levantada–. Más de tres. –Siguió habiendo una gran cantidad de manos levantadas–. Cuatro. –Denison pausó durante un buen rato–. Me encanta la población adolescente –dijo finalmente–. Creo que son la población más inteligente, más creativa y más valiente de todo el planeta, pero hay mucho arrepentimiento relacionado con esto, mucha confusión y muchos líos. ¿Qué necesitamos para reducir esto? ¿Qué no estamos haciendo o qué necesitamos hacer?

Un chico que llevaba una gorra tejida levantó la mano.

–Creo que las sustancias que alteran la mente se llaman así por una buena razón. Cuando las usas, tomas decisiones que no tomarías si estuvieras sobrio.

Denison asintió.

–En toda decisión que tomamos cedemos o adquirimos poder, ¿no es cierto? –les dijo–. Con el alcohol y las drogas estás cediendo el poder. Esa es la razón por la que a veces la gente las usa, porque quiere eso. Pero no debemos ignorar la realidad. Necesitamos darnos cuenta de que con cada sorbo perdemos parte del poder para discernir lo que pasa a nuestro alrededor; perdemos el poder de cuidar de nosotros mismos y de juzgar nuestras emociones.

Una joven que llevaba una sudadera gris y que masticaba una enorme bola de chicle levantó la mano.

–Pienso que tienes que dejar muy clara cuál es la definición de consentimiento –comentó–. Si alguien no dice literalmente: «Sí, quiero hacerlo», entonces debes detenerte. Aunque no hayan dicho que no. Aunque estén borrachas. Aunque hayan dicho que querían hacerlo y luego cambiaron de opinión. Eso no es consensuado.

–Ella nos está diciendo que *dejemos en claro el consentimiento* –señaló Denison–. Estás diciendo algo que tiene mucho sentido. Una persona está fajando con otra y está totalmente entusiasmada. Una le pregunta a la otra si quiere hacerlo y esta última le dice: «¡Sí! ¡Hagámoslo!». Pero, entonces, de pronto comienza a parecerle que *no* es tan buena idea. ¿Qué tiene que pasar en ese momento?

–La persona tiene que decir: «Ya no me siento a gusto con esto» –respondió la chica–. «Podemos dejarlo o regresar a lo que estábamos haciendo antes».

–Eso me parece estupendo. Pero ¿qué pasa si la persona no lo dice? ¿Qué puede hacer el otro?

–Preguntar si se siente a gusto –replicó la chica.

–Excelente –dijo Denison–. Que te den el consentimiento de proseguir es supersexi. La idea es simplemente decir. –Su voz se volvió más grave y sacó la barbilla como un chico adolescente–: «¿Te parece bien lo que estamos haciendo? ¿Estás de acuerdo? –Calló un momento para permitir que el grupo captara la idea–. Eso es agradable. No se trata de: «Déjame que saque mi documentación legal y que llame a mi abogado –los jóvenes rieron–. Y parte de ello consiste en reconocer que hay muchas maneras de ejercer la sexualidad. No tiene que ser esa cosa lineal de pasar del punto A al punto B. Todos tenemos un lenguaje compartido, metáforas para señalar cuando pasas de un nivel a otro. –Sacó a relucir la metáfora del beisbol, con sus imágenes reconocidas de «rodear todas las bases», «anotar una carrera» y «anotar»–. Nunca está la idea de que alguien podría ponerse al bat, golpear la pelota, llegar a segunda y decir: «¿Sabes qué? Me gusta estar aquí. Quiero quedarme aquí y no voy a llegar a home». Perderías el juego, ¿no es cierto? Pero si alguien dice que sí, eso no significa que sea hasta las últimas consecuencias. Esta es una definición útil relacionada con el consentimiento: Cualquier buen amante sabe escuchar. Y quien no sabe escuchar es, en el mejor de los casos, un mal amante, y en el peor, un violador.

Los chicos soltaron comentarios de asombro. «¡*Vaya!*», dijo alguien.

–Se trata de comunicación –prosiguió Denison–. Eso no quiere decir que te pongas a rezar en medio de una relación sexual, sino que compartas con tu pareja. Estás teniendo *intimidad*. Tú decides cómo es esa intimidad y cómo se siente, y defines qué es tener «intimidad». Pero hay *dos* personas involucradas. Otra manera en que pueden verlo es esta: «¿Cómo será una experiencia sexual positiva para todos los involucrados?».

Un joven vestido con una camiseta de futbol americano y con perforaciones en ambas orejas levantó la mano.

–Nunca lo pensé así antes, pero en esa metáfora del beisbol está la implicación de que estás tratando de anotar *contra* el otro.

–Exacto –coincidió Denison–. En el beisbol hay un ganador y un perdedor. Es una competencia.

–Entonces, ¿quién se supone que sea el perdedor? –preguntó una chica–. ¿La otra persona?

Denison simplemente sonrió.

Observar la interacción entre estos chicos me recordó una plática que tuve con una de las antiguas alumnas de Denison, llamada Olivia, que ahora está en primer año de universidad. Olivia me contó que tuvo varios encuentros casuales cuando estaba en tercero de secundaria y primero de prepa. No sabía la razón; definitivamente no lo disfrutaba y eso la hacía sentir, como ella misma dijo, «asquerosa».

–No hubo un momento específico en que las cosas cambiaran para mí –me dijo una tarde en que charlamos en una cafetería cercana a su antigua preparatoria–. Simplemente empecé a entender que no me estaba comportando como quería hacerlo y que no era la persona que quería ser. La clase de Charis tuvo mucho que ver con ello. Aprendí a tomar decisiones de manera consciente, en lugar de tan solo dejar que las cosas pasaran. Y empecé a pensar en serio en mis valores y mis creencias morales. –Se quedó meditando en ello mientras tiraba de un bucle de su cabello oscuro–. Creo que la principal diferencia es que ahora trato de vivir conscientemente, con intención. Antes pensaba: «Muy bien, supongo que ahora vamos a fajar», en lugar de pensar en si realmente quería hacerlo. No es que haya dejado de hacerlo por completo, pero para mi segundo año de prepa empecé a ser menos impulsiva. Y entonces sentí que estaba participando en ello, no simplemente dejándome llevar.

Dos alumnos de primero de preparatoria sostenían un trozo de papel estraza en tamaño póster con las palabras «UN AGARRÓN ES…», escritas en grandes letras de molde de color morado en la parte de arriba. Unos cuantos minutos antes Denison había pasado marcadores y les había pedido a los estudiantes que escribieran respuestas a frases que ella escribió en una sucesión de papeles similares, como «LA ABSTINENCIA ES…», «EL SEXO ES…», «EL SEXO Y EL ALCOHOL…», «SER VIRGEN SIGNIFICA…», «ACUSAR A ALGUIEN DE PUTA ES…», «ACUSAR A ALGUIEN DE MOJIGATA ES…». Se repartieron en grupos pequeños para analizar los resultados y ahora daban su informe frente a la clase.

–Observamos que un agarrón puede ser un montón de cosas diferentes para un montón de personas diferentes –señaló una chica de cabello oscuro ondulado que le llegaba hasta la cintura–. Pero en general se piensa que es «sin compromisos» y menos complicado. Como algo que haces en una fiesta –rio–. Pero a veces termina en algo *más* complicado.

–Eso es muy común en la adolescencia –indicó Denison–. Te involucras en un encuentro casual para facilitar las cosas y a veces resulta contraproducente. ¿Es eso a lo que te refieres? ¿Cómo sería esa situación?

–En algunos casos una persona se involucra más que la otra –dijo la chica– y cree que hay algo más entre ellos.

–Si les digo la palabra *agarrón* –preguntó Denison–, ¿cuántos de ustedes tendrían el reflejo de verlo como algo negativo? –Ninguna mano se levantó–. ¿Como algo positivo? –Solo los hombres levantaron la mano–. ¿Cuántos imaginan que es solo algo que sucede, ni positivo ni negativo, sino simplemente otra opción? –Más manos se levantaron, esta vez tanto de hombres como de mujeres.

Mientras continuaban la clase surgieron varios temas familiares. Aunque todas las respuestas a «El sexo es...» fueron entusiastas –«En una palabra», dijo el chico rubio alto que presentó los resultados de su grupo, «la gente piensa que es "¡fantástico!"»–, todos levantaron la mano cuando Denison les preguntó quién de ellos conocía a alguien que hubiera tenido una experiencia sexual negativa.

–Sin embargo, nadie puso ni una sola cosa negativa en ese papel –reflexionó–. ¿Por qué creen que es así? Volvieron a discutir sobre si el sexo oral se podía considerar como «sexo» y solo dos personas coincidieron en que lo era, hasta que Denison mencionó a su amiga lesbiana.

–Francamente –señaló el joven rubio–, el sexo debería ser lo que quieras que sea –a lo que todos respondieron con más muestras de aprobación.

En el curso de la siguiente hora, más o menos, analizaron sus sentimientos acerca de la virginidad («En nuestro grupo no nos gustaron las connotaciones de "limpieza" y "pureza"», dijo una de las chicas) y la abstinencia (los comentarios sobre ese tema eligieron «triste», «una decisión» y «sexo anal»). Un chico que llevaba una camiseta de basquetbol desató una cacofonía de respuestas a la pregunta: «¿Pero qué *es* la abstinencia? ¿Significa hacer todo menos acostarse o que no haya ningún contacto, o qué?». Los miembros del grupo que presentaron los resultados sobre la pregunta de sexo y alcohol sugirieron al principio, con actitud santurrona, que combinarlos era una mala idea. Pero cuando Denison preguntó quién conocía a alguien que hubiera tenido un agarrón en estado de sobriedad, nadie levantó la mano. Ni uno solo.

–Es cada vez más frecuente que escuche que nadie tiene una interacción sexual con alguien, a menos de que esté en un estado alterado –declaró–. Y eso puede influir en ese factor relacionado con el arrepentimiento.

–Pienso que en cierto modo es más fácil –dijo una chica–. Porque puedes decir: «Es que no estaba pensando. Estaba bebiendo».

–Eso es lo que yo llamo tenderte una trampa –respondió Denison–. En especial para las jóvenes: si eres una mojigata por poner límites y eres una puta si decides tener relaciones sexuales, sales mal parada de todos modos. Cuando menos si estás borracha puedes decir: «Bueno, sí, no sabía lo que estaba haciendo», y esa es una forma de no asumir la responsabilidad. Y es lógico que sientas algo de empatía por ese tipo de situación. Es muy seductor tener algún tipo de escape si de todos modos te van a avergonzar o te vas a arrepentir. ¿Entonces qué se supone que hagas? Tenemos que analizarlo con más detalle y hablaremos un poco más sobre eso en la siguiente ocasión.

En los momentos finales, al igual que lo hace en todas las sesiones, Denison respondió preguntas anónimas. He aquí una pequeña muestra de las preguntas que le hicieron en las clases que observé:

¿Qué pasa si me hago pipí durante la relación sexual?

¿Cómo te contagias de enfermedades de transmisión sexual en el sexo oral?

¿Es cierto que cuando las mujeres se vienen pueden lanzar un chorro de líquido que llegue a mitad del cuarto?

¿Qué tan grande es un pene normal?

¿Cuántas calorías hay en el esperma?

¿El himen siempre se rompe cuando pierdes la virginidad?

¿Necesitas usar lubricante para masturbar a un hombre?

¿Cómo puedo lograr que el sexo anal sea más agradable para mi pareja?

Denison las respondió de manera objetiva, proporcionando datos y corrigiendo mitos, incluyendo aquel de que «todo el mundo lo hace».

–Existe la percepción de que todo el mundo está teniendo sexo y ligando –señaló en respuesta a las preocupaciones de un alumno de tercero de secundaria– y no es cierto. Existe mucha presión y simplemente no es así de común, en especial en tercero de secundaria. Hay muchas personas que ni siquiera han recibido su primer beso hasta por lo menos el primero de prepa, y mucho menos han llegado más allá de eso. Entonces, ¿qué pasa con la idea de que alguien tiene que tener un agarrón porque ya le llegó «la hora». –Negó con la cabeza–. Tenemos que pensar claramente en eso. Tenemos que retomar la idea de: «¿Qué estoy sintiendo en realidad, qué pienso de ello, qué quiero que suceda y qué tendría que hacer para recordarlo sin arrepentirme?».

A la pregunta que le hizo una chica de segundo de preparatoria cuya amiga estaba teniendo relaciones sexuales con muchas personas diferentes al mismo tiempo, respondió:

–No tienes que reaccionar diciendo: «Qué asco» o «Está bien» o «Está mal». Puedes preguntarle: «¿Cómo te sentiste? ¿Qué beneficio te produce? ¿Para qué te sirve?». Al abordar la situación del modo correcto se puede dar una maravillosa conversación y entonces, si realmente te importa esa persona, tu labor será convertirte en su escudo humano contra la vergüenza.

Hubo ocasiones en que, al escuchar las respuestas de Denison para esas preguntas anónimas, me sentí un poco insegura. Como cuando alguien de una clase de segundo de preparatoria le preguntó cómo tener coito de algún modo en que no lastimara a su pareja. Ella le habló de cómo deslizar y sacar gradualmente el pene de la vagina, en lugar de hacerlo como martillo neumático, como lo muestran en las películas porno, dándole tiempo a la mujer para que su cuerpo se relaje. A un chico le sugirió que cambiara de posición para poder asir sus caderas y controlar la profundidad de la penetración de modo que no siempre estuviera golpeando el mismo punto y pudiera «empoderar» a su compañera. No hay modo de negarlo: les estaba explicando cómo tener sexo. Era la confirmación de la peor pesadilla de los legisladores conservadores. Sin embargo, es justo el tipo de discusión que se necesita, si tomamos como ejemplo a Holanda, para combatir la cultura pop de la pornografía, reducir el arrepentimiento y mejorar la satisfacción de los adolescentes cuando eligen tener sexo (cuando sea que eso ocurra). Entonces, ¿qué es lo que me produce esa sensación de vergüenza? Seguramente preferiría que mi hija estuviera en la cama con un chico que hizo ese tipo de pregunta y obtuvo respuesta, que con alguno cuyo único punto de referencia haya sido lo que vio por internet.

–No les estoy diciendo qué deben hacer –me explicó Denison después–. Estoy respondiendo a una pregunta directa que, por cierto, me hacen 99% de las ocasiones, y que surge del respeto y sentido de responsabilidad de un estudiante tanto hacia sí mismo como hacia su pareja. Si no
la respondiera de manera específica, sería una farsante; simplemente otra
adulta que defrauda su confianza.

Cuando terminó su exposición concluyó frente al grupo diciendo:
«Todo tiene que ver con la comunicación». Y, por supuesto, tiene razón.

Al final de cada sesión Denison sacó varios puñados de condones de
una caja plateada de pescador que lleva a todas partes, como una especie de bolsa de Mary Poppins: allí también tenía la marioneta de vulva,
un modelo de un pene (apodado Richard) que usa para demostrar el uso
correcto del condón, cápsulas individuales de lubricante personal y otras
herramientas de su oficio. «Sigan hablando y sigan haciendo preguntas»,
les dijo. «El conocimiento es poder». En efecto, vi que un grupo de chicos
hizo todo un escándalo al tomar los condones y lanzarlos por los aires.
«¡Niños, sean libres!», dijo uno de ellos, riendo. Pero lo más frecuente fue
que los estudiantes, tanto hombres como mujeres, se acercaran con respeto. Algunos tomaron los condones con indiferencia; otros avanzaron furti-
vamente, fingiendo recoger una tarjeta o pluma caídas, y luego deslizaron
subrepticiamente uno o dos condones en sus bolsillos.

Siempre hubo algunos jóvenes que se quedaban mientras el salón se
iba vaciando con la esperanza de poder tener una conversación en privado
con Denison. Una chica deseaba que le aclarara la definición de estupro.
Otra quería saber cuál era la trayectoria profesional de Denison para seguir sus pasos. Una tarde, el último estudiante en abordarla fue un niño de
cabello oscuro y rizado, y grandes ojos cafés. Raspaba el piso con la punta
de su tenis mientras le contaba que su novia lo presionaba para que tuvieran relaciones, pero él no estaba listo.

–Te sorprendería con cuánta frecuencia los chicos me hacen esa pregunta –me dijo Denison–. Debe ser difícil y provocar una sensación de soledad.

El chico asintió, mientras los ojos se le llenaban de lágrimas. Denison
habló con él durante un rato, en voz tan baja que no pude oír lo que le

decía. Luego le proporcionó su número telefónico y su dirección de correo electrónico, y le dijo que se comunicara con ella cuando quisiera. Él asintió y se fue, sintiéndose un poco menos solo.

Este libro trata sobre las mujeres jóvenes, sobre los continuos obstáculos que enfrentan para poder expresarse sexualmente de una manera plena y sana, y los costos que eso tiene para su bienestar. Pero quiero dejar a Denison ahí, con un chico, porque la creación del cambio también los tiene que incluir a ellos. Ya no basta con advertirles simplemente a los jóvenes que deben evitar «embarazar a una niña» o, lo más probable en el clima actual, advertirles sobre la definición cambiante de lo que es una violación. Los padres necesitan discutir con sus hijos hombres el espectro de presión, coacción y consentimiento, las fuerzas que les instan a considerar los límites de las mujeres como un reto que deben vencer. Los chicos necesitan entender cómo ellos también pueden resultar dañados por los medios sexualizados y la pornografía. Necesitan ver modelos de sexualidad masculina que no se basan en la agresión en contra de las mujeres, en la denigración o en la conquista. Necesitan conocer lo que es el placer compartido, la mutualidad y la reciprocidad para transformarse de jugadores de beisbol en comedores de pizza. Puede que eso no sea tan difícil de lograr como se pensaría.

Como Charis Denison daba clases principalmente en bachillerato, una tarde asistí a una clase coeducativa de una semana acerca de la pubertad, dirigida a niños de cuarto y quinto de primaria e impartida por una mujer con pelo pintado de rosa y que acertadamente lleva el nombre de Jennifer Devine, ministra de la Iglesia Unitaria al igual que educadora sexual certificada. Pasó la primera sesión hablando de que, con algunas notables diferencias, la pubertad era básicamente igual para quienes ella misma llama «personas con vulvas y personas con penes»: todo el mundo crece, todo el mundo tiene barros, todos desarrollan vello en nuevos sitios, los genitales de todos maduran, todos tienen «sensaciones de cosquilleo», todos adquieren la capacidad de hacer un bebé. También ocupó dos de las sesiones para hablar de las complejidades de la anatomía masculina y femenina. Después de esas clases pidió a los alumnos que nombraran las partes de los aparatos reproductores internos y externos de ambos sexos en monografías dibujadas con precisión clínica. Eso implicaba que los niños tuvieran que nombrar la vulva, los labios mayores y menores, la entrada de la vagina, de la uretra y del ano. Me senté detrás de dos niños, Terrell y Gabe, que lo estaban haciendo muy bien hasta que Terrell se quedó en blanco.

–Oye, Gabe –dijo, señalando a su cuadernillo–. ¿Cómo se llama esto?

Gabe miró lo que Terrell señalaba.

–Ah, eso es el clítoris –respondió–. Sirve para producir sensaciones agradables.

Por lo menos es un inicio.

Los padres podrían aprender un par de cosas de Gabe. Hace poco estaba platicando con una amiga que, como yo, es una mamá feminista y políticamente progresista de una niña preadolescente, y le comenté que no bastaba con que les enseñáramos a nuestras hijas acerca de la mecánica de la reproducción, ni que las instáramos a resistirse a las presiones sexuales no deseadas o les dijéramos que la violación no es su culpa. Tampoco bastaba equiparlas con pastillas anticonceptivas y condones cuando llegara el momento. Necesitábamos hablarles del *buen* sexo, empezando con cómo funcionan sus cuerpos, con la masturbación y el orgasmo. Ella se opuso. «Ellas no quieren que *nosotras* les digamos ese tipo de cosas», me dijo. ¿No? ¿Entonces quién se los dirá? Merecen algo mejor que las voces distorsionadas y falsas que retumban desde el televisor, las computadoras, los iPhones, las tabletas y las pantallas de cine. Merecen nuestra guía y no nuestro miedo y nuestra negación en relación con su desarrollo sexual. Merecen nuestra ayuda para entender los peligros que las acechan, pero también para aceptar sus deseos con respeto y responsabilidad, para entender las complejidades y matices de la sexualidad.

Después de estudiar a los holandeses, Amy Schalet improvisó un modelo «ABCD», que consta de cuatro partes, para criar hijos sexualmente sanos. Primero, queremos que sean autónomos (esa es la A), para que entiendan el deseo y el placer; para que sean capaces de afirmar sus deseos sexuales y poner límites, y para que se preparen responsablemente para los encuentros sexuales. Avanzar lentamente, con consciencia del deseo y de lo que resulta cómodo, es la mejor manera de obtener esas habilidades.

Después de todo, ¿quién es realmente más «experimentada» en sentido sexual: una persona que tuvo relaciones sexuales mientras estaba borracha para quitarse de encima el problema de la virginidad o aquella que pasó tres horas besando a una pareja, aprendiendo acerca de la tensión sexual, el placer mutuo y la intencionalidad? Francamente, si los padres estadounidenses llegáramos a la A, ya iríamos de gane.

Sin embargo, nos quedan otras tres letras: B, para construir las bases de las relaciones igualitarias y comprensivas que valoren el interés mutuo, el cariño y la confianza; C, para mantener y nutrir la conexión con tu hijo; y D, para reconocer la diversidad y variedad de orientaciones sexuales, creencias culturales y desarrollo entre compañeros. ¿Qué pasa con las invitaciones a pasar la noche? Todavía no sé si puedo llegar a ese grado, pero no diré que nunca lo voy a hacer: el argumento es muy convincente. Independientemente de cómo resolvamos los detalles, de todas formas podemos, y debemos, ser más abiertos con nuestras hijas e hijos, además de alentarlos a ser más abiertos con nosotros. Mi amiga está equivocada: los chicos *sí* quieren que sus padres les hablen de eso. Realmente lo quieren. En una encuesta de 2012 aplicada a más de 4 000 personas jóvenes, la mayoría de los entrevistados dijo que desearía haber tenido más información, en especial de mamá o papá, antes de tener su primera experiencia sexual. En particular deseaba que se le hubiera hablado más de las relaciones y del lado emocional de la sexualidad. Entonces, piénsalo: ¿quieres que tu hija adolescente explore y entienda por completo su propio cuerpo antes de lanzarse a tener sexo con alguien? ¿Quieres que su concepto de lo que constituye la intimidad se extienda más allá del coito? ¿Te gustaría que tuviera menos parejas y que se protegiera de manera consistente contra las enfermedades y el embarazo? ¿Qué me dices de que disfrute sus encuentros sexuales? ¿Que trascienda los estereotipos de género? ¿Esperarías que encuentre relaciones de afecto recíprocas e igualitarias en las que pueda expresar sus necesidades y límites? Si tu hija decide buscar el placer sexual fuera de una relación de pareja, ¿querrías que esas experiencias también fueran seguras, mutuas y respetuosas? Sé que yo lo querría. Esa es más que razón suficiente para que respiremos profundamente y tengamos discusiones (y me refiero a *múltiples* discusiones) que incluyan ideas sobre las relaciones sanas, la comunicación, la satisfacción, la felicidad, la mutualidad, la ética y, también, esa dicha que hace que se te crispen los dedos.

Después de platicar con tantas jóvenes, ahora sé qué puedo esperar, tanto para mi propia hija como para ellas. Quiero que la sexualidad sea una fuente de autoconocimiento, creatividad y comunicación, a pesar de los riesgos que representa. Quiero que se deleiten con la sensualidad de su cuerpo, sin que se limiten a eso. Quiero que puedan pedir lo que quieren cuando están en la cama, y que lo obtengan. Quiero que se mantengan seguras contra las enfermedades, los embarazos no deseados, la crueldad, la deshumanización y la violencia. Si llegan a sufrir una agresión sexual, quiero que puedan recurrir a los administradores de sus escuelas, a sus empleadores y a los tribunales. Es mucho pedir, pero no es demasiado. Criamos a una generación de hijas para que tengan una voz, esperen un trato igualitario en casa, en el aula y en el trabajo. Llegó el momento de exigir que también tengan «justicia íntima» en su vida personal.

AGRADECIMIENTOS

En general, en esta parte suelo decir que aunque escribir es un acto solitario, hubo muchas personas que me apoyaron en esto y bla, bla, bla. Pero esa es una forma muy civilizada y suavizada de expresarlo. Lo que realmente quiero decir es lo siguiente: soy una persona difícil de tolerar, difícil de tratar, difícil de conocer y con quien es difícil interactuar cuando está concentrada en escribir. El trabajo me absorbe. Me vuelve ansiosa, obsesiva, excéntrica y egocéntrica. Me pone malhumorada. Me vuelve distante en un sentido emocional y, con frecuencia, también en un sentido físico. A veces no sé cómo me aguantan las personas que me aman; es decir, mis amigos y mi familia. Y, sin embargo, lo hacen y eso para mí es la definición de una bendición.

Entonces permítanme expresarlo en serio. Por volver a vivir esto conmigo, por reflexionar en estos temas, por desafiarme, persuadirme, darme techo y soportarme, quiero agradecer a: Barbara Swaiman, Peggy Kalb, Ruth Halpern, Eva Eilenberg, Ayelet Waldman, Michael Chabon, Sylvia Brownrigg, Natalie Compagni Portis, Ann Packer, Rachel Silvers, Youseef Elias, Stevie Kaplan, Joan Semling Bostian, Mitch Bostian, Judith Belzer, Michael Pollan, Simone Marean, Rachel Simmons, Julia Sweeney Blum, Michael Blum, Danny Sager, Brian McCarthy, Diane Espaldon, Dan Wilson, Teresa Tauchi, Courtney Martin, Moira Kenney, Neal Karlen, ReCheng Tsang Jaffe, Sara Corbett e Ilena Silverman.

Por su ayuda con la investigación quiero agradecer a Kaela Elias, Sara Birnel-Henderson, Pearl Xu, Evelyn Wang, Henry Bergman y Sarah Caduto.

Por actuar como caja de resonancia (y, a veces, enfrentarse con algunas preguntas muy personales), gracias a mis sobrinas y sobrinos, en especial a Julie Ann Orenstein, Lucy Orenstein, Arielle Orenstein, Harry Orenstein, Matthew Orenstein y Shirley Kawafuchi. Por su guía, le agradezco a mi agente Suzanne Gluck, a mi siempre paciente editora Jennifer Barth, al igual que a Debby Herbenick, Leslie Bell, Patti Wolter, Lucia O'Sullivan, Lisa Wade, Jack Halberstam, Jackie Krasas, Paul Wright y Bryant Paul. Por darme el lujo de tener el espacio y el tiempo para escribir sin interrupciones, estoy profundamente agradecida con Peter Barnes y el Mesa Refuge, al igual que con la Ucross Foundation.

Greg Knowles merece un sitio especial en el cielo por rescatar mi manuscrito cuando desapareció en el éter cibernético. Y aunque el aspecto no lo es todo, agradezco de todo corazón lo que Michael Todd hizo con el mío. Gracias también al personal de *The California Sunday Magazine* y, en particular, a Doug McGray por su apoyo y comprensión. Quiero agradecerle especialmente a Charis Denison por todo lo que tuvo que pasar debido a mi reportaje.

Sobre todo, agradezco a las generosas jóvenes que participaron en mis entrevistas y a los adultos que me ayudaron a localizarlas. Para proteger su privacidad no puedo dar sus nombres, pero ustedes saben quiénes son. Fue un placer conocer a todas y cada una, y no hay ninguna forma en que pudiera haber escrito este libro sin ustedes.

Por último, quiero agradecer a mi familia, tanto extendida como inmediata. A mi marido, Steven Okazaki, por quien siento mucho más amor del que podría expresar, y a mi amada hija, Daisy, a quien espero no haber avergonzado demasiado. Te amo infinitamente y te deseo que tengas el don de que siempre y en todo momento seas plenamente tú misma.

Introducción:
Todo lo que nunca quisiste saber sobre las chicas y el sexo (y de veras tienes que preguntar)

9 La estadounidense promedio tiene su primera relación sexual: Finer y Philbin, «Sexual Initiation, Contraceptive Use, and Pregnancy Among Young Adolescents».

11 la intimidad en la adolescencia debía ser: Haffner, ed., «Facing Facts: Sexual Health for America's Adolescents».

11 Sara McClelland, catedrática de psicología: McClelland, «Intimate Justice».

Capítulo 1: Matilda Oh no es un objeto, excepto cuando quiere serlo

17 «Si no es así», escribió Moran, «es probable que»: Moran, *Cómo ser mujer*, p. 283.

18 Las niñas de preescolar adoran a las princesas de Disney: Glenn Boozan, «11 Disney Princesses Whose Eyes Are Literally Bigger Than Their Stomachs», Above Average, 22 de junio de 2015.

18 autocosificación: American Psychological Association, *Report of the APA Task Force on the Sexualization of Girls*. Este revolucionario informe define que la sexualización se compone de cualquiera o de una

combinación de las siguientes características: «El valor de una persona proviene solo de su comportamiento o atractivo sexual, a exclusión de otras características; la persona se compara contra un estándar que iguala el atractivo físico (definido de manera estrecha) con ser sexy; una persona se cosifica en sentido sexual; es decir, se convierte en una cosa que otros utilizan, en lugar de verla como persona con la capacidad para una acción y toma de decisiones independientes, y/o la sexualidad se impone inapropiadamente sobre una persona». Véase también: Madeline Fisher, «Sweeping Analysis of Research Reinforces Media Influence on Women's Body Image», Universidad de Wisconsin, Madison News, 8 de mayo de 2008.

18 En un estudio con alumnas de segundo de secundaria: Tolman e Impett, «Looking Good, Sounding Good». Véase también, Impett, Schooler y Tolman, «To Be Seen and Not Heard».

18 Otro estudio vinculó la atención que prestan las jóvenes a su apariencia: Slater y Tiggeman, «A Test of Objectification Theory in Adolescent Girls».

18 Un estudio con alumnos de tercero de preparatoria conectó la autocosificación: Hirschman et al., «Dis/Embodied Voices».

18 La autocosificación también se ha correlacionado: Caroline Heldman, «The Beast of Beauty Culture: An Analysis of the Political Effects of Self-Objectification», ponencia presentada en la reunión anual de la Western Political Science Association, Las Vegas, NV, 8 de marzo de 2007. Véase también Calogero, «Objects Don't Object»; Miss Representation, dir. Jennifer Siebel Newsom y Kimberlee Acquaro, San Francisco: Representation Project, 2011.

19 O, como dijo una exalumna: Steering Committee on Undergraduate Women's Leadership at Princeton University, Report of the Steering Committee on Undergraduate Women's Leadership, 2011; Evan Thomas, «Princeton's Woman Problem» Daily Beast, 21 de marzo de 2011.

19 «la presión de verse o vestirse»: Liz Dennerlein, «Study: Females Lose Self-Confidence Throughout College», USA Today, 26 de septiembre de 2013.

19 «perfección espontánea»: Sara Rimer, «Social Expectations Pressuring Women at Duke, Study Finds», *New York Times*, 24 de septiembre de 2003.

19 Es una visión comercializada, unidimensional, reproducida hasta el infinito: Levy, *Chicas cerdas machistas*.

22 rechazar los instrumentos de tortura conocidos comúnmente como: Haley Phelan, «Young Women Say No to Thongs», *New York Times*, 27 de mayo de 2015.

23 «Voy a perder peso, conseguiré nuevos anteojos»: Brumberg, *The Body Project*.

24 Asimismo, los comentarios en las páginas de las jóvenes: Steyer, *Talking Back to Facebook*; Fardouly, Diedrichs, Vartanian *et al.*, «Social Comparisons on Social Media».Véase también, Shari Roan, «Women Who Post Lots of Photos of Themselves on Facebook Value Appearance, Need Attention, Study Finds», *Los Angeles Times*, 10 de marzo de 2011; Lizette Borrel, «Facebook Use Linked to Negative Body Image in Teen Girls: How Publicly Sharing Photos Can Lead to Eating Disorders». *Medical Daily*, 3 de diciembre de 2013; Jess Weiner, «The Impact of Social Media and Body Image: Does Social Networking Actually Trigger Body Obsession in Today's Teenage Girls?» *Dove Self Esteem Projec*t (blog), 26 de junio de 2013.

24 Sus «amigos» se vuelven un público: Entrevista de la autora con Adriana Manago, Department of Psychology and Children's Digital Media Center, UCLA, 7 de mayo de 2010. Véase también Manago, Graham, Greenfield *et al.*, «Self-Presentation and Gender on MySpace».

25 Asimismo, en especial en los sitios donde se comparten fotos, como Instagram: Lenhart, «Teens, Social Media and Technology Overview 2015».

25 Esto ocurrió a pesar de que 1 499 de los perfiles: Bailey, Steeves, Burkell *et al.*, «Negotiating with Gender Stereotypes on Social Networking Sites».

26 *selfie* como «la palabra internacional del año»: El primer uso registrado de la palabra *selfie* ocurrió en 2002, cuando la mencionó un austra-

liano borracho en una sala de chat en línea. Se convirtió en la palabra del año después de que los investigadores de Oxford establecieron que su uso había crecido notablemente, un 17% en el curso de un año desde 2012. Ben Brumfield, «Selfie Named Word of the Year in 2013». CNN.com, 20 de noviembre de 2013.

26 Cualquiera con una cuenta en Facebook o Instagram: Mehrdad Yazdani, «Gender, Age, and Ambiguity of Selfies on Instagram», *Software Studies Initiative* (blog), 28 de febrero de 2014.

26 «Si ignoras la interminable sarta»: Rachel Simmons, «Selfies Are Good for Girls», *Slate DoubleX,* 1 de diciembre de 2013.

27 No obstante, alrededor de la mitad también decía: Melissa Dahl, «Selfie-Esteem: Teens Say Selfies Give a Confidence Boost» Today.com, 26 de febrero de 2014.

27 la insatisfacción de las jóvenes con el propio cuerpo está menos relacionada con: Meier y Gray, «Facebook Photo Activity Associated with Body Image Disturbance in Adolescent Girls».

27 cuantas más fotografías ajenas ven: Fadouly y Vartanian, «Negative Comparisons About One's Appearance Mediate the Relationship Between Facebook Usage and Body Image Concerns». Véase también Kendyl M. Klein, «Why Don't I Look Like Her? The Impact of Social Media on Female Body Image», CMC Senior Theses, Artículo 720, 2013.

27 En 2011 hubo un incremento de 71%: Sara Gates, «Teen Chin Implants: More Teenagers Are Seeking Plastic Surgery Before Prom», *Huffington Post*, 30 de abril de 2013.

27 uno de cada tres miembros: American Academy of Facial Plastic and Reconstructive Surgery, «Selfie Trend Increases Demand for Facial Plastic Surgery», comunicado de prensa, 11 de marzo de 2014. Alexandria, VA: American Academy of Facial Plastic and Reconstructive Surgery.

27 En verdad es difícil saber: Ringrose, Gill, Livingstone *et al.*, A Qualitative Study of Children, Young People, and «Sexting». Véase también Lounsbury, Mitchell, Finkelhor *et al.*, «The True Prevalence of "Sexting"». ·

28 En una encuesta a gran escala: Englander, «Low Risk Associated with Most Teen Sexting».

28 Eso es particularmente perturbador: Caitlin Dewey, «The Sexting Scandal No One Sees», *Washington Post*, 28 de abril de 2015. Esta encuesta con 480 estudiantes de pregrado encontró que, para hombres y mujeres, ser obligados a sextear era más traumático que ser obligados a tener relaciones sexuales.

29 Los asesores de gestión empresarial utilizan: Roger Schwarz, «Moving from Either/Or to Both/And Thinking», Schwarzassociates.com. Si ves que no puedes lograr que funcione este truco, intenta hacerlo al revés, iniciando con tu dedo a la altura de la cintura y dibujando un círculo en sentido contrario a las manecillas del reloj y avanzando hacia arriba.

29 Deborah Tolman sugirió que: Conversación personal, 20 de septiembre de 2011.

31 Entre 2012 y 2013 el número de «liftings brasileños de glúteos»: American Society of Plastic Surgeons, *2013 Plastic Surgery Statistics Report*, Arlington Heights, IL: American Society of Plastic Surgeons, 2014.

31 «Milk, Milk, Lemonade»: «Watch 'Inside Amy Schumer' Tease New Season with Booty Video Parody» *Rolling Stone*, 12 de abril de 2015.

33 en relación con esos memes de la cultura pop: Kat Stoeffel, «bell hooks Was Bored by 'Anaconda'» *The Cut, New York Magazine* blog, 9 de octubre de 2014.

37 «sexi, pero no sexual»: Levy, *Chicas cerdas machistas*.

38 La imagen de Miley cuando tenía 15 años: Katherine Thomson, «Miley Cyrus on God, Remaking 'Sex and the City', and Her Purity Ring» *Huffington Post*, 15 de julio de 2008. Otros Niños Disney que no cumplieron con la promesa de su anillo de pureza incluyen a Selena Gomez, Demi Lovato y los Jonas Brothers. Britney Spears también declaró que estaba guardándose su virginidad hasta la noche de bodas. Resultó que no era «tan inocente»: tuvo sexo por primera vez en bachillerato, años antes de su famosa relación con Justin Timberlake.

39 Como reflejo de la tendencia a dar preponderancia a las «nalgas» en la cultura general (y plantear nuevas preguntas al respecto): Foubert, Brosi, Bannon *et al.*, «Pornography Viewing Among Fraternity Men». Véase también Bridges, Wosnitzer, Scharrer *et al.*, «Aggression and Sexual Behavior in Best-Selling Pornography Videos».

39 41% también incluye: Bridges, Wosnitzer, Scharrer *et al.*, «Aggression and Sexual Behavior in Best-Selling Pornography Videos».

39 Observar a personas de apariencia natural: Chris Morris, «Porn Industry Feeling Upbeat About 2014», NBCnews.com, 14 de enero de 2014.

40 alrededor de 90% de 304 escenas aleatorias: Bridges, Wosnitzer, Scharrer *et al.*, «Aggression and Sexual Behavior in Best-Selling Pornography». Un estudio anterior encontró que el hecho de que el director fuera hombre o mujer producía poca diferencia en el grado de agresión y degradación de las mujeres en la película. Chyng, Bridges, Wosnitzer *et al.*, «A Comparison of Male and Female Directors in Popular Pornography». Véase también Monk-Turner y Purcell, «Sexual Violence in Pornography», que analizó una muestra aleatoria de videos para adultos y encontró que la mayoría tenía «temas sexualmente violentos o deshumanizantes/degradantes». Por ejemplo, 17% de las escenas mostraban agresión contra las mujeres, 39% mostraba subordinación femenina y 85% mostraba a hombres que eyaculaban sobre las mujeres. Barron y Kimmel, «Sexual Violence in Three Pornographic Media», encontraron un aumento progresivo en la violencia sexual en los materiales pornográficos de revistas, videos e internet.

40 como una joven de 18 años, aspirante a una carrera en la pornografía, expresó: *Hot Girls Wanted*, dirigido por Jill Bauer y Ronna Gradus, Netflix, 2015.

41 «De modo que cuando ves representaciones consistentes de mujeres»: Entrevista personal, Bryant Paul, Indiana University-Bloomington, 4 de diciembre de 2013.

41 Más de 40% de los chicos de 10 a 17 años se ha visto expuesto: Wolak, Mitchell, y Finkelhor, «Unwanted and Wanted Exposure to Online

Pornography in a National Sample of Youth Internet Users». Wolak y sus colaboradores encontraron que las tasas de exposición no deseada o accidental a la pornografía se elevó de 26% en 1999 a 34% en 2005.

41 Según una encuesta aplicada a más de 800 estudiantes: Carroll *et al.*, «Generation XXX».

41 Hay algunos indicios de que la pornografía tiene: Regnerus, «Porn Use and Support of Same-Sex Marriage».

41 Por otro lado, es más probable: Wright y Funk, «Pornography Consumption and Opposition to Affirmative Action for Women». Esto se aplica tanto para hombres como para mujeres, incluso cuando se controla la variable de acritudes previas acerca de la acción afirmativa.

41 Entre los chicos adolescentes, el uso regular de pornografía: Peter y Valkenburg, «Adolescents' Exposure to Sexually Explicit Online Material and Recreational Attitudes Toward Sex»; Peter y Valkenburg, «The Use of Sexually Explicit Internet Material and Its Antecedents». Véase también Wright y Tokunaga, «Activating the Centerfold Syndrome»; y Wright, «Show Me the Data!».

41 los hombres heterosexuales que la utilizan tienen más probabilidades: Brosi, Foubert, Bannon *et al.*, «Effects of Women's Pornography Use on Bystander Intervention in a Sexual Assault Situation and Rape Myth Acceptance». Uno de los argumentos a favor de la pornografía es que las tasas de agresión sexual disminuyen en países donde se han eliminado las prohibiciones contra estos materiales. Pero como me dijo Paul Wright, un profesor de telecomunicaciones en la Universidad de Indiana en Bloomington, si los usuarios de pornografía, tanto hombres como mujeres, están en mayor probabilidad de creerse los mitos de la violación, si las usuarias mujeres están en menor probabilidad de percatarse cuando están en riesgo, y si las mujeres a las que se cosifica están en mayor probabilidad de ser culpabilizadas cuando sufren una agresión, entonces quizá no sea tanto que hay menos violaciones en esos países, sino que no se reconocen o no se informan. Entrevista de la autora con Paul Wright, 6 de diciembre de 2013.

42 También es más probable que los usuarios de pornografía: Wright y Tokunaga, «Activating the Centerfold Syndrome»; Wright, «Show me the Data!».

42 los estudiantes universitarios, tanto hombres *como* mujeres, que informan haber utilizado material pornográfico en fechas recientes: Wright y Funk, «Pornography Consumption and Opposition to Affirmative Action for Women»; Brosi, Foubert, Bannon *et al.*, «Effects of Women's Pornography Use on Bystander Intervention in a Sexual Assault Situation and Rape Myth Acceptance»; Foubert, Brosi, Bannon *et al.*, «Pornography Viewing Among Fraternity Men». Para un estudio en el que participaron estudiantes de bachillerato, véase Peter y Valkenburg, «Adolescents' Exposure to a Sexualized Media Environment and Notions of Women as Sex Objects»

42 Solo 3% de las mujeres lo hace: Carroll *et al.*, «Generation XXX»

43 Creen que la delgadez antinatural: Paul, *Pornified*.

44 «Lo que quiero expresar con ello es que, ya sea que se considere como clasificación X»: «Joseph Gordon-Levitt, on Life and the Lenses We Look Through», Entrevista en *Weekend Edition*. National Public Radio, 29 de septiembre de 2013.

44 Y el impacto que esos medios «pornificados» comunes y corrientes tienen: Entrevista de la autora con Paul Wright, 6 de diciembre de 2013. Véase también Fisher, «Sweeping Analysis of Research Reinforces Media Influence on Women's Body Image».

44 El adolescente promedio se expone a: Fisher *et al.*, «Televised Sexual Content and Parental Mediation».

45 70% de la programación televisiva en horarios preferenciales: Eso representaba hasta 56% en 1998, el primer año en que se dio seguimiento. El 91% de las comedias y 87% de los melodramas tenían contenido sexual que iba desde insinuaciones hasta coito implícito. Ward y Friedman, «Using TV as a Guide»; Shiver Jr, «Television Awash in Sex, Study Says», *Los Angeles Times*, 20 de noviembre de 2005.

45 Los chicos universitarios que juegan videojuegos violentos y sexualizados: Stermer y Burkley, «SeX-Box».

45 Las universitarias que, durante experimentos: Fox, Ralston, Cooper *et al.*, «Sexualized Avatars Lead to Women's Self-Objectification and Acceptance of Rape Myths»; Calogero, «Objects Don't Object».

45 Mientras tanto, en un estudio con chicas de secundaria y preparatoria se encontró que aquellas a las que: Aligo, «Media Coverage of Female Athletes and Its Effect on the Self-Esteem of Young Women»; Daniels, «Sex Objects, Athletes, and Sexy Athletes».

45 Las jóvenes que consumen materiales mediáticos cosificantes: Calogero, «Objects Don't Object».

45 En otras palabras, como escribió Rachel Calogero: *ibidem.*

45 El sexo en televisión y en el cine: 35% del sexo en televisión ocurre entre dos personas que no se conocen o que no tienen una relación: Kunkel, Eyal, Finnerty *et al.*, *Sex on TV 4.*

48 la verdadera contribución de Kim ha sido un ingenioso «trueque patriarcal»: Lisa Wade, «Why Is Kim Kardashian Famous?» *Sociological Images* (blog), 21 de diciembre de 2010.

48 «Nuestras esperanzas se han vuelto tan ordinarias»: Tina Brown, «Why Kim Kardashian Isn't 'Aspirational'». *Daily Beast*, 1 de abril de 2014.

Capítulo 2: ¿Ya nos vamos a divertir?

54 «¿Lo escupes o lo tragas?»: Tamar Lewin, «Teen-Agers Alter Sexual Practices, Thinking Risks Will Be Avoided», *New York Times*, 5 de abril de 1997.

54 El reportero vinculó ese incidente: Laura Sessions Stepp, «Unsettling New Fad Alarms Parents: Middle School Oral Sex», *Washington Post*, 8 de julio de 1991.

54 Los cuerpos de las chicas siempre han sido vectores: Brumberg, *The Body Project.*

55 En 1994, apenas unos cuantos años antes: Laumann, Michael, Kolata *et al.*, *Sex in America.*

55 Para 2014 el sexo oral era tan común: Entrevista de la autora con Debby Herbenick, Universidad de Indiana, 5 de diciembre de 2013.

56 Las prácticas de sexo oral de los menores de edad: Remez, «Oral Sex Among Adolescents».

56 Para el año 2000 la presidencia de Clinton estaba perdiendo impulso: Anne Jarrell, «The Face of Teenage Sex Grows Younger» *New York Times*, 2 de abril de 2000.

56 Eso no era cierto: Kann, Kinchen, Shanklin *et al.*, «Youth Risk Behavior Surveillance—United States, 2013».

56 Un artículo de la ahora desaparecida revista *Talk*: Linda Franks, «The Sex Lives of Your Children» *Talk*, febrero de 2000; Véase también Liza Mundy, «Young Teens and Sex: Sex and Sensibility», *Washington Post Magazine*, 16 de julio de 2000.

57 La niña cuyo color llegara más abajo: «Is Your Child Leading a Double Life?» *The Oprah Winfrey Show*. Trasmitido entre octubre de 2003/ abril de 2004.

57 En 2004 una encuesta de NBC News y la revista *People*: Tamar Lewin, «Are These Parties for Real?» *New York Times*, 30 de junio de 2005.

57 Para fines de tercero de secundaria: Halpern-Felsher, Cornell, Kropp y Tschann, «Oral Versus Vaginal Sex Among Adolescents», encontraron que uno de cada cinco estudiantes de tercero de secundaria informaron haber experimentado con el sexo oral; 37% de los varones y 32% de las niñas entre 15 y 17 años informaron haber tenido sexo oral; para los 18 y 19 años, esas cifras casi se habían duplicado a 66 y 64%, respectivamente. Child Trends DataBank, «Oral Sex Behaviors Among Teens». Véase también Herbenick *et al.*, «Sexual Behavior in the United States»; Fortenberry, «Puberty and Adolescent Sexuality»; Copen, Chandra y Martinez, «Prevalence and Timing of Oral Sex with Opposite-Sex Partners Among Females and Males Aged 15-24 Years». Más de la mitad de las niñas de 15 a 19 años han tenido sexo oral antes de su primer coito. Véase Chandra, Mosher, Copen *et al.*, «Sexual Behavior, Sexual Attraction, and Sexual Identity in the United States»; Chambers, «Oral Sex»; Henry J. Kaiser Family Foundation, «Teen

Sexual Activity». *Fact Sheet*; Hoff, Green y Davis, «National Survey of Adolescents and Young Adults».

58 La influencia de la derecha política sobre la educación sexual: Dotson-Blake, Knox y Zusman, «Exploring Social Sexual Scripts Related to Oral Sex».

58 más de un tercio de los adolescentes que participaron en las investigaciones lo incluyan: Dillard, «Adolescent Sexual Behavior: Demographics».

58 aproximadamente 70% esté de acuerdo en que alguien: Child Trends DataBank, «Oral Sex Behaviors Among Teens».

59 entre los adolescentes existe la creencia generalizada de que está libre de riesgo: Halpern-Felsher, Cornell, Kropp y Tschann, «Oral Versus Vaginal Sex Among Adolescents». Solo 9% de los adolescentes que participan en sexo oral informa utilizar condón. Véase Child Trends DataBank, «Oral Sex Behaviors Among Teens». Véase también Copen, Chandra y Martinez, «Prevalence and Timing of Oral Sex with Opposite-Sex Partners Among Females and Males Aged 15-24 Years».

59 las tasas de enfermedades de transmisión sexual: Advocates for Youth, «Adolescents and Sexually Transmitted Infections»; Véase también «A Costly and Dangerous Global Phenomenon». *Fact Sheet*. Advocates for Youth, Washington, DC, 2010; «Comprehensive Sex Education: Research and Result»; Braxton, Carey, Davis *et al.*, *Sexually Transmitted Disease Surveillance 2013*.

59 La nueva popularidad del sexo oral: Steven Reinberg, «U.S. Teens More Vulnerable to Genital Herpes», WebMD, 17 de octubre de 2013. Véase también Jerome Groopman, «Sex and the Superbug», *New Yorker*, 1 de octubre de 2012; Katie Baker, «Rethinking the Blow Job: Condoms or Gonorrhea? Take Your Pick» *Jezebel* (blog), 27 de septiembre de 2012.

59 la principal razón por la que lo hacen: evitar las enfermedades de transmisión sexual estuvo en quinto lugar de importancia para las chicas en una lista de motivaciones para participar en sexo oral, después de mejorar las relaciones, popularidad, placer y curiosidad. Esa razón estuvo en tercer lugar para los varones. Cornell y Halpern-Felsher, «Adolescent Health Brief».

59 Durante años, los psicólogos han advertido: Gilligan *et al.*, *Making Connections*; Brown y Gilligan, *Meeting at the Crossroads*; Pipher, *Reviviendo a Ofelia*. Véase también: Simmons, *Enemigas íntimas*; Simmons, *La maldición de la niña buena*; Orenstein, *Schoolgirls*.

60 Por cierto, en la mayoría de los casos los hombres dijeron: En comparación con las niñas, era dos veces más probable que los chicos informaran sentirse bien consigo mismos después de tener sexo oral; era tres veces más probable que las chicas dijeran que se sintieron usadas. Brady y Halpern-Felsher, «Adolescents' Reported Consequences of Having Oral Sex Versus Vaginal Sex». Este estudio exploró las consecuencias del sexo oral entre alumnos de tercero de secundaria y primero de preparatoria.

60 Para ambos sexos, pero en particular para las chicas: Cornell y Halpern-Felsher, «Adolescent Health Brief».

60 El coito podría provocar que las estigmatizaran, podía provocar que las etiquetaran como «putas»: Sin embargo, iniciar la práctica de la felación antes que sus compañeras se asociaba con baja autoestima en las mujeres. Fava y Bay-Cheng, «Young Women's Adolescent Experiences of Oral Sex». Aunque dijeron que el sexo oral era una estrategia para ganar popularidad, las jóvenes de tercero de secundaria y primero de prepa tenían la mitad de la probabilidad de los varones de considerar que esa estrategia tenía éxito. Brady y Halpern-Felsher, «Adolescents' Reported Consequences of Having Oral Sex Versus Vaginal Sex»; Cornell y Halpern-Felsher, «Adolescent Health Brief».

60 el cálculo y los arreglos a los que llegan con tal de ganarse el favor: Una de cada tres jóvenes en una encuesta nacional con adolescentes informó participar en sexo oral específicamente para evitar el coito. Hoff, Green y Davis, «National Survey of Adolescents and Young Adults».

61 Se mostraban tanto imparciales como carentes de pasión con respecto: Burns, Futch y Tolman, «"It's Like Doing Homework"».

66 Como señaló Anna, la reciprocidad en los encuentros casuales: En su investigación con estudiantes universitarios, Laura A. Backstrom y sus

colaboradores encontraron de manera similar que el cunnilingus era una parte implícita en las relaciones de pareja, pero no en los encuentros casuales. Las mujeres que deseaban sexo oral en los agarrones tenían que ser asertivas para obtenerlo; para aquellas que no lo deseaban resultaba un alivio. En las relaciones de pareja, las mujeres que no querían sexo oral se sentían incómodas, en tanto que aquellas que lo disfrutaban, pensaban que era una fuente de placer. Backstrom *et al.*, «Women's Negotiation of Cunnilingus in College Hookups and Relationships».

68 Alrededor de un tercio de ellas se masturbaban con regularidad: Según la National Survey of Sexual Health and Behavior (NSSHB: Encuesta Nacional de Salud y Comportamiento Sexual), más de tres cuartas partes de los varones de 14 a 17 años dijeron haberse masturbado alguna vez; menos de la mitad de las chicas lo han hecho; aproximadamente una tercera parte de las jóvenes en todos los grupos de edad se masturbaban con regularidad, en tanto que el porcentaje de varones crece de manera continua a lo largo del tiempo. Fortenberry, Schick, Herbenick *et al.*, «Sexual Behaviors and Condom Use at Last Vaginal Intercourse»; Robbins, Schick, Reese *et al.*, «Prevalence, Frequency, and Associations of Masturbation with Other Sexual Behaviors Among Adolescents Living in the United States of America»; Alan Mozes, «Study Tracks Masturbation Trends Among U.S. Teens» *U.S. News and World Report*, 1 de agosto de 2011. Según dice Caron en *The Sex Lives of College Students*, 65% de los estudiantes hombres se masturba una vez por semana, en comparación con 19% de las estudiantes mujeres.

68 Una vez que hiciste *eso*, debes sentirte realmente: La mayoría de las estudiantes universitarias a las que estudiaron Backstrom y sus colaboradores pensaba igualmente que el cunnilingus era algo íntimo y emocional y, por ende, más desable dentro de una relación de pareja. Backstrom *et al.*, «Women's Negotiation of Cunnilingus in College Hookups and Relationships». Véase también Bay-Cheng, Robinson y Zucker, «Behavioral and Relational Contexts of Adolescent Desire, Wanting, and Pleasure».

70 Son sucias, continúa el autor del ensayo: Wayne Nutnot, «I'm a Feminist but I Don't Eat Pussy», Thought Catalog, 7 de junio de 2013.

71 Esas primeras experiencias pueden tener un impacto duradero: Schick, Calabrese, Rima *et al.*, «Genital Appearance Dissatisfaction».

72 Los sentimientos de las mujeres acerca de sus genitales: Entrevista de la autora con Debby Herbenick, Universidad de Indiana, 5 de diciembre de 2013; Schick, Calabrese, Rima *et al.*, «Genital Appearance Dissatisfaction». Véase también Widerman, «Women's Body Image Self-Consciousness During Physical Intimacy with a Partner».

72 En un estudio las universitarias que se sentían incómodas: Schick, Calabrese, Rima *et al.*, «Genital Appearance Dissatisfaction». Véase también Widerman, «Women's Body Image Self-Consciousness During Physical Intimacy with a Partner».

72 Otro estudio con más de 400 mujeres estudiantes de licenciatura: Bay-Cheng y Fava, «Young Women's Experiences and Perceptions of Cunnilingus During Adolescence».

72 las jóvenes que se sentían en confianza: Armstrong, England y Fogarty, «Accounting for Women's Orgasm and Sexual Enjoyment in College Hookups and Relationships».

75 Principalmente como resultado de la tendencia brasileña: American Society for Aesthetic Plastic Surgery, «Labiaplasty and Buttock Augmentation Show Marked Increase in Popularity», Comunicado de prensa, 5 de febrero de 2014; American Society for Aesthetic Plastic Surgery, «Rising Demand for Female Cosmetic Genital Surgery Begets New Beautification Techniques», Comunicado de prensa, 15 de abril de 2013.

75 el *look* más buscado: Alanna Nuñez, «Would You Get Labiaplasty to Look Like Barbie?» *Shape*, 24 de mayo de 2013. Véase también Mireya Navarro, «The Most Private of Makeovers», *New York Times*, 28 de noviembre de 2004.

76 «30% de las estudiantes universitarias dice»: Herbenick *et al.*, «Sexual Behavior in the United States». La National Survey of Sexual Health and Behavior (Encuesta Nacional de Salud y Comportamiento

Sexuales) es la mayor encuesta realizada sobre las prácticas sexuales de hombres y mujeres entre 14 y 94 años.

76 las tasas de dolor entre las mujeres: *ibidem.*

76 En 1992 solo 16% de las mujeres: Herbenick *et al.*, «Sexual Behaviors in the United States». Véase también: Susan Donaldson James, «Study Reports Anal Sex on Rise Among Teens», ABC.com, 10 de diciembre de 2008.

76 La expectativa era que las chicas toleraran el acto: Bahar Gholipour, «Teen Anal Sex Study: 6 Unexpected Findings», Livescience.com, 13 de agosto de 2014.

77 Considera el dato de que, en todas las edades: Laumann *et al.*, *Sex in America.*

77 O que las chicas están cuatro veces más dispuestas: Doce por ciento de las mujeres jóvenes dicen que toleran la actividad sexual no deseada, contra 3% de los varones jóvenes. Kaestle, «Sexual Insistence and Disliked Sexual Activities in Young Adulthood».

77 De acuerdo con Sara McClelland, quien acuñó el término: McClelland, «Justicia íntima»; entrevista de la autora con Sara McClelland, 27 de enero de 2014.

78 En el caso de los hombres ocurría lo contrario: McClelland, «Justicia íntima»; McClelland, «What Do You Mean When You Say That You Are Sexually Satisfied?»; McClelland, «Who Is the "Self" in Self-Reports of Sexual Satisfaction?».

78 el compromiso de las mujeres con la satisfacción de sus parejas: En los encuentros sexuales entre mujeres, ambas tienen orgasmos 83% de las veces. Entrevista de la autora con Lisa Wade, 19 de marzo de 2014. Véase también Douglass y Douglass, *Are We Having Fun Yet?*; Thompson, *Going All the Way.*

Capítulo 3: Como una virgen, lo que sea que eso signifique

82 Christina me dijo que apenas la semana anterior: En 2012, la cineasta Lina Esco lanzó un movimiento llamado «Free the Nipple» (Liberen

al pezón), enfocado en terminar con el doble estándar que sexualiza el torso de las mujeres pero no el de los hombres, En agosto de 2015, las manifestantes en el «Go Topless Day» (Día de salir toples) salieron a las calles de sesenta ciudades de todo el planeta para buscar la igualdad de género en cuanto amostrar el pecho en público. *Free the Nipple*, dir. Linda Esco New York: IFC Films; Kristie McCrum, «Go Topless Day Protesters Take Over New York and 60 Other Cities for 'Free the Nipple' Campaign,'» *Mirror*, 24 de agosto de 2015.

83 Casi dos terceras partes de los adolescentes: 64% de los estudiantes de tercero de prepa ha tenido coito por lo menos una vez. Kann, Kinchen, Shanklin *et al.*, «Youth Risk Behavior Surveillance—United States, 2013».

83 muchas chicas: 70% de las jóvenes con experiencia sexual informan que su primer coito ocurrió con una pareja formal, 16% dijo que fue con alguien a quien acababan de conocer o con un amigo. Martinez, Copen y Abma, «Teenagers in the United States: Sexual Activity, Contraceptive Use, and Childbearing, 2006–2010 National Survey of Family Growth».

83 Más de la mitad, tanto en muestras nacionales: Leigh and Morrison, «Alcohol Consumption and Sexual Risk-Taking in Adolescents».

83 La mayoría dice que fue una experiencia lamentable: Martino, Collins, Elliott *et al.*, «It's Better on TV»; Carpenter, *Virginity Lost*. Aunque la investigación no responde la pregunta «¿Esperar a *qué*?». Martino y sus colaboradores escriben que «los jóvenes que dijeron que deseaban haber esperado más tiempo a tener relaciones sexuales por primera vez aparentemente se arrepienten de su decisión de hacerlo, ya sea porque no se sentían preparados para la experiencia, deseaban haberla compartido con alguien más, estar en un momento diferente de su relación, les pareció que el sexo en sí fue insatisfactorio o descubrieron que las consecuencias no eran las que esperaban o que suponían que ocurrirían.

84 en su libro *The Purity Myth*: Valenti, *The Purity Myth*.

87 Uno de cada cuatro jóvenes de 18 años: Jayson, «More College 'Hookups'but More Virgins, Too».

87 a menos que sean personas religiosas, la mayoría no lo anuncia: Carpenter, *Virginity Lost.*

88 cada una de las cuales reflejaba más o menos: *ibidem.*

89 el primer coito era simplemente un paso natural: Esta puede ser la razón por la que la investigadora Sharon Thompson encontró que las jóvenes que reconocían y tomaban decisiones sexuales con base en su propio deseo tenían una mayor probabilidad de encontrar placer en la pérdida de la virginidad que aquellas que lo ignoraban o negaban. Thompson, *Going All the Way.*

91 Para 2004 más de 2.5 millones: Bearman and Brückner, «Promising the Future».

91 Me dije que debía acordarme de confirmar esa cifra: Rector, Jonson, Noyes *et al.*, *Sexually Active Teenagers Are More Likely to Be Depressed and to Attempt Suicide.*

92 Por ejemplo, las chicas también tienen más probabilidades que los muchachos de sufrir intimidación: Dunn, Gjelsvik, Pearlman *et al.*, «Association Between Sexual Behaviors, Bullying Victimization, and Suicidal Ideation in a National Sample of High School Students».

94 quizá por falta de educación o tal vez: Regnerus, *Forbidden Fruit.* Regnerus encontró que solo la mitad de los adolescentes sexualmente activos que informaban buscar guía de Dios o de la Biblia para tomar decisiones difíciles dijo que utilizaba protección cada vez que tenía relaciones sexuales. Entre los jóvenes sexualmente activos que decían que buscaban el consejo de sus padres o de otros adultos confiables, 69% utilizaba protección. Los datos de Regnerus provienen del National Longitudinal Study of Adolescent Health (Estudio Nacional Longitudinal de Salud de los Adolescentes, al que de aquí en adelante se mencionará como Add Health) al igual que una encuesta nacional que él y sus colaboradores llevaron a cabo con aproximadamente 3 400 niños de entre 13 y 17 años.

94 La promesa de celibato tiene que ser algo especial: Bearman y Brückner, «Promising the Future». Los datos de Bearman y Brückner provienen de Add Health.

95 Los hombres que se comprometen a la abstinencia tienden cuatro veces más: Bearman y Brückner, «After the Promise».

95 para cuando cumplen 20 o más años, más de 80%: Rosenbaum, «Patient Teenagers?»

95 La única lección que se conserva: *ibidem*.

96 pero una vez casados descubrían que no podían hablar con sus amigos: Molly McElroy, «Virginity Pledges for Men Can Lead to Sexual Confusion—Even After the Wedding Day», *UW Today*, 16 de agosto de 2014.

96 Una joven que había hecho: Samantha Pugsley, «It Happened to Me: I Waited Until My Wedding Night to Lose My Virginity and I Wish I Hadn't», *XOJane*, 1 de agosto de 2014. Véase también Jessica Ciencin Henriquez, «My Virginity Mistake: I Took an Abstinence Pledge Hoping It Would Ensure a Strong Marriage. Instead, It Led to a Quick Divorce», *Salon*, 5 de mayo de 2013.

96 Mientras tanto, una encuesta realizada en 2011: Darrel Ray y Amanda Brown, *Sex and Secularism*, Bonner Springs, KS: IPC Press, 2011.

97 De nuevo, su preocupación parecía menos: Las relaciones románticas a mitad de la adolescencia se han vinculado con un compromiso positivo y sano en las relaciones posteriores; pero en ocasiones también pueden ser un síntoma de patología. Como en tantos de estos temas, depende del contexto y de la pareja. Simpson, Collins y Salvatore, «The Impact of Early Interpersonal Experience on Adult Romantic Relationship Functioning».

98 Lo que es más, si Dave realmente: U.S. Census Bureau, «Divorce Rates Highest in the South, Lowest in the Northeast, Census Bureau Reports», resumen de noticias, Washington, DC: U.S. Census Bureau, 25 de agosto de 2011. Véase también Vincent Trivett and Vivian Giang, «The Highest and Lowest Divorce Rates in America», *Business Insider*, 23 de julio de 2011.

98 En términos estadísticos, el factor más importante: Jennifer Glass, «Red States, Blue States, and Divorce: Understanding the Impact of Conservative Protestantism on Regional Variation in Divorce Rates»,

Comunicado de prensa, 16 de enero de 2014. Council on Contemporary American Families.

100 incluso aquellas que creían haber hablado: Según una encuesta que llevaron a cabo conjuntamente las revistas *O Magazine* y *Seventeen* con sus lectoras, en la cual participaron 1000 jóvenes de 15 a 22 años y 1000 madres de chicas de esas edades, 22% de las madres creía que sus hijas se sentían incómodas de hablar de sexo con ellas y 61% de las chicas dijo que sí era así. El porcentaje de jóvenes mujeres que practicaban sexo oral (30%) era del doble de lo que las madres sabían o sospechaban. 46% de las jóvenes que tenían coito no se lo decían a sus madres. Entre las chicas que se habían hecho un aborto, muchas nunca se lo contaron a sus madres. Liz Brody, «The *O/Seventeen* Sex Survey: Mothers and Daughters Talk About Sex» *O Magazine*, mayo de 2009. Una encuesta de 2012 realizada por Planned Parenthood encontró que mientras la mitad de los padres decían sentirse cómodos hablando de sexo con sus hijos adolescentes, solo 19% de los adolescentes dijeron sentise cómodos hablando con sus padres; y mientras que 42% de los padres afirmaban haber hablado «repetidamente» de sexo con sus hijos, sólo 27% de los adolescentes concordaron. 34% dijo que sus padres habían hablado con ellos solo una vez o nunca. Los padres que participaron en la encuesta creían que le estaban dando una guía matizada a sus hijos; los chicos estaban escuchando simples directivas, como «no lo hagas». Planned Parenthood. «Parents and Teens Talk About Sexuality: A National Poll», *Let's Talk*, octubre de 2012. Véase también Planned Parenthood, «New Poll: Parents Are Talking with Their Kids About Sex but Often Not Tackling Harder Issues», Plannedparenthood.org, 3 de octubre de 2011.

106 ¿Qué pasaría si, como sugiere Jessica Valenti?: Valenti, *The Purity Myth*.

Capítulo 4: Encuentros casuales y decepciones

110 El cambio radical y sustancial en el comportamiento sexual prematrimonial ocurrió realmente: Armstrong, Hamilton e England, «Is Hooking Up Bad for Young Women?».

110 Eso es lo que significa el término: Wade y Heldman, «Hooking Up and Opting Out».

110 Según la Online College Social Life Survey: Armstrong, Hamilton e England, «Is Hooking Up Bad for Young Women?».

111 El comportamiento es más típico entre heterosexuales blancos: *ibidem*. En un sentido histórico, las mujeres afroestadounidenses y los hombres de origen asiático han sido los más marginalizados en el mercado sexual. También los estudiantes homosexuales tienen menores tasas de agarrones, quizá porque en muchas universidades, sus cifras son pequeñas y sus preocupaciones sobre la seguridad siguen siendo elevadas. Véase Garcia, Reiber, Massey *et al.*, «Sexual Hook-Up Culture». Según la socióloga Lisa Wade, los estudiantes negros están más conscientes de parecer «respetables» y de evitar los estereotipos de que los hombres negros están muy bien dotados o que las mujeres negras son fáciles. La cultura del agarrón se centra también en las fiestas de las fraternidades y las fraternidades negras no suelen tener sus propias casas. Los estudiantes pobres y de clase obrera, que a menudo son los primeros en sus familias en asistir a la universidad, también evitan el ambiente de las fiestas y ligues. Lisa Wade, «The Hookup Elites», *Slate DoubleX*, 19 de julio de 2013.

111 Solo un tercio de estos encuentros incluyó coito: Armstrong, Hamilton e England, «Is Hooking Up Bad for Young Women?»

111 Los chicos mismos tienden a sobreestimar: Alissa Skelton, «Study: Students Not 'Hooking Up' As Much As You Might Think», *USA Today*, 5 de octubre de 2011; Erin Brodwin, «Students Today 'Hook Up' No More Than Their Parents Did in College», *Scientific American*, 16 de agosto de 2013.

111 92% de las canciones en las carteleras de Billboard: Dino Grandoni, «92% of Top Ten Billboard Songs Are About Sex», The Wire: News from *The Atlantic*, 30 de septiembre de 2011.

111 Mindy Kaling, creadora y estrella del programa: «Not My Job: Mindy Kaling Gets Quizzed on Do-It-Yourself Projects», *Wait, Wait... Don't Tell Me!*, National Public Radio, 20 de junio de 2015.

111 La verdad es que casi tres cuartas partes: Debby Herbenick, encuesta no publicada, febrero de 2014.

112 En los encuentros que incluyeron coito: Armstrong, England y Fogarty, «Accounting for Women's Orgasm and Sexual Enjoyment in College Hookups and Relationships».

112 Es posible que el orgasmo no sea la única medida de la satisfacción sexual: *ibidem*.

112 Como les dijo un chico a Armstrong: *ibidem*.

112 Esto puede explicar en parte por qué 82% de los hombres dijo que: Garcia, Reiber, Massey *et al.*, «Sexual Hook-Up Culture». Un estudio de 2010 con 832 estudiantes universitarios encontró que solo 26% de las mujeres y 50% de los hombres informó tener sentimientos positivos después de un encuentro casual. Otros estudios encontraron que aproximadamente tres cuartas partes de los estudiantes lamentaban cuando menos una ocasión previa de actividad sexual. Owen *et al.*, «'Hooking up' Among College Students».

113 A medida que aumentó la edad para casarse: Armstrong, Hamilton e England, «Is Hooking Up Bad for Young Women?»; Hamilton y Armstrong, «Gendered Sexuality in Young Adulthood».

117 Esto también afectó sus estudios: El rompimiento de una relación está entre los sucesos más angustiantes y traumáticos que informan los adolescentes y está aumentando la evidencia de que es una de las principales causas de suicidio entre los jóvenes. Joyner y Udry, «You Don't Bring Me Anything but Down»; Monroe, Rhode, Seeley *et al.*, «Life Events and Depression in Adolescence».

117 Más de la mitad del abuso físico y sexual: Según los CDC, más de una de cada siete alumnas de bachillerato sufrió abuso físico por parte de

una pareja romántica en el último año y una de cada siete sufrió una agresión sexual. Las chicas latinas y blancas fueron víctimas de mayor abuso en las citas románticas que las jóvenes negras. Kann, Kinchen, Shanklin *et al.*, «Youth Risk Behavior Surveillance—United States, 2013».

117 esas experiencias predisponen a las jóvenes para ser victimizadas de nuevo: Exner-Cortens, Eckenrode y Rothman, «Longitudinal Associations Between Teen Dating Violence Victimization and Adverse Health Outcomes»

120 En la mayoría de los campus que visité: En fechas recientes se han hecho algunos esfuerzos por cambiar esta situación como estrategia para reducir las agresiones sexuales. Amanda Hess, «Sorority Girls Fight for Their Right to Party», *Slate XXFactor.* 20 de enero de 2015

122 para crear lo que Lisa Wade, profesora asociada: entrevista de la autora con Lisa Wade, 9 de junio de 2015.

123 Al igual que ocurre con el coito, la proporción de jóvenes: Las reducciones en las tasas de borracheras es algo que promueven los varones universitarios, no las mujeres. National Center for Chronic Disease Prevention and Health Promotion, «Binge-Drinking: A Serious, Unrecognized Problem Among Women and Girls». Véase también Rachel Pomerance Berl, «Making Sense of the Stats on Binge Drinking». *U.S. News and World Report*, 17 de enero de 2013.

123 una de cada cuatro mujeres universitarias, y una de cada cinco: National Center for Chronic Disease Prevention and Health Promotion, «Binge-Drinking: A Serious, Unrecognized Problem Among Women and Girls». Véase también Berl, «Making Sense of the Stats on Binge Drinking».

123 Otras encuestas señalan que alrededor: «College Drinking», *Fact Sheet.* Kelly-Weeder, «Binge Drinking and Disordered Eating in College Students»; Dave Moore y Bill Manville, «Drunkorexia: Disordered Eating Goes Hand-in-Glass with Drinking Binges», *New York Daily News*, 1 de febrero de 2013; Ashley Jennings, «Drunkorexia: Alcohol Mixes with Eating Disorders», *ABC News,* 21 de octubre de 2010.

124 Es más probable que estén más borrachos: En un estudio con hombres y mujeres que participaron en un encuentro sexual sin compromisos que incluyera penetración, 71% dijo que estaba borracho en ese momento. Fisher, Worth, Garcia *et al.*, «Feelings of Regret Following Uncommitted Sexual Encounters in Canadian University Students».

124 en un proceso que implicaba el ascetismo: Caitlan Flanagan, «The Dark Power of Fraternities», *Atlantic*, marzo de 2014.

131 la cifra de mujeres que fingen el orgasmo: Caron, *The Sex Lives of College Students.*

135 Combinar bebidas energéticas con alcohol provoca que la persona: Centers for Disease Control, «Caffeine and Alcohol». *Fact Sheet*; Linda Carroll, «Mixing Energy Drinks and Alcohol Can 'Prime' You for a Binge». Today.com, *News* (blog), 17 de julio de 2014; Allison Aubrey, «Caffeine and Alcohol Just Make a Wide-Awake Drunk», *Shots: Health News from* NPR (blog), 11 de febero de 2013.

136 No obstante, como han señalado Armstrong y sus colaboradores: Armstrong, Hamilton y Sweeney, «Sexual Assault on Campus».

137 Como las víctimas tienen tantas dificultades: *ibidem.*

138 Un informe del Departamento de Justicia: 32% de las víctimas de la misma edad que *no* está en la universidad informa de las agresiones. Laura Sullivan, «Study: Just 20 Percent of Female Campus Sexual Assault Victims Go to Police», *The Two Way*, National Public Radio, 11 de diciembre de 2014.

142 Cuando lo hacen, algunos hombres tienden a sentir remordimientos: Oswalt, Cameron y Koob, «Sexual Regret in College Students».

Capítulo 5: Salir del clóset: en línea y en la vida real

151 O tal vez se deba a que escribir sobre los cuerpos masculinos libera a las mujeres: Para más información sobre la *fan fiction*, véase Alexandra Alter, «The Weird World of Fan Fiction», *Wall Street Journal*, 14 de junio de 2012; y Jarrah Hodge, «Fanfiction and Feminism». Para una

fascinante discusión de las razones por las que muchas de las historias *«slash»* de relaciones entre personas del mismo sexo ocurren entre varones, incluyendo aquellas escritas por lesbianas, véase Melissa Pittman, «The Joy of Slash: Why Do Women Want It?» *The High Hat*, primavera de 2005. En la primavera de 2014, los funcionarios chinos arrestaron a veinte autores por el delito de escribir fan fiction de relaciones homosexuales entre varones: la mayoría eran mujeres entre 20 y 30 años de edad. Ala Romano, «Chinese Authorities Are Arresting Writers of Slash Fanfiction», *Daily Dot*, 18 de abril de 2014.

152 La política de la empresa contra la publicación: Es imposible saber quién sube las fotos a Reddit, dado que los usuarios son anónimos. Ben Branstetter, «Why Reddit Had to Compromise on Revenge Porn», *Daily Dot*, 27 de febrero de 2015.

152 Como sucede con sus pares heterosexuales, internet puede tener: «Adolescentes» incluye tanto a las chicas cisgénero LGB, cuyo género con el que se identifican concuerda con su sexo biológico, como a chicas transgénero varón a mujer. Lo mismo se aplica a los «chicos». Véase GLSEN, *Out Online*.

152 Sin embargo, los chicos de la comunidad LGBTTIQ también acuden a internet para encontrar información: Los adolescentes de la comunidad LGBTTIQ tienen cinco veces más probabilidad que sus compañeros no LGBTTIQ de buscar información sobre sexualidad y atracción sexual. Tienen una probabilidad sustancialmente mayor de tener un amigo cercano en línea: *ibidem.*

152 Más de uno de cada 10 reveló: *ibidem.* Según un informe de 2012 de la Human Rights Campaign (Campaña de derechos humanos), *Growing Up LGBT in America*, 73% de los adolescentes gay fueron «más sinceros» en línea en relación consigo mismos que en el mundo real, frente al 43% de los adolescentes que se identifican como heterosexuales, aunque eeso también parece preocupante.

154 La edad promedio en que se sale del clóset: «Age of 'Coming Out' Is Now Dramatically Younger: Gay, Lesbian and Bisexual Teens Find Wider Family Support, Says Researcher», *Science News*, 11 de octubre de 2011.

159 a principios de la década de 1990: Caron, *The Sex Lives of College Students*. Según los Centers for Disease Control, 12% de las mujeres entre 25-44 años informan haber tenido encuentros sexuales con personas del mismo sexo en el curso de sus vidas; 6% de los varones lo señalan. Chandra, Mosher, Copen *et al.*, "Sexual Behavior, Sexual Attraction, and Sexual Identity in the United States».

162 En una encuesta con más de 10 000: Human Rights Campaign, *Growing Up* LGBT *in America*.

162 La organización de Ryan vincula el rechazo: Zack Ford, «Family Acceptance Is the Biggest Factor for Positive LGBT Youth Outcomes, Study Finds», ThinkProgress.org, 24 de junio de 2015; Ryan, «Generating a Revolution in Prevention, Wellness, and Care for LGBT Children and Youth».

167 Se estima que 0.3% de los estadounidenses se identifica: Gary J. Gates, «How Many People Are Lesbian, Gay, Bisexual, and Transgender?», abril de 2011, Williams Institute on Sexual Orientation Law and Public Policy, UCLA School of Law, Los Ángeles.

167 Aproximadamente 3.5% de los adultos se identifica como gay: Gates, «How Many People Are Lesbian, Gay, Bisexual, and Transgender?». Véase también Gary J. Gates y Frank Newport, «Special Report: 3.4% of U.S. Adults Identify as LGBT», encuesta de Gallup.com, 8 de octubre de 2012. 4.6% de los varones y 8.3% de las mujeres de entre 18 y 29 años se identifica como LGBT, la mayor tasa en cualquier grupo etario. Cuando se le ha encuestado, el público estadounidense cree que 23% de los adultos es gay: Frank Newport, «Americans Greatly Overestimate Percent Gay, Lesbian in U.S», encuesta de Gallup.com, 21 de mayo de 2015.

167 la verdadera cifra es difícil de cuantificar: Existe cierta disputa en cuanto a si los individuos con «género variante» son transgénero o viceversa. Gates, «How Many People Are Lesbian, Gay, Bisexual, and Transgender?».

168 Se enamoraron en un grupo de apoyo para adolescentes transgénero: Desde esa fecha se separaron y cada uno planea publicar su auto-

biografía. Janine Radford Rubenstein, «Arin Andrews and Katie Hill, Transgender Former Couple, to Release Memoirs», *People*, 11 de marzo de 2014.

168 Es posible que reemplacen los pronombres *él* y *ella* con: Para un resumen de los pronombres neutrales en cuanto a género y sus significados en inglés, véase «The Need for a Gender Neutral Pronoun», *Gender Neutral Pronoun Blog*, 24 de enero de 2010. Véase también Margot Adler, «Young People Push Back Against Gender Categories».

168 Sus padres dijeron que la primera noción: Solomon P. Banda y Nicholas Riccardi, «Coy Mathis Case: Colorado Civil Rights Division Rules in Favor of Transgender 6-Year-Old in Bathroom Dispute», Associated Press, 24 de junio de 2013; Sabrina Rubin Erdely, «About a Girl: Coy Mathis' Fight to Change Gender», *Rolling Stone*, 28 de octubre de 2013.

Capítulo 6: Límites difusos, toma 2

174 Eran desdeñosos con las chicas y con sus profesoras mujeres: Para un recuento sobresaliente sobre la violación en Glen Ridge y su impacto, véase Lefkowitz, *Our Guys*.

175 No fue sino hasta 2015 que el exmanager de Tyson: Nicholas Godden, «'Mike Tyson Rape Case Was Inevitable, I'm Surprised More Girls Didn't Make Claims Against Him'» *Mail Online*, 9 de febrero de 2015.

177 «Decían: "Sí, sujeté a una mujer"»: Kamenetz, «The History of Campus Sexual Assault».

178 Al poco tiempo otros medios informativos: *The Date Rape Backlash Media and the Denial of Rape*, Jhally, prod.

178 Cuando Roiphe dejó de ser novedad: Zoe Heller, «Shooting from the Hip», *Independent*, 17 de enero de 1993.

179 y quien en su libro *Who Stole Feminism*: Hoff Sommers, *Who Stole Feminism*.

182 Utilizando la definición más estrecha de violación: Raphael, *Rape Is Rape*.

182 Aun así, en vista de que, según la Oficina del Censo: Había un total de más de 5.7 millones de estudiantes mujeres en estudios de licenciatura en instituciones con carreras de cuatro años, y más de 3.8 millones en instituciones con estudios de dos años. U.S. Census Bureau, *School Enrollment in the United States 2013*, Washington, D. C.: U.S. Census Bureau, 24 de septiembre de 2014.

182 de la Association of American Universities: Cantor, Fisher, Chibnall *et al.*, *Report on the AAU Campus Climate Survey on Sexual Assault and Sexual Misconduct*.

183 y 25% informó que cuando menos una: Ford e England, «What Percent of College Women Are Sexually Assaulted in College?». Una tercera encuesta, que publicó en 2015 la United Educators (Educadores Unidos), que es una organización que proporciona seguros de responsabilidad civil a las escuelas, encontró que 30% de las violaciones informadas en sus 104 escuelas clientes entre 2011 y 2013 se cometieron con el uso de la fuerza o con amenaza de ejercer la fuerza física, y 33% se cometieron mientras la víctima estaba incapacitada. En otro 13% de los casos, el agresor no utilizó la fuerza, pero siguió participando en contacto sexual después de que la víctima dudó o se negó verbalmente. 18% de los casos se catalogaron como «consentimiento fallido»: el agresor no utilizó la fuerza, la amenaza de ejercer fuerza o la coacción, pero «ignoró o malinterpretó las indicaciones o infirió consentimiento a partir del silencio o ausencia de resistencia». 7% restante de las violaciones implicó el uso de una droga para dejar inconsciente a la víctima. 99% de los agresores eran varones. Claire Gordon, «Study: College Athletes Are More Likely to Gang Rape», *Al Jazeera America*, 26 de febrero de 2015.

183 nos regresa a la cifra de una de cada cuatro: En otro estudio de 2015 con 483 alumnos en una universidad privada no identificada en el norte del estado de Nueva York, se encontró que 18.6% de las mujeres de primer ingreso había sido víctima de violación o intento de violación. Carey, Durney, Shepardson *et al.*, «Incapacitated and Forcible Rape of College Women».

183 Es probable que en el futuro nos llevemos la sorpresa: Kristen Lombardi, «Campus Sexual Assault Statistics Don't Add Up», Center for Public Integrity, diciembre de 2009. Entre 2009 y 2014, más de 40% de las escuelas en una muestra nacional no habían realizado ni una sola investigación sobre agresión. United States Senate, U. S. Senate Subcommittee on Financial and Contracting Oversight, *Sexual Violence on Campus.*

184 Un nuevo y reducido peso de la prueba: Michael Dorf, «'Yes Means Yes' and Preponderance of the Evidence», *Dorf on Law* (blog), 29 de octubre de 2014.

185 Entre ellas estaban las más prestigiosas del país: Edwin Rios, «The Feds Are Investigating 106 Colleges for Mishandling Sexual Assault. Is Yours One of Them?». *Mother Jones*, 8 de abril de 2015.

186 parece reflejar una nueva disposición: «New Education Department Data Shows Increase in Title IX Sexual Violence Complaints on College Campuses», comunicado de prensa, 5 de mayo de 2015, Oficina de Barbara Boxer, Senadora de Estados Unidos por California.

186 Sin embargo, después vuelven a disminuir drásticamente: Yung, «Concealing Campus Sexual Assault».

186 En una encuesta de 2015 llevada a cabo por una enorme universidad privada: A diferencia de algunas otras encuestas, esta se limitó a la definición legal de violación; no incluyó el toqueteo forzado ni los besos forzados. Carey *et al.*, «Incapacitated and Forcible Rape of Women». El Departamento de Justicia de Estados Unidos encontró que cerca de una de cada cinco niñas de 14 a 16 años ha sido víctima de un intento de agresión o de la comisión de ese delito. Finkelhor, Turner y Ormrod, «Children's Exposure to Violence».

189 «¿No crees que arruinaste mi vida para siempre?»: Jason Riley y Andrew Wolfson, «Louisville Boys Sexually Assaulted Savannah Dietrich "Cause We Thought It Would Be Funny"». *Courier Journal*, 30 de agosto de 2012.

191 con frecuencia tanto la víctima como el agresor: Krebs, Lindquist y Warner, *The Campus Sexual Assault (CSA) Study Final Report.*

191 Sin embargo, en 2013, cuando Emily Yoffe escribió en *Slate DoubleX*: Emily Yoffe, «College Women: Stop Getting Drunk», Slate DoubleX, 15 de octubre de 2013.

192 También, las mujeres metabolizan el alcohol de modo diferente que los hombres: Centers for Disease Control, «Binge Drinking: A Serious Under-Recognized Problem Among Women and Girls».

192 Dijeron que, si en realidad se quisieran reducir las agresiones, ¿no sería igual?: Gordon, «Study: College Athletes Are More Likely to Gang Rape»; Abbey, «Alcohol's Role in Sexual Violence Perpetration»; Davis, «The Influence of Alcohol Expectancies and Intoxication on Men's Aggressive Unprotected Sexual Intentions»; Foubert, Newberry y Tatum, «Behavior Differences Seven Months Later»; Carr y Van Deusen, «Risk Factors for Male Sexual Aggression on College Campuses»; Abbey, Clinton-Sherrod, McAuslan *et al.*, «The Relationship Between the Quantity of Alcohol Consumed and Severity of Sexual Assaults Committed by College Men»; Norris, Davis, George *et al.*, «Alcohol's Direct and Indirect Effects on Men's Self-Reported Sexual Aggression Likelihood»; Abbey *et al.*, «Alcohol and Sexual Assault»; Norris *et al.*, «Alcohol and Hypermasculinity as Determinants of Men's Empathic Responses to Violent Pornography».

192 Reduce sus inhibiciones, permite que no tomen en cuenta: Abbey, «Alcohol's Role in Sexual Violence Perpetration»; Davis, «The Influence of Alcohol Expectancies and Intoxication on Men's Aggressive Unprotected Sexual Intentions»; Abbey *et al.*, «Alcohol and Sexual Assault».

193 En contraste, los jóvenes que están sobrios no solo son menos coercitivos en un sentido sexual: Abbey, «Alcohol's Role in Sexual Violence Perpetration»; Orchowski, Berkowitz, Boggis *et al.*, «Bystander Intervention Among College Men».

193 600 000 estudiantes de entre 18 y 24 años: Nicole Kosanake y Jeffrey Foote, «Binge Thinking: How to Stop College Kids from Majoring in Intoxication», *Observer*, 21 de enero de 2015.

193 A propósito, en el mismo periodo de dos meses: Dan Noyes, «Binge Drinking at UC Berkeley Strains EMS System», *Eyewitness News*, ABC,

7 de noviembre de 2013; Emilie Raguso, «Student Drinking at Cal Taxes Berkeley Paramedics", Berkeleyside.com, 12 de noviembre de 2013; Nico Correia, «UCPD Responds to 8 Cases of Alcohol-Related Illness Monday Morning», *Daily Californian*, 26 de agosto de 2013. En 2012, doce estudiantes fueron transportados al hospital durante las primeras dos semanas de clases en la UC Berkeley; en 2011 hubo once incidentes tan solo en el mes de agosto. Sin embargo, en 2014 la cifra de incidentes durante el primer fin de semana en la escuela bajó a la mitad. *Daily Californian*, «Drinking Is a Responsibility», 26 de agosto de 2014.

193 Y, sin embargo, cuando las borracheras aumentan, también lo hacen las agresiones sexuales: Mohler-Kuo, Dowdall, Koss *et al.*, «Correlates of Rape While Intoxicated in a National Sample of College Women». De nuevo, esto no quiere decir que el alcohol cause las violaciones, pero los violadores utilizan las bebidas alcohólicas en diversas maneras para incitar sus delitos.

194 «Quién sabe cuáles eran sus intenciones»: Noyes, «Binge Drinking at UC Berkeley Strains EMS System».

194 alrededor de 60% de ellos dijo no estar seguro: «Poll: One in 5 Women Say They Have Been Sexually Assaulted in College», *Washington Post*, 12 de junio de 2015.

199 «"Necesitamos mantenernos unidos y prevenir que chingaderas como estas se consideren correctas"»: André Rouillard, «The Girl Who Ratted», *Vanderbilt Hustler*, 16 de abril de 2014.

200 Aunque, extrañamente —como señaló la criminóloga Jan Jordan—: Raphael, *Rape Is Rape*.

200 «Las retractaciones de acusaciones de violación pueden provenir del deseo de las quejosas»: Además a las víctimas se les exhorta a tomar una prueba de polígrafo, una práctica que se ha abandonado desde entonces ya que afecta de manera adversa su disposición a presentar una denuncia. A las víctimas de violación a las que se les pedía que se somtieran al polígrafo pensaban que no se les creía desde un inicio. Kanin, «False Rape Allegations».

200 Estos encuentran que las tasas de acusaciones falsas van del 2 al 8%: Raphael, *Rape Is Rape*; Lisak, Gardinier, Nicksa *et al.*, «False Allegations of Sexual Assault: An Analysis of Ten Years of Reported Cases».

201 Sin duda es importante tener en la mente la posibilidad de que algunas acusaciones sean falsas: Sinozich y Langton, *Special Report: Rape and Sexual Assault Victimization Among College-Age Females, 1995-2013*; Tyler Kingkade, «Fewer Than One-Third of Campus Sexual Assault Cases Result in Expulsion», *Huffington Post*, 29 de septiembre de 2014; Nick Anderson, «Colleges Often Reluctant to Expel for Sexual Violence», *Washington Post*, 15 de diciembre de 2014.

201 Emily Yoffe, quien también alerta sobre: Emily Yoffe, «The College Rape Overcorrection», *Slate DoubleX*, 7 de diciembre de 2014.

201 «pero también le enseñamos a una generación de jóvenes mujeres»: Emily Yoffe, «How *The Hunting Ground* Blurs the Truth», *Slate DoubleX*, 27 de febrero de 2015.

201 Como ya dije, las jóvenes mujeres siguen siendo: Véase Tolman, Davis y Bowman, «That's Just How It Is».

203 Otro programa de reducción de riesgos: Senn, Eliasziw, Barata *et al.*, «Efficacy of a Sexual Assault Resistance Program for University Women». Esto es particularmente importante porque los violadores enfocan su atención en las mujeres de primer año. El programa de resistencia involucraba cuatro unidades con duración de tres horas en las que se enseñaban y practicaban habilidades. La meta era que las jóvenes pudieran evaluar el riesgo proveniente de conocidos, que aprendieran a superar las barreras emocionales para reconocer el peligro, y que participaran en una defensa personal verbal y física eficaz.

204 «no quería causar un conflicto»: Bidgood, «In Girl's Account, Rite at St. Paul's Boarding School Turned into Rape».

204 aunque el porcentaje disminuyó a 13.6%: Edwards *et al.*, «Denying Rape but Endorsing Forceful Intercourse».

205 también permite que se siga dando por hecho que la chica está disponible sexualmente: Katha Pollitt, «Why Is 'Yes Means Yes' So Misunderstood?». *Nation*, 8 de octubre de 2014.

209 Las «buenas novias» dicen que sí: Laina Y. Bay-Cheng y Rebecca
 Eliseo-Arras, «The Making of Unwanted Sex: Gendered and Neolibe-
 ral Norms in College Women's Unwanted Sexual Experiences», *Journal of Sex Research 45*, num. 4 (2008): 386-97.

209 Estas jóvenes se preguntaban cómo se le podría llamar a eso: Para algunas universitarias, acceder al sexo no deseado puede ser una reacción a haberse negado en el pasado y que entonces su pareja las haya
 coaccionado. En un estudio con estudiantes de pregrado, una mujer
 estaba en una probabilidad siete veces mayor de ceder sexualmente si
 su pareja la había coaccionado o agredido anteriormente. Katz y Tirone, «Going Along with It».

211 los hermanos de las fraternidades y los atletas constituyen una cifra
 desproporcionada: En 2015, United Educators, que ofrece seguros de
 responsabilidad civil a las escuelas, publicó un análisis de 305 unfor-
 mes de agresión sexual que presentaron 104 de sus universidades afi-
 liadas entre 2011 y 2013. Aunque 10% de los perpetradores acusados
 eran miembros de fraternidades (proporcional a su presencia en el
 campus), conformaban 24% de los agresores reincidentes; 15% de los
 acusados eran atletas, lo cual también es proporcional a su presencia
 en el campus, pero conformaban 20% de agresores reincidentes. Asimismo, los atletas tenían una probabilidad tres veces mayor que otros
 alumnos de haber participado en ataques en pandilla, cometiendo
 40% de las agresiones por parte de múltiples perpetradores denuncia-
 das a las escuelas. Gordon, «Study: College Athletes Are More Likely
 to Gang Rape».

Capítulo 7: ¿Qué pasaría si les dijéramos la verdad?

215 y un esfuerzo de buena fe para que todos los involucrados: Abraham,
 «Teaching Good Sex».

216 Las mujeres solteras no podían conseguir métodos anticonceptivos
 por medios legales: Luker, *When Sex Goes to School*.

216 Aunque incluso entonces más de la mitad de las mujeres: Schalet, *Not Under My Roof*. Incluso hasta 1969, dos tercios de los estadounidenses pensaban que era incorrecto tener relaciones sexuales antes del matrimonio. Lydia Saad, «Majority Considers Sex Before Marriage Morally Okay». Gallup News Service, 24 de mayo de 2001.

216 A medida que el sexo se separó de: Para principios de la década de 1970, la tasa de desaprobación del sexo prematrimonial había disminuido a 47%. Para 1985, más de la mitad de los estadounidenses estaban de acuerdo en que el sexo premarital era «moralmente correcto». Saad, «Majority Considers Sex Before Marriage Morally Okay». En 2014, 66% de los estadounidenses pensaba que el sexo entre un hombre y una mujer no casados era «en gran parte, aceptable». Rebecca Riffkin, «New Record Highs in Moral Acceptability», encuesta, Gallup.com, mayo de 2014.

217 Argüían que la «epidemia» de madres adolescentes: Moran, *Teaching Sex*.

217 «¿Que les asegure que la infidelidad es un fenómeno generalizado?»: Moran, *Teaching Sex*.

218 «los beneficios sociales, psicológicos y de salud»: *ibidem*.

218 en 1999, 40% de quienes supuestamente enseñaban educación sexual amplia: *ibidem*.

218 Para 2003, 30% de las clases de educación sexual en las escuelas públicas: Cámara de Representantes de los Estados Unidos, *The Content of Federally Funded Abstinence-Only Education Programs*.

219 ese dinero bien se pudo haber quemado: Nicole Cushman y Debra Hauser, «We've Been Here Before: Congress Quietly Increases Funding for Abstinence-Only Programs», *RH Reality Check*, 23 de abril de 2015.

219 Estudios que abarcan más de 10 años han encontrado: Cámara de Representantes de los Estados Unidos, *The Content of Federally Funded Abstinence-Only Education Programs*; Hauser, «Five Years of Abstinence-Only-Until-Marriage Education: Assessing the Impact», 2004, Advocates for Youth, Washington, D. C.; Kirby, «Sex and HIV Pro-

grams»; Trenholm, Devaney, Fortson *et al.*, «Impacts of Four Title V, Section 510 Abstinence Education Programs».

219 Sin embargo, sí tienen hasta 60% más probabilidades de enfrentar un embarazo: Kohler, Manhart y Lafferty, «Abstinence-Only and Comprehensive Sex Education and the Initiation of Sexual Activity and Teen Pregnancy».

219 de otro modo, hubieran abandonado desde hace mucho su postura: Amanda Peterson Beadle, «Teen Pregnancies Highest in States with Abstinence-Only Policies», ThinkProgress, 10 de abril de 2012; Rebecca Wind, «Sex Education Linked to Delay in First Sex», Media Center, Guttmacher Institute, 8 de marzo de 2012; Advocates for Youth, «Comprehensive Sex Education»; y «What Research Says About Comprehensive Sex Education».

219 se destinaron 185 millones de dólares a la investigación y los programas que: Este financiamiento discrecional incluye 110 millones de dólares para la Teen Pregnancy Prevention Initiative (TPPI: Iniciativa de prevención de embarazos en adolescentes) del presidente, que está bajo la jurisdicción de la Office of Adolescent Health (Oficina de salud adolescente), y 75 millones de dólares para el Personal Responsibility Education Program (PREP: Programa de educación en responsabilidad personal), que formaba parte de la Affordable Care Act (Ley de Cuidado de Salud Asequible). Véase «A Brief History of Federal Funding for Sex Education and Related Programs».

220 el gobierno siguió destinando también 75 millones de dólares cada año al financiamiento de la abstinencia: «Senate Passes Compromise Bill Increasing Federal Funding for Abstinence-Only Sex Education», *Feminist Majority Foundation: Feminist Newswire* (blog), 17 de abril de 2015.

220 Lo que esto significa para los padres es que nunca sabrás: Para mayor uinformación sobre los requerimientos de cada estado a partir de 2015, véase Guttmacher Institute, «Sex and HIV Education».

220 que un juez emitió por primera vez un fallo contra: Bob Egeiko, «Abstinence-Only Curriculum Not Sex Education, Judge Rules», *San Fran-*

cisco Chronicle, 14 de mayo de 2015. Un estudio de 2011 que llevó a cabo la Universidad de California en San Francisco encontró inconsistencias en el cumplimiento de la legislación de California en cuanto a la educación sexual. En una muestra de los distritos escolares de ese estado, más del 40% no cumplían con enseñar sobre los condones y otros métodos anticonceptivos en secundaria; y, en preparatoria, a 16% de los alumnos se les enseñaba que los condones no eran eficaces, mientras que 70% de los distritos no obedecían las disposiciones legales que requerían materiales apropiados para la edad en cuanto a educación sexual. Sarah Combellick y Claire Brindis, *Uneven Progress: Sex Education in California Public Schools*, noviembre de 2011, San Francisco: University of California–San Francisco Bixby Center for Global Reproductive Health.

220 «CUÍDENSE Y DIVIÉRTANSE»: Alice Dreger, «I Sat In on My Son's Sex-Ed Class, and I Was Shocked by What I Heard», *The Stranger*, 15 de abril de 2015; Sarah Kaplan, «What Happened When a Medical Professor Live-Tweeted Her Son's Sex-Ed Class on Abstinence», *Washington Post*, 17 de abril de 2015.

227 Consideremos un estudio que comparó las primeras experiencias sexuales: Brugman, Caron y Rademakers, «Emerging Adolescent Sexuality».

228 «La mamá de mi amigo también me preguntó cómo me fue»: *ibidem*.

228 Lo aceptaron conscientemente como algo natural: Schalet, *Not Under My Roof*. Véase también Saad, «Majority Considers Sex Before Marriage Morally Okay». Gallup no midió las actitudes de los estadounidenses hacia el sexo entre adolescentes en particular hasta 2013, cuando encontró una discrepancia significativa en edad en cuanto a creencias. Solo 22% de los adultos mayores de 55 años concordaban en que el sexo entre adolescentes era «moralmente aceptable», en tanto que 30% de los adultos de 35 a 54 años y 48% de individuos de 18 a 34 años sí lo pensaban. Joy Wilke y Lydia Saad, «Older Americans' Moral Attitudes Changing», encuesta, Gallup.com, mayo de 2013.

228 Cuando una encuesta nacional en Holanda encontró que la mayoría de los adolescentes seguían: Schalet, *Not Under My Roof*.

229 Comparemos esto con lo que ocurre en Estados Unidos, donde dos terceras partes: Martino, Collins, Elliott *et al.*, «It's Better on TV».

229 De cualquier manera, la cercanía se ve comprometida: Schalet, *Not Under My Roof.*

230 Las chicas siguen teniendo más probabilidades que los hombres de informar: Vanwesenbeeck, «Sexual Health Behaviour Among Young People in the Netherlands».

230 las jóvenes holandesas que han tenido múltiples parejas casuales: Schalet, *Not Under My Roof.*

242 Después de estudiar a los holandeses: Schalet, «The New ABCD's of Talking About Sex with Teenagers».

243 En particular deseaba que se le hubiera hablado más: Alexandra Ossola, «Kids Really Do Want to Have 'The Talk' with Parents», *Popular Science*, 5 de marzo de 2015.

243 Esa es más que razón suficiente para que respiremos profundamente: Schear, *Factors That Contribute to, and Constrain, Conversations Between Adolescent Females and Their Mothers About Sexual Matters.* William Fisher, un profesor de psicología, obstetricia y ginecología, encontró que los adolescentes que tenían sentimientos positivos acerca del sexo tenían mayor probabilidad de utilizar anticonceptivos y protección contra enfermedades. También era más probable que se comunicaran con su pareja. Fisher, «All Together Now».

BIBLIOGRAFÍA SELECTA

Abbey, Antonia. «Alcohol's Role in Sexual Violence Perpetration: Theoretical Explanations, Existing Evidence, and Future Directions». *Drug and Alcohol Review* 30, núm. 5 (2011): 481-89.

Abbey, Antonia, A. Monique Clinton-Sherrod, Pam McAuslan *et al.* «The Relationship Between the Quantity of Alcohol Consumed and Severity of Sexual Assaults Committed by College Men». *Journal of Interpersonal Violence* 18, núm. 7 (2003): 813-33.

Abbey, Antonia, Tina Zawacki, Philip O. Buck y A. Monique Clinton. «Alcohol and Sexual Assault». *Alcohol Research and Health* 25, núm. 1 (2001): 43-51.

Abraham, Laurie. «Teaching Good Sex». *New York Times Magazine*, 16 de noviembre de 2011.

Advocates for Youth. «Comprehensive Sex Education: Research and Results». *Fact Sheet*. Washington, D. C., 2009.

Aligo, Scott. «Media Coverage of Female Athletes and Its Effect on the Self-Esteem of Young Women». *Research Brief: Youth Development Initiative* 29, 15 de septiembre de 2014, Texas A&M University, College Station, Texas.

Allison, Rachel y Barbara J. Risman. «A Double Standard for 'Hooking Up': How Far Have We Come Toward Gender Equality?». *Social Science Research* 42, núm. 5 (2013): 1191-206.

————. «'It Goes Hand in Hand with the Parties': Race, Class, and Residence in College Student Negotiations of Hooking Up». *Sociological Perspectives* 57, núm. 1 (2014): 102-23.

American Psychological Association. *Report of the APA Task Force on the Sexualization of Girls*. Washington, D. C.: American Psychological Association, 2007.

American Sociological Association. «Virginity Pledges for Men Can Lead to Sexual Confusion-Even After the Wedding Day». *Science Daily*, 17 de agosto de 2014.

Anónimo. «The Pretty Game: Objectification, Humiliation and the Liberal Arts». *Bowdoin Orient*, 13 de febrero de 2014.

Armstrong, Elizabeth A., Paula England y Alison C. K. Fogarty. «Accounting for Women's Orgasm and Sexual Enjoyment in College Hookups and Relationships». *American Sociological Review* 77 (2012): 435-62.

Armstrong, Elizabeth A., Laura Hamilton y Paula England. «Is Hooking Up Bad for Young Women?» *Contexts* 9, núm. 3 (2010): 22-27.

Armstrong, Elizabeth y Brian Sweeney. «Sexual Assault on Campus: A Multilevel, Integrative Approach to Party Rape». *Social Problems* 53, núm. 4 (2006): 483-99.

Backstrom, Laura *et al.* «Women's Negotiation of Cunnilingus in College Hookups and Relationships». *Journal of Sex Research* 49, núm. 1 (2012): 1-12.

Bailey, Jane, Valerie Steeves, Jacquelyn Burkell *et al.* «Negotiating with Gender Stereotypes on Social Networking Sites: From 'Bicycle Face' to Facebook». *Journal of Communication Inquiry* 37, núm. 2 (2013): 91-112.

Barron, Martin y Michael Kimmel. «Sexual Violence in Three Pornographic Media: Toward a Sociological Explanation». *Journal of Sex Research* 37, núm. 2 (2000): 161-68.

Bay-Cheng, Laina Y. y Nicole M. Fava. «Young Women's Experiences and Perceptions of Cunnilingus During Adolescence». *Journal of Sex Research* 48, núm. 6 (2010): 531-42.

Bay-Cheng, Laina Y., Adjoa D. Robinson y Alyssa N. Zucker. «Behavioral and Relational Contexts of Adolescent Desire, Wanting, and Pleasure: Undergraduate Women's Retrospective Accounts». *Journal of Sex Research* 46 (2009): 511-24.

Bearman, Peter S. y Hanna Brückner. «Promising the Future: Virginity Pledges and First Intercourse». *American Journal of Sociology* 106, núm. 4 (2001): 859-912.

Bersamin, Melina, Deborah A. Fisher, Samantha Walker, Douglas L. Hill *et al.* «Defining Virginity and Abstinence: Adolescents' Interpretations of Sexual Behaviors». *Journal of Adolescent Health* 41, núm. 2 (2007): 182-88.

Bersamin, Melina, Samantha Walker, Elizabeth. D. Walters *et al.* «Promising to Wait: Virginity Pledges and Adolescent Sexual Behavior». *Journal of Adolescent Health* 36, núm. 5 (2005): 428-36.

Bisson, Melissa A. y Timothy R. Levine. «Negotiating a Friends with Benefits Relationship». *Archives of Sexual Behavior* 38 (2009): 66-73.

Black, M. C., K. C. Basile, M. J. Breiding *et al. The National Intimate Partner and Sexual Violence Survey (NISVS): 2010 Summary Report.* Atlanta: National Center for Injury Prevention and Control, Centers for Disease Control and Prevention, 2011.

Bonino, S. *et al.* «Use of Pornography and Self-Reported Engagement in Sexual Violence Among Adolescents». *European Journal of Developmental Psychology* 3 (2006): 265-88.

Brady, Sonya S. y Bonnie L. Halpern-Felsher. «Adolescents' Reported Consequences of Having Oral Sex Versus Vaginal Sex». *Pediatrics* 119, núm. 2 (2007): 229-36.

Bridges, Ana J., Robert Wosnitzer, Erica Scharrer *et al.* «Aggression and Sexual Behavior in Best-Selling Pornography Videos: A Content Analysis Update». *Violence Against Women* 16, núm. 10 (2010): 1065-85.

Brixton, James, Delicia Carey, Darlene Davis *et al. Sexually Transmitted Disease Surveillance, 2013.* Atlanta: Centers for Disease Control and Prevention, 2014.

Brosi, Matthew, John D. Foubert, R. Sean Bannon *et al.* «Effects of Women's Pornography Use on Bystander Intervention in a Sexual Assault Situation and Rape Myth Acceptance». *Oracle: The Research Journal of the Association of Fraternity/Sorority Advisors* 6, núm. 2 (2011): 26-35.

Brown, Lyn Mikel y Carol Gilligan. *Meeting at the Crossroads: Women's Psychology and Girls' Development*. Nueva York: Ballantine Books, 1993.

Brown, Jane D. «Mass Media Influences on Sexuality». *Journal of Sex Research* 39, núm. 1 (2002): 42-45.

Brown, Jane D. y Kelly L. L'Engle. «X-Rated: Sexual Attitudes and Behaviors Associated with U.S. Early Adolescents' Exposure to Sexually Explicit Media». *Communication Research* 36, núm. 1 (2009): 129-51.

Brückner, Hannah y Peter Bearman. «After the Promise: The STD Consequences of Adolescent Virginity Pledges». *Journal of Adolescent Health* 36 (2005): 271-78.

Brugman, Margaret, Sandra L. Caron y Jany Rademakers. «Emerging Adolescent Sexuality: A Comparison of American and Dutch College Women's Experiences» *International Journal of Sexual Health* 22, núm. 1 (2010): 32-46.

Brumberg, Joan Jacobs. *The Body Project: An Intimate History of American Girls*. Nueva York: Random House, 1997.

Burns, April, Valerie A. Futch y Deborah L. Tolman. «It's Like Doing Homework». *Sexuality Research and Social Policy* 7, núm. 1 (2011).

Calogero, Rachel M. «Objects Don't Object: Evidence That Self-Objectification Disrupts Women's Social Activism». *Psychological Science 24*, núm. 3 (2013): 312-18.

Cantor, David, Bonnie Fisher, Susan Chibnall et al. *Report on the aau Campus Climate Survey on Sexual Assault and Sexual Misconduct*. Washington, D. C.: Association of American Universities, 2015.

Carey, Kate, Sarah Durney, Robyn Shepardson et al. «Incapacitated and Forcible Rape of College Women: Prevalence Across the First Year». *Journal of Adolescent Health* 56 (2015): 678-80.

Caron, Sandra L. *The Sex Lives of College Students: Two Decades of Attitudes and Behaviors*. Orono: Maine College Press, 2013.

Carpenter, Laura M. *Virginity Lost: An Intimate Portrait of First Sexual Experiences*. Nueva York: New York University Press, 2005.

Carr, Joetta L. y Karen M. VanDeusen. «Risk Factors for Male Sexual Aggression on College Campuses». *Journal of Family Violence* 19, núm. 5 (2004): 279-89.

Carroll, Jason S. *et al.* «Generation XXX: Pornography Acceptance and Use Among Emerging Adults». *Journal of Adolescent Research* 23 (2008): 6-30.

Centers for Disease Control and Prevention. «Binge Drinking: A Serious, Under-Recognized Problem Among Women and Girls». *cdc Vital Signs* (blog), enero de 2013. Atlanta: Centers for Disease Control and Prevention.

————. «Caffeine and Alcohol». *Fact Sheet*, 19 de noviembre de 2014. Atlanta: Centers for Disease Control and Prevention.

————. «Reproductive Health: Teen Pregnancy, About Teen Pregnancy», 2014. Atlanta: Centers for Disease Control and Prevention.

————. «Youth Risk Behavior Surveillance». *Morbidity and Mortality Weekly Report,* 13 de junio de 2014. Atlanta: Centers for Disease Control and Prevention.

Chambers, Wendy C. «Oral Sex: Varied Behaviors and Perceptions in a College Population». *Journal of Sex Research* 44, núm. 1 (2007): 28-42.

Chandra, Anjani, William D. Mosher, Casey E. Copen *et al.* «Sexual Behavior, Sexual Attraction, and Sexual Identity in the United States: Data from the 2006-2008 National Survey of Family Growth». *National Health Statistics Reports* 36, 3 de marzo de 2011. Washington, D. C.: U.S. Department of Health and Human Services.

Child Trends DataBank. «Oral Sex Behaviors Among Teens». Bethesda, MD: Child Trends DataBank, 2013.

Chyng, Sun, Ana Bridges, Robert Wosnitzer *et al.* «A Comparison of Male and Female Directors in Popular Pornography: What Happens When Women Are at the Helm?». *Psychology of Women Quarterly* 32, núm. 3 (2008): 312-25.

Collins, W. Andrew, Deborah P. Welsh y Wyndol Furman. «Adolescent Romantic Relationships». *Annual Review of Psychology* 60 (2009): 631-52.

«Consent: Not Actually That Complicated», Rockstardinosaurpirateprincess.com, 2 de marzo de 2015.

Copen, Casey E., Anjani Chandra y Gladys Martinez. «Prevalence and Timing of Oral Sex with Opposite-Sex Partners Among Females and

Males Aged 15-24 Years: United States 2007-2010». *National Health Statistics Reports* 56 (16 de agosto de 2012).

Corinna, Heather. *S.E.X.: The All-You- Need-to-Know Progressive Sexuality Guide to Get You Through High School and College.* Boston: Da Capo Press, 2007.

Cornell, Jodi L. y Bonnie L. Halpern-Felsher. «Adolescent Health Brief: Adolescents Tell Us Why Teens Have Oral Sex». *Journal of Adolescent Health* 38 (2006): 299-301.

Daniels, Elizabeth A. «Sex Objects, Athletes, and Sexy Athletes: How Media Representations of Women Athletes Can Impact Adolescent Girls and Young Women». *Journal of Adolescent Research* 24 (2009): 399-422.

The Date Rape Backlash: Media and the Denial of Rape. Transcripción. Documental producido por Sut Jhally, 1994.

Davis, Kelly Cue. «The Influence of Alcohol Expectancies and Intoxication on Men's Aggressive Unprotected Sexual Intentions». *Experimental and Clinical Psychopharmacology* 18, núm. 5 (2010): 418-28.

Diamond, Lisa. «Introduction: In Search of Good Sexual-Developmental Pathways for Adolescent Girls». En *Rethinking Positive Adolescent Female Sexual Development.* Compilación de Lisa Diamond. San Francisco: Jossey-Bass, 2006: 1-7.

Diamond, Lisa y Ritch Savin-Williams. «Adolescent Sexuality». En *Handbook of Adolescent Psychology.* Compilación de Richard M. Lerner y Laurence Steinberg. 3ª ed. Nueva York: Wiley, 2009: 479-523.

Dillard, Katie. «Adolescent Sexual Behavior: Demographics». 2002. Advocates for Youth, Washington, D. C.

Dotson-Blake, Kylie P., David Knox y Marty E. Zusman. «Exploring Social Sexual Scripts Related to Oral Sex: A Profile of College Student Perceptions». *Professional Counselor* 2 (2012): 1-11.

Douglass, Marcia y Lisa Douglass. *Are We Having Fun Yet? The Intelligent Woman's Guide to Sex.* Nueva York: Hyperion, 1997.

Dunn, Hailee, A. Gjelsvik, D. N. Pearlman *et al.* «Association Between Sexual Behaviors, Bullying Victimization and Suicidal Ideation in a

National Sample of High School Students: Implications of a Sexual Double Standard». *Women's Health Issues* 24, núm. 5 (2014): 567-74.

Edwards, Sarah R., Kathryn A. Bradshaw y Verlin B. Hinsz. «Denying Rape but Endorsing Forceful Intercourse: Exploring Differences Among Responders». *Violence and Gender* 1, núm. 4 (2014): 188-93.

England, Paula *et al.* «Hooking Up and Forming Romantic Relationships on Today's College Campuses». En *Gendered Society Reader*. Editado por Michael S. Kimmel y Amy Aronson. 3ª ed., Nueva York: Oxford University Press, 2008.

Englander, Elizabeth. «Low Risk Associated with Most Teenage Sexting: A Study of 617 18-Year- Olds». *MARC Research Reports*, Paper 6, 2012. Bridgewater, Massachusetts: Universidad Estatal de Virtual Commons-Bridgewater.

Exner-Cortens, Deinera, John Eckenrode y Emily Rothman. «Longitudinal Associations Between Teen Dating Violence Victimization and Adverse Health Outcomes». *Pediatrics* 131, núm. 1 (2013): 71-78.

Fardouly, Jasmine, Phillipa C. Diedrichs, Lenny R. Vartanian *et al.* «Social Comparisons on Social Media: The Impact of Facebook on Young Women's Body Image Concerns and Mood». *Body Image* 13 (2015): 38-45.

Fava, Nicole M. y Laina Y. Bay-Cheng. «Young Women's Adolescent Experiences of Oral Sex: Relation of Age of Initiation to Sexual Motivation, Sexual Coercion, and Psychological Functioning». *Journal of Adolescence* 30 (2012): 1-11.

Fay, Joe. «Teaching Teens About Sexual Pleasure». *The SIECUS Report* 30, núm. 4 (2002): 1-7.

Fine, Michelle. «Sexuality, Schooling, and Adolescent Females: The Missing Discourse of Desire». *Harvard Educational Review* 58 (1988): 29-53.

Fine, Michelle y Sara McClelland. «Sexuality Education and Desire: Still Missing After All These Years». *Harvard Educational Review* 76 (2006): 297-338.

Finer, Lawrence B. y Jesse M. Philbin. «Sexual Initiation, Contraceptive Use, and Pregnancy Among Young Adolescents». *Pediatrics* 131, núm. 5 (2013): 886-91.

Finkelhor, David, Heather Turner y Richard Ormrod. «Children's Exposure to Violence: A Comprehensive National Survey». *Juvenile Justice Bulletin,* octubre de 2009.

Fisher, Deborah A., Douglas L. Hill, Joel W. Grube *et al.* «Televised Sexual Content and Parental Mediation: Influences on Adolescent Sexuality». *Media Psychology* 12, núm. 2 (2009): 121-47.

Fisher, Maryanne, Kerry Worth, Justin Garcia *et al.* «Feelings of Regret Following Uncommitted Sexual Encounters in Canadian University Students». *Culture, Health and Sexuality* 14, núm. 1 (2012): 45-57.

Fisher, William A. «All Together Now: An Integrated Approach to Preventing Adolescent Pregnancy and STD/HIV Infection». *The SIECUS Report* 18, núm. 4 (1990): 1-14.

Fortenberry, Dennis J. «Puberty and Adolescent Sexuality». *Hormones and Behavior* 64, núm. 2 (2013): 280-87.

Fortenberry, Dennis J., Vanessa Schick, Debby Herbenick *et al.* «Sexual Behaviors and Condom Use at Last Vaginal Intercourse: A National Sample of Adolescents Ages 14 to 17 Years». *Journal of Sexual Medicine* 7, suppl. 5 (2010): 305-14.

Foubert, John D., Jonathan T. Newberry y Jerry L. Tatum. «Behavior Differences Seven Months Later: Effects of a Rape Prevention Program on First-Year Men Who Join Fraternities». *NASPA Journal* 44 (2007): 728-49.

Foubert, John D., Matthew W. Brossi y R. Sean Bannon. «Pornography Viewing Among Fraternity Men: Effects on Bystander Intervention, Rape Myth Acceptance, and Behavioral Intent to Commit Sexual Assault». *Sexual Addiction and Compulsivity: The Journal of Treatment and Prevention* 18, núm. 4 (2011): 212-31.

Ford, Jessie y Paula England. «What Percent of College Women Are Sexually Assaulted in College?». Contexts.com, 12 de enero de 2015.

Fox, Jesse, Rachel A. Ralston, Cody K. Cooper *et al.* «Sexualized Avatars Lead to Women's Self-Objectification and Acceptance of Rape Myths». *Psychology of Women Quarterly,* octubre de 2014.

Fredrickson, Barbara et al. «That Swimsuit Becomes You: Sex Differences in Self-Objectification, Restrained Eating, and Math Performance». *Journal of Personality and Social Psychology* 75 (1998): 269-84.

Fredrickson, Barbara y Tomi-Ann Roberts. «Objectification Theory: Toward Understanding Women's Lived Experience and Mental Health Risks». *Psychology of Women Quarterly* 21 (1997): 173-206.

Friedman, Jaclyn y Jessica Valenti. *Yes Means Yes!: Visions of Female Sexual Power and a World Without Rape.* Nueva York: Seal Press, 2008.

Garcia, Justin R., Chris Reiber, Sean G. Massey et al. «Sexual Hook-Up Culture: A Review». *Review of General Psychology* 16, núm. 2 (2012): 161-76.

Gerressu, Makeda et al. «Prevalence of Masturbation and Associated Factors in a British National Probability Survey». *Archives of Sexual Behavior* 37 (2008): 266-78.

Gilligan, Carol, Nona Lyons y Trudy Hanmer, eds. *Making Connections: The Relational Worlds of Adolescent Girls at Emma Willard School.* Cambridge, Massachusetts: Harvard University Press, 1990.

GLSEN. *Out Online: The Experiences of Lesbian, Gay, Bisexual and Transgender Youth on the Internet.* Nueva York: GLSEN, 10 de julio de 2013.

Gomillion Sarah C. y Traci A. Giuliano. «The Influence of Media Role Models on Gay, Lesbian, and Bisexual Identity». *Journal of Homosexuality* 58 (2011): 330-54.

Grello, Catherine M. et al. «No Strings Attached: The Nature of Casual Sex in College Students». *Journal of Sex Research* 43 (2006): 255-67.

Grunbaum, J. A. et al. «Youth Risk Behavior Surveillance-United States, 2001». *Morbidity and Mortality Weekly Report. CDC Surveillance Summaries* 51 (2002): 1-64.

Guttmacher Institute. «American Teens' Sexual and Reproductive Health». *Fact Sheet*, mayo de 2014. Nueva York: Guttmacher Institute.

————. «Sex and HIV Education». *State Policies in Brief*, 1 de junio de 2015. Nueva York: Guttmacher Institute.

Haffner, Debra W., ed. *Facing Facts: Sexual Health for America's Adolescents: The Report of the National Commission on Adolescent Sexual*

Health. Washington, D. C.: Sexuality Information and Education Council of the United States, 1995.

Halliwell, Emma *et al.* «Are Contemporary Media Images Which Seem to Display Women as Sexually Empowered Actually Harmful to Women?». *Psychology of Women Quarterly* 35, núm. 1 (2011): 38-45.

Halpern-Felsher, Bonnie L., Jodi L. Cornell, Rhonda Y. Kropp y Jeanne M. Tschann. «Oral Versus Vaginal Sex Among Adolescents: Perceptions, Attitudes, and Behavior». *Pediatrics* 4 (2005): 845-51.

Hamilton, Laura y Elizabeth A. Armstrong. «Gendered Sexuality in Young Adulthood: Double Binds and Flawed Options». *Gender and Society* 23 (2009): 589-616.

Harris, Michelle. «Shaved Paradise: A Sociological Study of Pubic Hair Removal Among Lehigh University Undergraduates». Tesis, 2009, Lehigh University, Bethlehem, Pensilvania.

Henry J. Kaiser Family Foundation/*YM* Magazine. *National Survey of Teens: Teens Talk About Dating, Intimacy, and Their Sexual Experiences*. Menlo Park, California: Henry J. Kaiser Family Foundation, 27 de marzo de 1998.

Henry J. Kaiser Family Foundation. «Teen Sexual Activity». *Fact Sheet*, diciembre de 2002. Menlo Park, California: Henry J. Kaiser Family Foundation.

Herbenick, Debby *et al.* «Sexual Behavior in the United States: Results from a National Probability Sample of Men and Women Ages 14-94». *Journal of Sexual Medicine* 7, suppl. 5 (2010): 255-65.

Hirschman, Celeste, Emily A. Impett y Deborah Schooler. «Dis/Embodied Voices: What Late-Adolescent Girls Can Teach Us About Objectification and Sexuality». *Sexuality Research and Social Policy* 3, núm. 4 (2006): 8-20.

Hoff, Tina, Liberty Green y Julia Davis. «National Survey of Adolescents and Young Adults: Sexual Health Knowledge, Attitudes and Experiences», 2004. Henry J. Kaiser Family Foundation, Menlo Park, California: 14.

Horan, Patricia F., Jennifer Phillips y Nancy E. Hagan. «The Meaning of Abstinence for College Students». *Journal of HIV/AIDS Prevention and Education for Adolescents and Children* 2, núm. 2 (1998): 51-66.

Human Rights Campaign. *Growing Up LGBT in America*. Human Rights Campaign, Washington, D. C., 2012.

Impett, Emily, Deborah Schooler y Deborah Tolman. «To Be Seen and Not Heard: Femininity Ideology and Adolescent Girls' Sexual Health». *Archives of Sexual Behavior* 35 (2006): 129-42.

Impett, Emily y Deborah Tolman. «Late Adolescent Girls' Sexual Experiences and Sexual Satisfaction». *Journal of Adolescent Research* 6 (2006): 628-46.

Joyner, Kara y J. Richard Udry. «You Don't Bring Me Anything but Down: Adolescent Romance and Depression». *Journal of Health and Social Behavior* 41, núm. 4 (2000): 369-91.

Kaestle, Christine Elizabeth. «Sexual Insistence and Disliked Sexual Activities in Young Adulthood: Differences by Gender and Relationship Characteristics». *Perspectives on Sexual and Reproductive Health* 41, núm. 1 (2009): 33-39.

Kanin, Eugene J. «False Rape Allegations». *Archives of Sexual Behavior* 23, núm. 1 (1994): 81-92.

Kann, Laura, Steven Kinchen, Shari L. Shanklin *et al.* «Youth Risk Behavior Surveillance: United States, 2013». *Morbidity and Mortality Weekly Report*. Atlanta: Centers for Disease Control and Prevention, 2014.

Katz, Jennifer y Vanessa Tirone. «Going Along with It: Sexually Coercive Partner Behavior Predicts Dating Women's Compliance with Unwanted Sex». *Violence Against Women* 16, núm. 7 (2010): 730-42.

Kelly-Weeder, Susan. «Binge Drinking and Disordered Eating in College Students». *Journal of the American Academy of Nurse Practitioners* 23, núm. 1 (2011): 33-41.

Kipnis, Laura. *The Female Thing: Dirt, Sex, Envy, Vulnerability*. Nueva York: Pantheon Books, 2006.

Kirby, Douglas. Emerging Answers 2007: Research Findings on Programs to Reduce Teen Pregnancy and Sexually Transmitted Diseases. Washington, D. C.: National Campaign to Prevent Teen and Unplanned Pregnancy, 2007.

Kirby, Douglas, «Sex and HIV Programs: Their Impact on Sexual Behaviors of Young People Throughout the World». *Journal of Adolescent
Health* 40 (2007): 206-17.

Kohler, Pamela K., Lisa E. Manhart y William E. Lafferty. «Abstinence-
Only and Comprehensive Sex Education and the Initiation of Sexual
Activity and Teen Pregnancy». *Journal of Adolescent Health* 42 (2008):
334-51.

Krebs, Christopher P., Christine H. Lindquist y Tara D. Warner. *The Campus Sexual Assault (CSA) Study Final Report*. Washington, D. C.: National Institute of Justice, 2007.

Kunkel, D., Keren Eyal, Keli Finnerty *et al. Sex on TV 4*. Menlo Park, California: Henry J. Kaiser Family Foundation, 2005.

Lamb, Sharon. «Feminist Ideals for a Healthy Female Adolescent Sexuality: A Critique». *Sex Roles* 62 (2010): 294-306.

Laumann, Edward O., Robert T. Michael, Gina Kolata *et al. Sex in America: A Definitive Survey*. Nueva York: Grand Central Publishing, 1995.

Lefkowitz, Bernard. *Our Guys: The Glen Ridge Rape and the Secret Life of
the Perfect Suburb*. Berkeley: University of California Press, 1997.

Leigh, Barbara y D. M. Morrison. «Alcohol Consumption and Sexual Risk-
Taking in Adolescents». *Alcohol Health and Research World* 15 (1991):
58-63.

Lenhart, Amanda. «Teens and Sexting». Internet, Science, and Tech. Pew
Research Center, 15 de diciembre de 2009.

Lescano, Celia *et al.* «Correlates of Heterosexual Anal Intercourse Among
At-Risk Adolescents and Young Adults». *American Journal of Public
Health* 99 (2009): 1131-36.

Levine, Judith. *Harmful to Minors: The Perils of Protecting Children from
Sex*. Cambridge, Massachusetts: Da Capo Press, 2003. (*No apto para
menores: los peligros de proteger a los niños y a los adolescentes del sexo*.
México: Editorial Océano, 2006).

Levy, Ariel. *Female Chauvinist Pigs: Women and the Rise of Raunch Culture*. Nueva York: Free Press, 2006. (*Chicas cerdas machistas*. Colombia:
Rey Naranjo Editores, 2015).

Lindberg, Laura Duberstein, John S. Santelli y Susheela Singh. «Changes in Formal Sex Education: 1995-2002». *Perspectives on Sexual and Reproductive Health* 38 (2006): 182-89.

Lindberg, Laura Duberstein, Rachel Jones y John S. Santelli. «Noncoital Sexual Activities Among Adolescents». *Journal of Adolescent Health* 43, núm. 3 (2008): 231-38.

Lisak, David, Lori Gardinier, Sarah C. Nicksa *et al.* «False Allegations of Sexual Assault: An Analysis of Ten Years of Reported Cases». *Violence Against Women* 16, núm. 12 (2010): 1318-34.

Lisak, David y Paul M. Miller Brown. «Repeat Rape and Multiple Offending Among Undetected Rapists». *Violence and Victims* 17, núm. 1 (2002): 73-84.

Livingston, Jennifer, Laina Y. Bay-Cheng *et al.* «Mixed Drinks and Mixed Messages: Adolescent Girls' Perspectives on Alcohol and Sexuality». *Psychology of Women Quarterly* 37, núm. 1 (2013): 38-50.

Lounsbury, Kaitlin, Kimberly J. Mitchell y David Finkelhor. «The True Prevalence of 'Sexting'». *Fact Sheet*, abril de 2011. Crimes Against Children Research Center, Durham, Nuevo Hampshire.

Luker, Kristin. *When Sex Goes to School: Warring Views on Sex-and Sex Education-Since the Sixties.* Nueva York: W. W. Norton, 2006.

Manago, Adriana, Michael B. Graham, Patricia M. Greenfield *et al.* «Self-Presentation and Gender on MySpace». *Journal of Applied Developmental Psychology* 29, núm. 6 (2008): 446-58.

Martinez, Gladys, Casey E. Copen y Joyce C. Abma. «Teenagers in the United States: Sexual Activity, Contraceptive Use, and Childbearing, 2006-2010 National Survey of Family Growth». *Vital Health Statistics* 31 (2011): 1-35.

Martino, Steven C., Rebecca L. Collins, Marc N. Elliott *et al.* «It's Better on TV: Does Television Set Teenagers Up for Regret Following Sexual Initiation?». *Perspectives on Sexual and Reproductive Health* 41, núm. 2 (2009): 92-100.

McAnulty, Richard D. y Arnie Cann. «College Student Dating in Perspective: 'Hanging Out,' 'Hooking Up,' and Friendly Benefits». En *Sex in*

College. Editado por Richard D. McAnulty. Santa Barbara, CA: Praeger, 2012: 1-18.

McClelland, Sara I. «Intimate Justice: A Critical Analysis of Sexual Satisfaction». *Social and Personality Psychology Compass* 4, núm. 9 (2010): 663-80.

———. «What Do You Mean When You Say That You Are Sexually Satisfied? A Mixed Methods Study». *Feminism and Psychology* 24, núm. 1 (2014): 74-96.

———. «Who Is the 'Self' in Self-Reports of Sexual Satisfaction? Research and Policy Implications». *Sexuality Research and Social Policy* 8, núm. 4 (2011): 304-20.

Meier, Evelyn P. y James Gray. «Facebook Photo Activity Associated with Body Image Disturbance in Adolescent Girls». *Cyberpsychology, Behavior, and Social Networking 10*, núm. 10 (2013).

Mohler-Kuo, Meichun, George W. Dowdall, Mary P. Koss *et al.* «Correlates of Rape While Intoxicated in a National Sample of College Women». *Journal of Studies on Alcohol* 65, núm. 1 (2004).

Monk-Turner, Elizabeth y H. Christine Purcell. «Sexual Violence in Pornography: How Prevalent Is It?». *Gender Issues* 2 (1999): 58-67.

Monroe, Scott M., Paul Rhode, John R. Seeley *et al.* «Life Events and Depression in Adolescence: Relationship Loss as a Prospective Risk Factor for First Onset of Major Depressive Disorder». *Journal of Abnormal Psychology* 180, núm. 4 (1999): 606-14.

Moore, Mignon R. y Jeanne Brooks-Gunn. «Healthy Sexual Development: Notes on Programs That Reduce Risk of Early Sexual Initiation and Adolescent Pregnancy». En *Reducing Adolescent Risk: Toward an Integrated Approach*. Editado por Daniel Romer. Thousand Oaks, California: Sage Publications, 2003.

Moran, Caitlin. *How to Be a Woman*. Nueva York: HarperPerennial, 2012. (*Cómo ser mujer*. España: Editorial Anagrama, 1ª edición, 2013)

Moran, Jeffrey. *Teaching Sex: The Shaping of Adolescence in the Twentieth Century*. Cambridge, Massachusetts: Harvard University Press, 2002.

National Center for Chronic Disease Prevention and Health Promotion. «Binge-Drinking: A Serious, Unrecognized Problem Among Women and Girls». *CDC Vital Signs* (blog), 2013. National Center for Chronic Disease Prevention and Health Promotion. Atlanta: Centers for Disease Control and Prevention, 2013.

National Institute on Alcohol Abuse and Alcoholism. «College Drinking». *Fact Sheet*, 5 de abril de 2015. Washington, D. C.: National Institute on Alcohol Abuse and Alcoholism.

Norris, Jeanette, Kelly Cue Davis, William H. George *et al.* «Alcohol's Direct and Indirect Effects on Men's Self-Reported Sexual Aggression Likelihood». *Journal of Studies on Alcohol* 63 (2002): 688-69.

Norris, Jeanette, William H. George, Kelly Cue Davis, Joel Martell y R. Jacob Leonesio. «Alcohol and Hypermasculinity as Determinants of Men's Empathic Responses to Violent Pornography». *Journal of Interpersonal Violence* 14 (1999): 683-700.

Orchowski, Lindsay M., Alan Berkowitz, Jesse Boggis *et al.* «Bystander Intervention Among College Men: The Role of Alcohol and Correlates of Sexual Aggression». *Journal of Interpersonal Violence* (2015): 1-23.

Orenstein, Peggy. *Cinderella Ate My Daughter: Dispatches from the Front Lines of the New Girlie-Girl Culture.* Nueva York: HarperPaperbacks, 2012.

————. *Flux: Women on Sex, Work, Love, Kids, and Life in a Half-Changed World.* Nueva York: Anchor, 2001.

————. *Schoolgirls: Young Women, Self-Esteem, and the Confidence Gap.* Nueva York: Anchor, 1995.

O'Sullivan, Lucia *et al.* «I Wanna Hold Your Hand: The Progression of Social, Romantic and Sexual Events in Adolescent Relationships». *Perspectives in Sexual and Reproductive Health* 39, núm. 2 (2007): 100-107.

Oswalt, Sara B., Kenzie A. Cameron y Jeffrey Koob. «Sexual Regret in College Students». *Archives of Sexual Behavior* 34 (2005): 663-69.

Owen, Janice, G. K. Rhoades, S. M. Stanley *et al.* « 'Hooking up' Among College Students: Demographic and Psychosocial Correlates». *Archives of Sexual Behavior* 39 (2010): 653-63.

Paul, Elizabeth L. *et al.*, «'Hookups': Characteristics and Correlates of College Students' Spontaneous and Anonymous Sexual Experiences». *Journal of Sexual Research* 37 (2000): 76-88.

Paul, Pamela. *Pornified: How Pornography Is Transforming Our Lives, Our Relationships, and Our Families*. Nueva York: Times Books, 2005.

Peter, Jochen y Patti Valkenburg. «Adolescents' Exposure to a Sexualized Media Environment and Notions of Women as Sex Objects». *Sex Roles* 56 (2007): 381-95.

———. «Adolescents' Exposure to Sexually Explicit Online Material and Recreational Attitudes Toward Sex». *Journal of Communication* 56, núm. 4 (2006): 639-60.

———. «The Use of Sexually Explicit Internet Material and Its Antecedents: A Longitudinal Comparison of Adolescents and Adults». *Archives of Sexual Behavior* 40, núm. 5 (octubre de 2011): 1015-25.

Peterson, Zoe D. y Charlene L. Muehlenhard. «What Is Sex and Why Does It Matter? A Motivational Approach to Exploring Individuals' Definitions of Sex». *Journal of Sex Research* 44, núm. 3 (2007): 256-68.

Phillips, Lynn M. *Flirting with Danger: Young Women's Reflections on Sexuality and Domination*. Nueva York: New York University Press, 2000.

Pittman, Melissa. «The Joy of Slash: Why Do Women Want It?». *The High Hat*, primavera de 2005.

Ponton, Lynn. *The Sex Lives of Teenagers: Revealing the Secret World of Adolescent Boys and Girls*. Nueva York: Dutton, 2000.

Raphael, Jody. *Rape Is Rape: How Denial, Distortion, and Victim Blaming Are Fueling a Hidden Acquaintance Rape Crisis*. Chicago: Chicago Review Press, 2013.

Rector, Robert E., Kirk A. Jonson y Laura R. Noyes. *Sexually Active Teenagers Are More Likely to Be Depressed and to Attempt Suicide: A Report of the Heritage Center for Data Analysis*. Washington, D. C.: Heritage Foundation, Center for Data Analysis, 2003.

Regnerus, Mark. *Forbidden Fruit: Sex and Religion in the Lives of American Teenagers*. Nueva York: Oxford University Press, 2007.

———. «Porn Use and Support of Same-Sex Marriage». *Public Discourse*, 20 de diciembre de 2012.

Remez, Lisa. «Oral Sex Among Adolescents: Is It Sex or Is It Abstinence?». *Family Planning Perspectives* 32 (2000): 298-304.

Ringrose, Jessica, Rosalind Gill, Sonia Livingstone et al. *A Qualitative Study of Children, Young People, and 'Sexting': A Report Prepared for the nspcc*. Londres: National Society for the Prevention of Cruelty to Children, 2012.

Robbins, Cynthia, Vanessa Schick, Michael Reece et al. «Prevalence, Frequency, and Associations of Masturbation with Other Sexual Behaviors Among Adolescents Living in the United States of America». *Archives of Pediatric and Adolescent Medicine* 165, núm. 12 (2011): 1087-93.

Rosenbaum, Janet Elise. «Patient Teenagers? A Comparison of the Sexual Behavior of Virginity Pledgers and Matched Nonpledgers». *Pediatrics* 123 (2009): 110-20.

Ryan, Caitlin. «Generating a Revolution in Prevention, Wellness, and Care for LGBT Children and Youth». *Temple Political and Civil Rights Law Review* 23, núm. 2 (2014): 331-44.

Sanders, Stephanie, Brandon J. Hill, William L. Yarber et al. «Misclassification Bias: Diversity in Conceptualisations About Having 'Had Sex.'». *Sexual Health* 7, núm. 1 (2010): 31-34.

Schalet, Amy T. «The New ABCD's of Talking About Sex with Teenagers». *Huffington Post*, 2 de noviembre de 2011.

———. *Not Under My Roof: Parents, Teens, and the Culture of Sex*. Chicago: University of Chicago Press, 2011.

Schear, Kimberlee S. *Factors That Contribute to, and Constrain, Conversations Between Adolescent Females and Their Mothers About Sexual Matters*. Urbana, Illinois: Forum on Public Policy, 2006.

Schick, Vanessa R., Sarah K. Calabrese, Brandi N. Rima et al. «Genital Appearance Dissatisfaction: Implications for Women's Genital Image Self-Consciousness, Sexual Esteem, Sexual Satisfaction, and Sexual Risk». *Psychology of Women Quarterly* 34 (2010): 394-404.

Sedgh, Gilda, Lawrence B. Finer, Akinrinola Bankole et al. «Adolescent Pregnancy, Birth, and Abortion Rates Across Countries: Levels and Recent Trends». *Journal of Adolescent Health* 58, núm. 2 (2012): 223-30.

Senn, Charlene Y., Misha Eliasziw, Paula C. Barata et al. «Efficacy of a Sexual Assault Resistance Program for University Women». *New England Journal of Medicine* 372 (2015): 2326-35.

«Sexual Health of Adolescents and Young Adults in the United States». *Fact Sheet*, 20 de agosto de 2014. Menlo Park, California: Henry J. Kaiser Family Foundation.

Sharpley-Whiting, Tracy D. *Pimps Up, Ho's Down: Hip Hop's Hold on Young Black Women*. Nueva York: New York University Press, 2008.

SIECUS. «A Brief History of Federal Funding for Sex Education and Related Programs». *Fact Sheet*. Washington, D. C.: SIECUS, sin fecha.

———. «Questions and Answers: Adolescent Sexuality». Washington, D. C.: SIECUS, 12 de noviembre de 2012.

———. «What Research Says ... Comprehensive Sex Education». *Fact Sheet*. Washington, D. C.: SIECUS, octubre de 2009.

Simmons, Rachel. *The Curse of the Good Girl: Raising Authentic Girls with Courage and Confidence*. Reimpresión. Nueva York: Penguin, 2010. (*La maldición de la niña buena*. México: Editorial Océano, 1ª edición, 2013).

———. *Odd Girl Out, Revised and Updated: The Hidden Culture of Aggression in Girls*. Nueva York: Mariner Books, 2011. (*Enemigas íntimas: agresividad, manipulación y abuso entre las niñas y las adolescentes*. México: Editorial Océano, 2006).

Simpson, Jeffry A., W. Andrew Collins y Jessica E. Salvatore. «The Impact of Early Interpersonal Experience on Adult Romantic Relationship Functioning: Recent Findings from the Minnesota Longitudinal Study of Risk and Adaptation». *Current Directions in Psychological Science* 20, núm. 6 (2011): 355-59.

Sinozich, Sofi y Lynn Langton. *Special Report: Rape and Sexual Assault Victimization Among College-Age Females, 1995-2013*. Washington, D. C.: Office of Justice Programs, Bureau of Justice Statistics, U.S. Department of Justice, 2014.

Slater, Amy y Marika Tiggeman. «A Test of Objectification Theory in Adolescent Girls». *Sex Roles* 46, núm. 9/10 (mayo de 2002): 343-49.

Sommers, Christina Hoff. *Who Stole Feminism? How Women Have Betrayed Women*. Nueva York: Simon & Schuster, 1994.

Steering Committee on Undergraduate Women's Leadership at Princeton University. *Report of the Steering Committee on Undergraduate Women's Leadership*. Princeton, Nueva Jersey: Princeton University, 2011.

Stermer, S. Paul y Melissa Burkley. «SeX-Box: Exposure to Sexist Video Games Predicts Benevolent Sexism». *Psychology of Popular Media Culture* 4, núm. 1 (2015): 47-55.

Steyer, James. *Talking Back to Facebook: The Common Sense Guide to Raising Kids in the Digital Age*. Nueva York: Scribner, 2012: 22-23.

Strasburger, Victor. «Policy Statement from the American Academy of Pediatrics: Sexuality, Contraception, and the Media». *Pediatrics* 126, núm. 3 (1 de septiembre de 2010): 576-82.

Tanenbaum, Leora. *Slut: Growing Up Female with a Bad Reputation*. Nueva York: Harper Perennial, 2002.

Thomas, J. «Virginity Pledgers Are Just as Likely as Matched Nonpledgers to Report Premarital Intercourse». *Perspectives on Sexual and Reproductive Health* 41, núm. 63 (marzo de 2009).

Thompson, Sharon. *Going All the Way: Teenage Girls' Tales of Sex, Romance, and Pregnancy*. Nueva York: Hill and Wang, 1995.

Tolman, Deborah. *Dilemmas of Desire: Teenage Girls Talk About Sexuality*. Cambridge, Massachusetts: Harvard University Press, 2002.

Tolman, Deborah, Brian R. Davis y Christin P. Bowman. «That's Just How It Is: A Gendered Analysis of Masculinity and Femininity Ideologies in Adolescent Girls' and Boys' Heterosexual Relationships». *Journal of Adolescent Research* (junio de 2015).

Tolman, Deborah, Emily Impett *et al.* «Looking Good, Sounding Good: Femininity Ideology and Adolescent Girls' Mental Health». *Psychology of Women Quarterly* 30 (2006): 85-95.

Trenholm, Christopher, Barbara Devaney, Ken Fortson *et al.* «Impacts of Four Title V, Section 510 Abstinence Education Programs». Office of the Assistant Secretary for Planning and Evaluation, U.S. Department of Health and Human Services. Princeton, Nueva Jersey: Mathematics Policy Research, 2007.

U.S. House of Representatives, Committee on Government Reform Minority Staff, Special Investigations Division. *The Content of Federally Funded Abstinence-Only Education Programs*. Preparado para el Rep. Henry A. Waxman. Washington, D. C.: U.S. Government Printing Office, 2004.

U.S. Senate Subcommittee on Financial and Contracting Oversight. *Sexual Violence on Campus*. De Claire McCaskill. 113th Congress. Senate Report, 9 de julio de 2014.

Valenti, Jessica. *The Purity Myth: How America's Obsession with Virginity Is Hurting Young Women*. Berkeley, California: Seal Press, 2009.

Vanwesenbeeck, Ine. «Sexual Health Behaviour Among Young People in the Netherlands». Presentación en el Sexual Health Forum, Bruselas, 13 de marzo de 2009.

Vernacchio, Al. *For Goodness Sex: Changing the Way We Talk to Teens About Sexuality, Values, and Health*. Nueva York: HarperWave, 2014.

Wade, Lisa y Caroline Heldman. «Hooking Up and Opting Out». En *Sex for Life: From Virginity to Viagra, How Sexuality Changes Throughout Our Lives*. Editado por Laura Carpenter y John DeLamater. Nueva York: New York University Press, 2012: 128-45.

Ward, L. Monique. «Understanding the Role of the Entertainment Media in the Sexual Socialization of American Youth: A Review of Empirical Research». *Developmental Review* 23 (2003): 347-88.

Ward, L. Monique, Edwina Hansbrough y Eboni Walker. «Contributions of Music Video Exposure to Black Adolescents' Gender and Sexual Schemas». *Journal of Adolescent Research* 20 (2005): 143-66.

Ward, L. Monique y Kimberly Friedman. «Using TV as a Guide: Associations Between Television Viewing and Adolescents' Sexual Attitudes and Behavior». *Journal of Research on Adolescence* 16 (2006): 133-56.

Widerman, Michael M. «Women's Body Image Self-Consciousness During Physical Intimacy with a Partner». *Journal of Sex Research* 37, núm. 1 (2000): 60-68.

Widman, Laura *et al.* «Sexual Communication and Contraceptive Use in Adolescent Dating Couples». *Journal of Adolescent Health* 39 (2006): 893-99.

Wolak, Janis, Kimberly Mitchell y David Finkelhor. «Unwanted and Wanted Exposure to Online Pornography in a National Sample of Youth Internet Users». *Pediatrics* 119, núm. 2 (2007): 247-57.

Wright, Paul J. «Show Me the Data! Empirical Support for the 'Centerfold Syndrome'». *Psychology of Men and Masculinity* 13, núm. 2 (2011): 180-98.

———. «A Three-Wave Longitudinal Analysis of Preexisting Beliefs, Exposure to Pornography, and Attitude Change». *Communication Reports 26*, núm. 1 (2013): 13-25.

Wright, Paul J. y Michelle Funk. «Pornography Consumption and Opposition to Affirmative Action for Women: A Prospective Study». *Psychology of Women Quarterly* 38, núm. 2 (2013): 208-21.

Wright, Paul J. y Robert S. Tokunaga. «Activating the Centerfold Syndrome: Recency of Exposure, Sexual Explicitness, Past Exposure to Objectifying Media». *Communications Research* 20, núm. 10 (2013): 1-34.

Yung, Corey Rayburn. «Concealing Campus Sexual Assault: An Empirical Examination». *Psychology, Public Policy, and Law* 21, núm. 1 (2015): 1-9.